CANETTIS MASSE UND MACHT, ODER WIE MAN DAS JAHRHUNDERT AN DER GURGEL PACKT.

John Pattillo-Hess
& Mario R. Smole (Hrsg.)

Canettis Masse und Macht oder wie man das Jahrhundert an der Gurgel packt

Löcker
Verlag

MIT FÖRDERUNG DER ABTEILUNG FÜR KULTUR DER STADT WIEN, MA 7 UND DES BUNDESMINISTERIUMS FÜR WISSENSCHAFT UND VERKEHR

Die Beiträge dieses Buches wurden als Referate auf dem 10. internationalen kulturanthropologisch-philosophischen Canetti-Symposion gehalten, das – mit Unterstützung der Stadt Wien und des Bundesministeriums für Wissenschaft und Verkehr – im Volksbildungshaus Wiener Urania in der Zeit vom 25. bis 28. September 1997 stattfand.

Vertrieb: Löcker Verlag
Umschlaggestaltung : Patricio Handl
Druck: REMA*print*, Wien
ISBN -3-85409-303-9

INHALTSVERZEICHNIS

VORWORT

Canetti erhebt den Anspruch, mit *Masse und Macht* unser Jahrhundert an der „Gurgel“ gepackt zu haben. Er verlangt von uns, aus archaischen Bildern von Massen, Macht, von Befehlen und Verwandlungen einen „geistigen Sprung“ zur heutigen Industrie- und Informationsgesellschaft zu leisten, eine „verifizierbare“ Beziehung zu „wirklichen“, zu aktuellen Massen, Macht-, Befehlsstrukturen und Verwandlungsverboten herzustellen. Dieser Anspruch Canettis wird in diesem Band kritisch durchleuchtet, eine Herstellung seiner „Phänomenologie“ zur heutigen Gesellschaftsproblematik bleibt jedoch gewährleistet.

In diesem Buch wird die Aktualität von Canettis Gedanken besonders offenkundig, wenn zum Beispiel unter vielem anderen behauptet wird, daß die physische Geschwindigkeit als Eigenschaft der Macht sich in jeder Weise, wie Canetti meint, und dies geradezu apotheotisch – durch die elektronischen Medien –, in die Breite, in die Höhe, in die Tiefe gesteigert habe; daß die weltweite Klagegemeinschaft um Diana eine Art Klagemeute im Canettischen Sinn gewesen sei. Sie trug deren Strukturen deutlich in sich. Als globales Phänomen ähnelte sie jedoch auch bis in so manches Detail jenen Konfigurationen der Masse, die Elias Canetti unter dem Stichwort „Klagereligionen“ beschrieben hatte. Die Klagereligion verleiht nach Canetti der Klagemeute, die ansonsten nach Beendigung der Trauer sofort zerfällt, Konsistenz. In ihrem Zentrum steht ein Tod, der anders ist als alle anderen Tode und deshalb die rituelle Wiederholung und Permanenz der Klage erlaubt.

Auch wird behauptet, daß die *Love Parade* ein Kürzel für eine potentiell durch *Masse und Macht* interpretierbare Aktualität darstelle. Da, wenn über die Techno-Party geschrieben wird, die auf den Straßen Berlins eine Million Menschen versammelt (die Million als quasi eine Grundzahl der Masse), man unweigerlich auf den Namen Canetti stößt. Über diese Form der Masse meinte er: „Die Feste *rufen* einander und durch die Dichte der Dinge und Menschen vermehrt sich das Leben.“ Aber in diesem Band wird auch das Gegenteil behauptet, daß diese Festmasse keine Masse sei.

Als Herausgeber fällt es uns manchmal schwer, keine Stellung zu beziehen, wenn trotz der intellektuellen Tiefe manche Beiträge nicht unsere Ansicht darstellen – besonders, wenn in anderen unsere Meinung repräsentiert ist. Aber wir sehen es nicht als unsere Aufgabe an, zwischen der Mannigfaltigkeit der Auffassungen, die in diesem Band vertreten werden, unseren Standpunkt zu äußern; dies bleibt dem Leser vorbehalten, dies macht die Spannung der Lektüre, im besonderen dieses Buches aus.

Zu Dank verpflichtet sind wir Herrn Dr. Wilhelm Petrasch, Direktor der Wiener Urania; Herrn Dr. Peter Marboe, amtsführender Stadtrat für Kultur der Stadt Wien; Herrn Dr. Caspar Einem, Bundesminister für Wissenschaft und Verkehr.

John Pattillo-Hess
Mario R. Smole

Herbst 1998

MASSE UND MACHT IM ZEITALTER DER GLOBALISIERUNG

Elmar Altvater

Der Begriff der Globalisierung taucht in Elias Canettis „Masse und Macht" natürlich nicht auf. Denn der Begriff wird erst geboren, als die Erde von außen betrachtet werden konnte, also in den frühen 70er Jahren, und seine Hochkonjunktur erlebt er erst seit Beginn der 90er Jahre. Die uns inzwischen vertrauten Satellitenbilder des blauen Planeten haben auch die abstrakte Vorstellung vom Globus und von der Globalisierung genährt. Es ist nun in Bildern vorstellbar, daß lokale oder nationale Bewegungen oder Aktivitäten globale Reichweite haben und dabei notwendigerweise diffus werden. Das war vor 1960, als „Masse und Macht"erstmalig erschien, schwer vorstellbar. So relativieren sich die Vorstellungen dichter Massen in einer „Massengesellschaft". In einem Interview mit der Zeitung „La Republica" [1] hat Vassilij Tsibliev, Kommandant der „Mir" während der Unglücksserie im Sommer 1997, auf die Frage, ob er denn die chinesische Mauer von oben habe sehen können, geantwortet: „Natürlich, aus einem bestimmten Winkel heraus ist das möglich. Mit dem Fernglas kann man Lastwagen und Verkehrsampeln erkennen. Man kann sogar mit bloßem Auge die Wolkenkratzer von New York sehen.... Allerdings muß man lernen, das zu sehen, was man sucht..." Sonnenklar also stellt sich der Planet jenen dar, die den Durch- und Überblick gelernt haben, die über geschulte Augen verfügen – oder über das Abstraktionsvermögen, das unter dem Firmament eine Ahnung von den ökonomischen, kulturellen, politischen Kommunikationsnetzwerken auf dem Globus, von „la Nébuleuse", wie Robert Cox die keineswegs klaren institutionellen Konsequenzen der Globalisierung bezeichnet, aufkommen läßt.

In der Perspektive von unten, d.h. von unterhalb der Wolkenschicht auf der Erdoberfläche, gibt es Massen und Massenbewegungen, wenn auch anders, als Elias Canetti sie seinerzeit imaginierte. Zum Beispiel: Wir lesen die Massenpresse und nehmen massenhaft Anteil an individuellen Schicksalen, die als Spektakel auf öffentlicher Bühne inszeniert werden und Rückzugsmöglichkeiten der Akteure in ihre „privacy" nicht mehr vorsehen. Die Massen nehmen Anteil am Individuellen, und damit dies so bleibt, werden die Jagdmeuten der „paparazzi" von der Leine gelassen. Die Massen werden durch die Medien geformt, zu Massenereignissen temporär zusammengeballt und auch wieder als Publikum fragmentiert. Das ist etwas anderes als die körperliche Nähe, die physische Dichte, das materiell Kompakte, wodurch die Massen von Canetti gleich in der Eingangsparaphrase seines Werkes charakterisiert werden: „Umschlagen der Berührungsfurcht". Würde der Globalisierung Bedeutung beigemessen, könnte man ein Werk über Masse und Macht nicht so beginnen, wie es Canetti tut.

Dafür sprechen auch andere Gründe, vor allem die Mechanismen des Marktes. Zu deren Sachzwängen sagt Elias Canetti in seiner „Masse und Macht" nichts. Das ist, wie sich noch zeigen wird, durchaus von Bedeutung. Die Marktmacht wird, so die herrschende Lehre, durch die Konkurrenz begrenzt, und auf Märkten melden sich nicht Massen zu Wort, sondern isolierte individuelle Konsumenten und Produzenten. Massen gibt es eigentlich gar nicht, und doch aggregieren sich die vielen individuellen Konsumausgaben zum Massenkonsum und die vielen Produzenten bringen es zur Massenproduktion. Märkte üben „Sachzwänge" aus, wirkungsvoller als die Machtentfaltung von Potentaten. Zum Beispiel: Die Macht der autoritären Militärregime der 70er Jahre in Lateinamerika oder Afrika konnte fast problemlos zediert werden – an die Märkte, deren Autoritarismus eleganter und dabei wirkungsvoller ist als die Macht der Gewehre und der Schrecken der Kerker. In den mittel- und osteuropäischen Ländern war das etwa ein Jahrzehnt später nicht viel anders. Der Untergang des Sozialismus war zugleich der Sieg des Marktes. Seitdem wird Globalisierung mit der Herrschaft des Neoliberalismus gleichgesetzt, mit einem alternativlosen Denkmodell und einseitigen Interpretationsmuster, mit dem „pensée unique" und mit einer omnipräsenten Herrschaft der Gegenwart über alle anderen Zeiten, mit einer Herrschaft, die keine Geschichte, daher auch keine Traditionen und Kulturen, aber auch keine Zukunft und folglich keine Utopien kennt und anerkennt.

I. GLOBALISIERUNG UND ÖKUMENE

Wenn der Begriff der Globalisierung Canetti bekannt gewesen wäre, hätte er ihn möglicherweise nicht verwendet. Denn tatsächlich ist darin eine stark ausgeprägte ideologische Komponente enthalten. Darauf soll an dieser Stelle allerdings nicht weiter eingegangen werden. Wir würden entweder in die „Standortdebatte" verwickelt werden und so die Gelegenheit verspielen, über Masse und Macht in Zeiten der Globalisierung nachzudenken, oder wir würden uns der Lobhudelei von Weltmarkt und Weltkultur anschließen, also uns bei dem Geschäft, ideologische Nebelkerzen zu werfen, engagieren müssen.

Es ist vielmehr interessant, daß Elias Canetti, ohne von „Globalisierung" zu reden, eher beiläufig eine Vorstellung von Ökumene einführt. Das ist der Weltkreis des Glaubens und der Gläubigen des katholischen Christentums, in gewissem Sinne vergleichbar der „umma", der Gemeinschaft der Gläubigen des Islam. Die katholische Ökumene ist für Canetti Inbegriff von Langsamkeit, Ruhe und Breite. Diese Weltgesellschaft bewegt sich, ganz anders als unter den Verhältnissen hektischer Globalisierung, nur wenig, aber desto wirkungsvoller. Allerdings: Die „letzte Spur von Gleichheit [sticht im Katholizismus] von seinem sonstigen streng hierarchischen Wesen merkwürdig [ab]."[2] Hierarchie also als anti- oder negentropisches Prinzip, als ein Korrektiv des ansonsten alle Gläubigen einschließenden ökumenischen Prinzips, das in ein hochentropisches In-eins-werden führt? Die Tendenz des universalistischen In-eins-werdens löst offenbar die Gegenbewegung einer streng hierarchischer Organisation aus. Die „Merkwürdigkeit" des Katholizismus, Gleichheit der Gläubigen und Hierarchie der Organisation zu integrieren, hat wohl dazu beigetragen, daß diese Religion zweitausend Jahre alt werden konnte und immer noch lebendig ist. Es ist ihr so gelungen, vermerkt Harold Innis in „Empires & Communications", den *Universalismus der Gleichheit im Raum* durch zentralistische Organisation der *Kontinuität in der Zeit* sicherzustellen. Darin ist der Konservatismus der Religion begründet.

Langsamkeit, Ruhe und Breite charakterisieren also, so Canetti, die katholische Ökumene. Allerdings ist dies wohl eher in einer im wesentlichen agrarischen Gesellschaft so. Die gibt es heute nicht mehr. Denn, darauf weist Eric Hobsbawm hin, das kurze 20. Jahrhundert verzeichnet zumindest eine geschichtsmächtige Revolution: Zum ersten Mal in der Menschheitsgeschichte ist nur noch eine Minderheit von Menschen mit Ackerbau und Viehzucht beschäftigt. In den Industrieländern, die das Modell der Globalisierung vorexerzieren, sind es weniger als 5 Prozent. Dort, wo agrarische Produktion in größerem Umfang betrieben wird, ist diese durchindustrialisiert, gestaltet von den Saatgut- und Düngemittel-Multis, von den Landmaschinen- und von den großen Nahrungsmittelkonzernen abhängig, die die Agrarprodukte verarbeiten. Die moderne globalisierte Ökonomie und Gesellschaft kennt sicherlich die Breite, die Canetti dem Katholizismus zuerkennt, nicht aber dessen Langsamkeit und Ruhe. Selbst der katholische Papst reist per Jumbo-Jet und Papamobil. Die modernen Kommunikationstechniken üben auch auf den langsamen Katholizismus einen gehörigen Sog aus. Informationen aus dem Vatikan sind im Internet abrufbar.

Ist die Breite durch kapitalistische Expansion erst einmal hergestellt, also die Ausbreitung zur Ökumene vollzogen, ist Fortschritt nur noch durch Eroberung aller Resträume und durch die Beschleunigung aller Prozesse zu erreichen. Die Menschen werden gehetzt, auch aus der Langsamkeit und Ruhe, die die Ökumene bot. „Die physische Geschwindigkeit als Eigenschaft der Macht hat sich .... in jeder Weise gesteigert", meint Canetti. Geradezu apotheotisch hat der Astronaut Ulf Merbold die Entdeckungsreise in die Breite, in die Höhe, in die Tiefe, und alles immer schneller, geschildert: „Ich nehme an, jeder erinnert sich, daß wir die Wüsten durchquert, die arktischen Regionen des Planeten Erde in Besitz genommen haben... Unsere Altvorderen sind in die tropischen Regenwälder vorgedrungen. Wir sind in die tiefsten Tiefen der Ozeane hinabgetaucht, in die Stratosphäre aufgestiegen, die höchsten Berge wurden erklommen. Wir haben alles durchmessen und erforscht und haben so die entlegensten Winkel unseres Planeten zum Bestandteil unserer Erfahrungen gemacht... Ich meine, man muß die Raumfahrt und vieles andere als ein Element in dieser langen Tradition sehen..."[3]

In Zeiten der Globalisierung entstehen durch Steigerung der Geschwindigkeit eher Netzwerke. Die Zusammenballungen von Massen werden wie Wolken im Sturm zerfetzt. Netzwerke sind filigran strukturierte Beziehungen. Die Macht liegt jeweils in den Knoten der Netzwerke und daher läßt sich Globalisierung sehr gut auch als „Nodalisierung" bezeichnen. Die Knoten der Finanznetzwerke werden von den großen Finanzzentren der Welt von London über Tokio und New York bis zu den Schlupflöchern und Steueroasen gebildet: auf den Cayman-Inseln vor den Toren Nordamerikas in der Karibik, oder in Luxemburg und in der Schweiz zur halblegalen und nicht selten illegalen Unterstützung der europäischen Finanzzentren der ersten (London, Paris, Frankfurt) und zweiten Liga (Mailand, Wien, Kopenhagen). Die Knoten der kulturellen Globalisierung sind die global cities des entertainment, die Massen vor den Monitoren vereinen und sie zugleich in fragmentierte Teilmassen aufspalten. Sie sind keineswegs im traditionellen Sinne Machtzentren, weil sie Massen erzeugen. Vielmehr kreuzen sich in ihnen Marktbeziehungen, die zwar nicht „machtlos" sind, aber deren Macht eher die von „Sachzwängen" ist. Wir sehen, welche Wandlungen sich unter unseren Augen vollziehen: Von der Breite und Langsamkeit der katholischen Ökumene über die Hektik und Konzentration von Massen in konturlosen Steinwüsten von Megacities zu den „global cities" mit ihren business centers, die netzwerkartig untereinander verknüpft sind und den ganzen Globus umfassen. Eine ganz andere Ökumene als jene des langsamen und breiten Katholizismus ist da entstanden, die moderne Ökonomie nämlich; sie ist nicht weniger wirksam als die sakrale Zweitausendjährige, auch wenn sie in der Form der Globalisierung armselig profan ist und Elemente der „Gemeinschaft der Gläubigen“ systematisch zerstört. Denn da auf dem Markt sich nur melden kann, wer über monetäre Kaufkraft verfügt, sind Individualisierung und Fragmentierung von Massen die wesentliche Tendenz.

II. DOPPELMASSEN NACH DEM ENDE DES KALTEN KRIEGS

Der Markt oder die Märkte im Plural werden von Canetti nicht untersucht. Warum auch, wenn Globalisierung kein Thema ist und die Macht eher aus der lokalen Dichte von Massen stammt. Die Macht ist in erster Linie von Belang, weil sie es individuellen Machthabern ermöglicht, „massenhaft Menschen zu überleben“.[4] „Der Augenblick des *Überlebens* ist der Augenblick der Macht“, heißt es ganz bestimmt in „Masse und Macht“.[5] Der Machthaber will der „Einzige“ sein. „Er will alle überleben, damit keiner *ihn* überlebt.“[6] Das ist „so grotesk wie unglaublich“[7], ja es ist absurd. Denn Macht ist prinzipiell relational; die Macht steigt daher mit der Masse der vom Machthaber Unterworfenen oder gar Getöteten. Um Beispiele für diese Art der Steigerung zu finden, hat Canetti umfangreiche ethnologische, soziologische, psychologische Studien über einen Zeitraum von 35 Jahren, so sagt er selbst, getrieben. Doch nun hören wir, daß die Macht am größten ist, wenn sie absolut, also nicht mehr relational ist. Sie sprengt ja alle Relationen, wenn der Machthaber der Einzige geworden ist. Hier ist ein plötzlicher Umschlag einer zweiseitigen Relation in eine Mono-Logik erfolgt. Canetti ist aber mehr an der binären Logik von Freund und Feind, von Leben und Tod interessiert, an der dialektischen Beziehung von Macht und Masse: die Macht wächst mit der Masse jener, die die Mächtigen überleben. Diese binäre Logik wird am klarsten und brutalsten im Krieg zugespitzt. „In Kriegen geht es ums Töten.(...) Es geht um ein Töten in Haufen. Möglichst viele Feinde werden niedergeschlagen; aus der gefährlichen Masse von lebenden Gegnern soll ein Haufen von Toten werden.“[8] Da spielen die Erfahrungen zweier Weltkriege in der ersten Hälfte dieses Jahrhunderts hinein, deren traumatische Wirkung in der zweiten Hälfte des gleichen Jahrhunderts kaum noch wahrgenommen wird.

Das ist durchaus problematisch, wie die Ausführungen Canettis zur „Doppelmasse“ zeigen: „Die sicherste und oft auch einzige Möglichkeit für die Masse, sich zu *erhalten*, ist das Vorhandensein einer zweiten Masse, auf die sie sich bezieht. ... der Anblick oder die starke Vorstellung einer zweiten Masse erlaubt der ersten nicht zu zerfallen.“[9] Der Krieg ist nur die existentiell exponierteste Form dieser Doppelmasse, die auch das Leben heute strukturiert. Die Fähigkeit, den Feind zu bestimmen und von Freunden zu unterscheiden, definiert, so Carl Schmitt, das Politische. So kommt ein auf die „hohe Politik“ des Staates und der Staatsregierung höchst reduzierter Begriff von Politik und Souveränität zustande. Gleichwohl scheint in der Geschichte die binäre Logik der Doppelmasse immer schon präsent gewesen zu sein: Zivilisation und Barbarei in der Frühzeit, Carthago und Rom in der Antike, Kaiser und Papst im Mittelalter, neue und alte Welt in der Moderne, Gläubige und Ungläubige und die Massenmobilisierung zum „Kreuzzug“, dem – nach Canetti – „großartigsten Fall einer ... bewußten Massenbildung durch die Kirche“ aus „Massenkristallen“[10] heraus. In diesem „kurzen 20. Jahrhundert“ prallten im kalten Krieg zwischen Westen und Osten, zwischen Freiheit und Diktatur, Markt und Plan; zwischen Norden und Süden, reich und arm die Doppelmassen aufeinander. In der „neuen Weltordnung" am „Ende der Geschichte" drängt die Doppelmasse von „Djihad against McWorld" (Benjamin Barber) auf die historische Szene. (Darauf verweist im übrigen Rufin; nach meiner Kenntnis der einzige Autor, der sich in der Analyse moderner Tendenzen der Globalisierung explizit auf Canetti bezieht.) Dies sind nachgerade klassische Konstellationen einer Doppelmasse, in der „die starke Vorstellung einer zweiten Masse der ersten nicht [erlaubt] zu zerfallen".[11] Die Konstruktion des „wir" wird durch die Konstruktion des „Anderen" erleichtert. Und wenn beide entweder geographisch oder politisch oder ideologisch voneinander separiert werden können, müssen „wir" uns um die Probleme „der anderen" nicht kümmern, auch wenn sie diese vielleicht nur haben, weil „wir" sie ihnen aufbürden. In Zeiten der Globalisierung wäre es leicht, den Gegensatz zwischen reichem Norden („wir") und armem Süden („die anderen") in ein passables Schema zu bringen.

Sarkastisch, vielleicht zynisch hat dies Arbatow, ein ehemaliger Berater Gorbatschows, ausgedrückt: „Wir werden Euch das Schlimmste antun, was wir Euch überhaupt antun können, wir werden Euch, dem Westen das Feindbild nehmen..."[12] Der Tod also als die Produktion einer Leere, in der die Zurückgebliebenen nicht mehr zu sich selbst zu kommen vermögen – es sei denn, es treten neue Sinnstifter auf den Plan, die eine „starke Vorstellung einer zweiten Masse" erzeugen. Wie wichtig diese Vorstellung und das manische Bedürfnis nach dem orientierenden Limes sind, der zwischen Guten und Bösen, zwischen „uns" und den „anderen" scheidet, zeigt weniger das Buch über den „clash of zivilizations" von Samuel Huntington als sein weltweiter, durchschlagender Erfolg. Der Kalte Krieg ist vorbei, es lebe der Krieg der Zivilisationen – McWorld against Djihad und umgekehrt. Der Dritte Weltkrieg (der kalte Krieg) ist gewonnen, da wird der „vierte Weltkrieg" schon begonnen. So jedenfalls Commandante Marcos von der Bewegung der Zapatistas.[13] Vereinfachungen sind erlaubt, um die Vielfalt der Kulturen auf eine binär konstituierte Achse zu bringen. „Wir", die Zivilisierten, gegen den „Rest" der Barbarei. Und umgekehrt: die sogenannten Barbaren als Hoffnungsträger gegen die Zerstörungswut der neoliberalen Zivilisation.

In der Konkurrenz des Marktes wirkt allerdings eine multiple Logik, die die Ordnung von Massen und von Doppelmassen nicht mehr zuläßt. Die – binären – Schwingungen eines Pendels lassen sich ja als ordentliche Sinuskurven abbilden. Wenn das Pendel jedoch zwischen drei oder mehr Körpern bzw. Polen kreisen muß, werden die Bewegungen unordentlich und chaotisch; sie lassen sich überhaupt nicht mehr einordnen oder prognostizieren. In der multiplen Logik der Konkurrenz gibt es binär geordnete Massen, die sich aufeinander beziehen, nicht mehr. Daher rührt die Attraktivität des Diskurses von der Individualisierung, dem der Massengesellschaft gegenteiligen Prinzip. Hier sind wieder „alle Abstände, die die Menschen um sich geschaffen haben, ... von ... Berührungsfurcht diktiert".[14] Die Theorie der ökonomischen Konkurrenz begreift die ökonomischen Akteure als Individuen, und zwar sowohl die Produzenten als auch die Konsumenten. Individualisierung ist auch die Diagnose, die von den Theoretikern der „Risikogesellschaft" gegeben wird. Sie würden eine Interpretation der Gegenwart in den Kategorien von Masse und Macht wissenschaftlich und möglicherweise auch politisch zurückweisen. Das Individuum der modernen Individualisierungsthese befindet sich außerhalb des Argumentationskreises von Canetti. Jedenfalls vordergründig ist das so.

Masse bedeutet immer auch Steigerung der Entropie durch Beseitigung aller Differenzen zwischen den Elementen der Masse; die einzelnen Moleküle verschmelzen zu neuen Komplexen. Erst die Existenz der Doppelmasse bringt Ordnung zurück und ermöglicht die positive Identifikation durch negative Abgrenzung. Daher hat die Doppelmasse durchaus etwas Fiktives, Imaginiertes. Als solches freilich wird sie realitätswirksam. Gegen die „Vermassung" bildet sich also, wie Ernest Gellner zeigte, Entropieresistenz aus, indem ethnische, nationalistische, rassistische, religiöse u.a. Unterschiede zu besonderen Eigenschaften gegenüber den „Fremden" überhöht werden. Diese Qualifikationen können erneut Massenphänomene begründen, weil sie der Logik der Doppelmasse nachgeben. Denn sie definieren ein Gefäß, in das Menschen, manchmal gegen ihren Willen, hineingefüllt werden können, um zu gegebener Zeit ausgegossen zu werden. Das sind die Zeiten, in denen Hetzmassen und -meuten ihr antizivilisatorisches Werk tun. Sie bedienen sich der binären Logik nationalstaatlicher, ethnischer, rassischer und sonstiger Gegensätze, die sich bis zum Krieg zuspitzen können, und kümmern sich um die multiple Logik des Marktes einen Dreck.

Auf andere Möglichkeiten der Entropieresistenz freilich geht Canetti nicht ein, möglicherweise, weil sie erst heutzutage eine den Geschichtsprozeß tragende Rolle spielen: Mobilität und Mode. Individuell den Ort von Arbeit und Leben suchen und nach Gusto wechseln zu können, eröffnet attraktive Möglichkeiten, der Vermassung durch Individualisierung entgehen zu können. Die Mode ist ebenfalls ein Weg, um jedenfalls nach außen hin Individualität zu wahren. Dies gelingt allerdings nur vorübergehend und ist mit einem beträchtlichen Ressourcenverbrauch verbunden, den man sich fern von den „Grenzen des Umweltraums" leisten kann. Dies geht nicht mehr, wenn ökologische Nachhaltigkeit zum Thema wird.

III. STAATSBÜRGER IM RAUSCH DES WÄHRUNGSNATIONALISMUS

Nationen sind tragische historische Gestalten ohne den dazugehörigen Nationalstaat. Davon können die Juden, die Kurden oder die Palästinenser ein Lied singen. Der Nationalstaat, so vermeint die herrschende Auffassung, ist das selbstbewußte Resultat und der Höhepunkt der Nationwerdung. Es ist jedoch in der bisherigen Geschichte regelmäßig so gewesen, daß Staaten die Nationen erst durch Zusammenfassung, durch die Herstellung einer integrierenden Öffentlichkeit erzeugt haben. Deren Konstitution ändert sich mit den verfügbaren Medien, dies ist das Thema von Harold Innis oder von Demokratietheoretikern wie Robert Dahl: von der Agora der griechischen Polis mit ihrer physischen Nähe über den Flächenstaat mit seinen Prozeduren der Repräsentation der physisch nicht Nahen bis zur elektronisch konstituierten virtuellen Öffentlichkeit. Der Nationalstaat ist gewissermaßen das Gefäß, in das die Staatsbürger eingepaßt werden. Das Gefäß hat eine Aufschrift, und diese definiert die in dem Gefäß zusammengefaßten Staatsbürger als Engländer, Österreicher, Deutsche, Franzosen, Brasilianer etc. Die Gefäße sind verschieden groß und unterschiedlich komfortabel. Sie drücken also gewissermaßen den „Nationalcharakter" aus, über den sich Elias Canetti am Beispiel europäischer Nationen sehr einfühlsam und daher zumeist treffend ausgelassen hat, auch wenn manche Charakterisierungen einige Jahrzehnte nach der Niederschrift seltsam fremd erscheinen.

Was aber ist, wenn die Gefäße löchrig werden und Staatsbürger herausrinnen und andere dazukommen, die eine ganz neue Mischung bilden? Globalisierung, so heißt es, ist gleichbedeutend mit einer „Entgrenzung der Staatenwelt", und dazu gehören auch transnationale Migrationsbewegungen. Mit anderen Worten: die Nationalstaaten verlieren einen Teil der Souveränität, wenn die Gefäße, in denen sie die Staatsbürger zusammenfassen, löchrig werden, wenn sie also ihre Staatsmacht nicht mehr auf ein fest umgrenztes Territorium mit einer ebenso fest umgrenzten Staatsbürgerschaft beziehen können, wenn etwa die Leistungen des Wohlfahrtsstaates unter dem Druck der Globalisierung nur noch reduziert und selektiv vergeben werden. Niemand wird behaupten wollen, daß in der modernen Welt mit offenen Grenzen unter dem Kreuzzeichen der Deregulierung und des Abbaus sozialstaatlicher Leistungen die Nationalstaaten noch wie in den älteren staatstheoretischen Schriften durch Staatsgebiet, Staatsbürger, Staatsmacht definiert werden könnten. Die Schlußfolgerung freilich, die Nationalstaaten würden nun verschwinden, ist nicht nur übertrieben, sie ist fahrlässig und verdirbt die Analyse. Es verändern sich im Laufe der „Entgrenzung der Staatenwelt" die Attribute von Nationalstaaten, ihre Funktion in Weltökonomie und Weltgesellschaft und die Zielsetzungen, denen die politisch administrativen Systeme von Nationalstaaten folgen: die Nationalstaaten mutieren zu „Wettbewerbsstaaten", d.h. sie stehen vor allem für die Erhaltung und Festigung der Wettbewerbsfähigkeit der „nationalen Ökonomie" in der globalen Konkurrenz auf den Weltmärkten ein: „Japan AG", „Azienda Italia", Wirtschaftsstandort Deutschland etc. Souveränität, Größe, Macht sind nicht mehr die Attribute des Staates, es sei denn, sie dienen der Verbesserung der Wettbewerbsposition des „indigenen Kapitals" (Poulantzas). Dabei ist es unerheblich, ob das „indigene Kapital" mehrheitlich in japanischem, US-amerikanischem, in deutschem oder englischem Eigentum ist; es ist „indigen", weil es seinen Standort in der jeweiligen Nation gewählt hat, aus welchen Gründen auch immer.

Ein wichtiger Aspekt der Wettbewerbsfähigkeit ist die Stabilität der Währung. Diese wird nachgerade zu einem wichtigeren Identifikationsobjekt, als es Flagge oder Uniform je gewesen sind. Die Ostdeutschen haben dem 1989/90 auf den montäglichen Massendemonstrationen offen, klar und unverschämt (im Wortsinn) Ausdruck gegeben: „Kommt die D-Mark nicht nach hier, dann gehen wir zu ihr." Das war die Drohung mit der Verwandlung einer erwünschten Massendemonstration in unerwünschte Fluchtmassen und gleichzeitig der Hinweis auf die monetäre Banalität der „samtenen Revolution". Nicht unberechtigt spricht Jürgen Habermas schon vor 1989 vom „DM-Nationalismus". Die Verteidigung der Währung ist für viele Nationalstaaten wichtiger als die Verteidigung der Grenzen oder der Würde der Nationalflagge. Nationalistische Politik wird daher in Europa vor der Währungsunion weniger mit Nationalgeschichte, Liedgut oder Uniform als mit der Währung gemacht, deren Härte gegen die europäisierenden Weichmacher verteidigt werden soll. Im globalen Wettbewerb „die Nase vorn zu haben", ist ein ultimatives Ziel, dem die Nationalstaaten – und Regionen in Nationalstaaten wie Slowenien im ehemaligen Jugoslawien oder das Kunstprodukt Padanien der Lega Nord – gehorchen. Die Regeln der profanen ökonomischen Konkurrenz werden mit dem Weihrauch der nationalen Sache verhimmelt.

Ja, die politischen Eliten der nationalen Wettbewerbsstaaten versuchen, die Gesellschaften auf dieses Ziel hin zu mobilisieren. Die Rede ist vom Produktivitätspakt, von Bündnissen für Arbeit, vom Bündnis für Deutschland, vom Sozialkontrakt etc. Obwohl das Prinzip der Konkurrenz vereinzelte Akteure verlangt, fragmentierte Öffentlichkeiten und flexible

Individuen hervorbringt, die sehr divergenten, ja gegensätzlichen Interessen folgen, werden sie dann doch wieder zusammengefaßt, in neue Gefäße gesteckt, auf denen möglicherweise noch der traditionelle Name der Nation (oder der einer neu erfundenen Nation) geschrieben steht, obwohl diese für diese neue Art der Zusammenfassung des Wettbewerbsstaats eigentlich unerheblich ist. Die erwähnten Bündnisse und Pakte haben ja im wesentlichen ein Ziel, nämlich die Kosten der Produktion so zu senken, daß die Weltmarktpreise unterboten werden können, und gleichzeitig die Profitabilität „am Standort" so zu steigern, daß Teile des global umherschweifenden Kapitals attrahiert werden. Am besten wäre es für den „Standort", auf Dauer eine überschüssige Handelsbilanz und eine positive Kapitalbilanz aufzuweisen. So wird die Währung gestärkt und werden zugleich die anderen Wettbewerbsstaaten in – den eigenen Überschüssen entsprechende – Defizite gezwungen. Angeblich sollen auf diese Weise Arbeitsplätze „am Standort" geschaffen werden, was aber nur dann passiert, wenn andere Staaten jene Defizite zulassen, die sie nach dem Regelwerk von IWF oder OECD und EU unbedingt vermeiden müssen. Wenn alle Wettbewerbsstaaten die Politik des „beggar thy neighbour" verfolgen, begeben sie sich in den „Wettlauf von Besessenen". Im „race to the bottom" gibt es keine Sieger; alle Standards, die in Jahrzehnten von Massenbewegungen erkämpft wurden, werden abgesenkt. Die Sozialstaaten und mit ihnen die Nationalstaaten bauen sich selbst ab, wenn die sozialen Leistungen, die der materielle Unterbau der sozialen Demokratie sind, dem Ziel der monetären Stabilisierung zum Opfer gebracht werden. Die Reduzierung der Kosten ist in der Regel gleichbedeutend mit der Senkung der Arbeitskosten. Wenn die Produktivität steigt, können ja Arbeitskräfte freigesetzt werden. Mit anderen Worten: Diese Art von staatlich zusammengehaltenen Bündnissen ist das Gegenteil der Massenbildung. Sie schmelzen die produktiv tätigen Massen ab, füllen aber zugleich das Massenheer der Arbeitslosen auf. Davon gibt es europaweit mehr als 20 Millionen offiziell gezählt, und weltweit sind es nach Angaben der ILO etwa 750 Millionen.

IV. MASSENPRODUKTION

Das war anders, als Canetti an „Masse und Macht" arbeitete. Dies wird deutlich, wenn wir uns den Vorstellungen Canettis von Gerechtigkeit und Verteilung zuwenden. „Die Gerechtigkeit", so schreibt er, „fordert, daß jeder zu essen hat. Sie erwartet aber auch, daß jeder sein Teil zur Erlangung dieser Nahrung beibringt. (...) Wie immer aber man über die Art der Verteilung der Güter in unserer modernen Welt denkt, in der Voraussetzung zu diesem Problem sind sich Anhänger und Gegner des Sozialismus einig. Diese Voraussetzung ist die *Produktion*. ...[Der Prozeß der Produktion] wird *verehrt*, und es ist nicht zu viel gesagt, wenn man behauptet, daß er in den Augen der meisten heute etwas Heiliges hat."[15] Produktion ist Vermehrung, Mehrwertproduktion – wenn wir diesen Begriff aufgreifen würden, befänden wir uns in einem anderen, dem Marxschen Diskurs –, und die Vermehrung ist eine Bedingung der Verteilung. Diese steht „theoretisch gleichwertig neben [den Problemen] der Vermehrung"[16]. Dieser kurze Schluß Canettis enthält viele Voraussetzungen, die offenzulegen sind. *Erstens* wird wie selbstverständlich vorausgesetzt, daß alle, die arbeiten können, auch Arbeit finden. Diese Voraussetzung war allerdings nur im „goldenen Zeitalter“ der kapitalistischen Entwicklung in den Industrieländern bis etwa Ende der 60er Jahre gegeben. Sie galt weder vorher noch nachher und galt nicht überall in der Welt. *Zweitens* ist die „fordistische“ Gleichung angesprochen: zur Massenproduktion gehört Massenkonsum. Damit dieser möglich ist, müssen die Mechanismen der Verteilung ein Minimum an Gleichheit erzeugen. Denn die Massenproduktion, so hat es Schumpeter ausgedrückt, ist nicht für den Bedarf von Königinnen, sondern für den von Arbeiterinnen ausgelegt. Hier kommen *drittens* die schon von Toqueville dargelegten Probleme der „Massengesellschaft“ ins Spiel: Je mehr Freiheit selbstverständlich wird, desto mehr drängen sich die Fragen von Gleichheit, Verteilung und Gerechtigkeit in den Vordergrund. *Viertens* sind Massenproduktion und Massenkonsum nur möglich, wenn auch natürliche Ressourcen massenhaft verbraucht werden. Dieser Sachverhalt muß zu denken und zu einschneidenden Konsequenzen Anlaß geben, wenn sich die Gesellschaften der Grenze des Umweltraums nähern oder diese bereits überschritten haben.

Die Massenproduktion bringt ein besonderes historisches Subjekt hervor, den Massenarbeiter. Von den späten 50er bis in die frühen 70er Jahre hinein wurde vor allem in Italien die Theorie des „Massenarbeiters“ (operaio di massa) entwickelt. Diese zum Teil recht krude Theorie wurde ein Exportprodukt, und daher spielte die Theorie des Massenarbeiters auch in anderen Ländern eine große Rolle, sowohl in intellektuellen Zirkeln als auch in den Strategiediskussionen der Gewerkschaften. Die fordistische Zusammenfassung von Arbeitern in den großen Fabriken – bei Fiat Mirafiori arbeiteten zeitweise an die 30.000 Arbeiter unter dem Dach einer Fabrikhalle – bot auch die Gelegenheit für Massenkämpfe, für den Massenstreik. Darüber hatte Rosa Luxemburg bereits zu Beginn des Jahrhunderts vor allem unter dem Aspekt der Bildung von Klassenbewußtsein des Proletariats räsoniert. Der Streik ist auch Canettis Thema. Streiks sind für ihn „das beste Beispiel für die negative oder Verbotsmasse... Wenn es aber zum Streike kommt, werden die Arbeiter auf eine verbindlichere Weise gleich: in der Weigerung, weiterzuarbeiten. (...)Das Verbot der Arbeit schafft eine akute und widerstandsfähige Gesinnung.(...) Innerhalb des eigentlichen Streikes ist es wichtig, daß jeder sich an die Verbotsparole hält. Es kommt spontan zur Bildung einer Organisation aus der Masse selbst heraus. (...) Die Organisation sorgt für eine gerechte Verteilung von Lebensmitteln oder Geld.(...) Es ist aber wahr, daß es nicht leichtfällt, sie in diesem Zustand zu erhalten.“[17] Hat Canetti Rosa Luxemburg gelesen? Offenbar nicht, jedenfalls ist ihr Name in seiner langen und ausführlichen Literaturliste von „Masse und Macht“ nicht zu finden.

Verbots- und dann noch „Umkehrungsmassen“, also revolutionäre Bewegungen, haben die Vorstellung und die theoretische und politisch-strategische Reflexion bis ins zweite Drittel des 20. Jahrhunderts stark beeinflußt. Der Massenstreik wurde als Massenbewegung und strategische Option erst in den späten 60er Jahren während des autunno caldo in Italien oder des französischen Mai in Frankreich wiederentdeckt. Die Masse der Arbeiter wurde zur Bedrohung des Kapitals, zumal dann, wenn die Kämpfe nicht gewerkschaftlich reguliert, sondern spontan erfolgten. So konnten Diskontinuitäten des Produktionsprozesses erzeugt werden, die für die Rentabilität des Kapitals äußerst nachteilig sind, weil die „Transaktionskosten“ gesteigert werden. Man erinnere sich, Marx hatte im siebten Abschnitt des ersten Bandes des Kapitals den kapitalistischen Reproduktionsprozeß als die Kontinuität der Verwandlung von Kapital in Mehrwert und von Mehrwert in Kapital bezeichnet.

Canetti ist durch die Massenproduktion und deren mögliche Unterbrechung irritiert. „In der modernen Produktion hat der alte Gehalt der Vermehrungsmeute eine so ungeheuerliche Steigerung erfahren, daß alle anderen Gehalte unseres Lebens daneben schwinden. (...) Wenn es einen Glauben gibt,... so ist es der Glaube an die Produktion, den modernen Furor der Vermehrung."[18] Der Streik ist die Unterbrechung der Vermehrungstätigkeiten, eine Kalmierung des so bezeichneten Furors. Darauf haben aber die Unternehmen mit grundlegenden Restrukturierungen geantwortet und inzwischen den Massenarbeiter in „flexible Arbeiterindividuen" zerlegt. Die großen Fabrikkomplexe sind aufgelöst und, dort wo es sich lohnte, museal konservierte Geschichte geworden. Es entstand die „fabbrica diffusa", neue Technologien setzten Arbeitskräfte massenhaft frei und entließen sie in das Heer der Arbeitslosen. Flexible Produktionsmethoden ermöglichen die Produktivitätssteigerung durch Bildung kleiner, quasi autonomer Einheiten, die zum Teil durch marktähnliche Beziehungen, also konkurrierend aufeinander bezogen sind. Der Massenarbeiter jedenfalls ist seit der Umstrukturierung der Produktionsprozesse und der gesellschaftlichen Reproduktion in den 70er Jahren, und zwar weltweit, passé.

Mit ihm ist auch die Massenpartei untergegangen; Parteien können sich weniger denn je auf Massenbewegungen stützen. Sie müssen ein differenziertes Verhältnis zu den Institutionen des ebenfalls transnationalisierten, teilweise gar globalisierten politischen Systems finden und damit kompetent umzugehen in der Lage sein. Nur so haben sie Chancen, die Unterstützung der Massen zu finden, die sie als „Massenparteien" in den letzten Jahrzehnten verloren haben. Eine Massendemonstration auf die Beine zu bringen, ist heute fast schwieriger, als eine Finanzreform durchzusetzen. Und dennoch behalten Massendemonstrationen einen symbolischen Charakter. Wenn in Italien Umberto Bossi seine Kampagne der Sezession des sogenannten Padaniens betreibt, dann auch mittels Massendemonstrationen. Dann bleiben ganz in der Logik der Doppelmasse die Gegendemonstrationen natürlich nicht aus, und das Gewicht der Zahlen wird zum schlagenden politischen Argument.

Neue Formen der Zusammenfassung in der globalen Konkurrenz dienen vor allem dazu, die Wettbewerbsfähigkeit zu steigern und alle Kräfte auf dieses allererste Staatsziel hin zu organisieren. Erst wird Individualisierung zum höchsten Wert erkoren und das konkurrenzhafte Leistungsprinzip beschworen, dann wird von den konkurrierenden Individuen kollektive Solidarität im Rahmen eines Produktivitätspaktes etc. erwartet. Massenweise Zusammenfassungen sind unter diesen Verhältnissen schwierig zu organisieren. Leichter ist es, Konsumenten zu flüchtigen Massen wie beim Spektakel der „Love Parade" zusammenzubringen. Gleichsam in einer Stampede wird eine laute, aber flache Massenbefriedigung angestrebt. Als Massenereignis, an dem viele teilhaben und über das alle, auch Nicht-Teilnehmer, reden können – nicht wenige nutzten dazu den Rekurs auf Elias Canettis *Masse und Macht* –, erreicht es sogar eine gewisse integrative Kraft.

V. DIE SOFTWARE GLOBALISIERTER NETZWERKE

Im übrigen sind in Zeiten der Globalisierung Netzwerke die Formen, in denen die Macht reproduziert wird. Zunächst sind verschiedene Netzwerktypen zu unterscheiden. *Erstens* gibt es Unternehmensnetzwerke, die zeitweiligen und begrenzten Kooperationsbeziehungen zwischen Unternehmen, die ansonsten in der globalen Konkurrenz gegeneinander konkurrieren. Unternehmen bilden Allianzen zur Entwicklung neuer Produkte oder zu ihrer Vermarktung, die aber erstens nicht auf Dauer gestellt sein müssen und zweitens nicht alle Unternehmensbereiche einbeziehen. Es entstehen so „value added chains", die verschiedene Räume de facto integrieren, auch wenn die Räume *de jure* , d.h. durch nationalstaatliche Grenzen unterbrochen sind.

An *zweiter* Stelle sind Standortnetzwerke zwischen Unternehmen, öffentlicher Administration, sozialen Organisationen, Wissenschaft zu nennen, mit denen „am Standort" die Produktivkräfte durch Mobilisierung der außermarktmäßigen external economies gehoben werden sollen. Standortnetzwerke und Unternehmensnetzwerke können durchaus in Konflikt geraten. *Drittens* geht es um policy-Netzwerke, in denen politische Paradigmen generiert und in einer Diskursgemeinschaft kommuniziert werden. Idealiter wird so dafür gesorgt, daß gesellschaftliches Wissen für politische Entscheidungen verfügbar wird. *Viertens* müssen ethnische Netzwerke genannt werden, in denen sich Angehörige ethnischer und sonstiger Peer-Gruppen in einem anderen ethnischen Ambiente geschützt bewegen können, um beispielsweise die Migration oder die Geschäftstätigkeit „in der Fremde" zu erleichtern. So kann die Massenflucht vor dem Ausbruch von Panik und vor dem Umschlag in Fluchtmassen geschützt, der Zusammenhalt gesteigert werden.[19] *Fünftens* bilden Nichtregierungsorganisationen Netzwerke, denn sie verfügen weder über staatlich organisierte, machtgestützte internationale Beziehungen (die keine Netzwerke sind) noch über Marktmacht und Marktbeziehungen wie Wirtschaftsunternehmen. Sie müssen also neue Kommunikationsformen entwickeln, um ihre politische Kraft zur politischen Macht bündeln zu können. Schließlich wären noch *sechstens* Governance Netzwerke zu nennen, also die Formen der Zusammenarbeit von staatlichen und quasi-staatlichen Organisationen, von Unternehmen und Nichtregierungsorganisationen auf globaler Ebene, ohne sich auf die im Nationalstaat vorgegebenen hierarchischen Politikformen oder auf die Marktbeziehungen des Unternehmenssektors festlegen zu lassen. Das ist „Governance without government" oder die von Robert Cox so genannte und zu Beginn bereits erwähnte „La Nébuleuse". Das Netzwerk ist nebelhaft, aber es ist wirksam und als solches auch mächtig.

Netzwerke sind locker und Massen sind dicht. Massen sind massiv und wuchtig und Netzwerke graziös und penetrant. Die Wucht der Massen kommt nur zustande, wenn diese am Ort konzentriert werden. Dadurch entsteht das – in der Analyse von „Massenphänomenen" wie der Nazi-Bewegung – von vielen hervorgehobene Bedrohliche, wenn jeder jeden stützt und selbständige Willensäußerungen nur noch als „unselbständiges Element einer Gesamtaktion" (Fritz Bauer) möglich sind. Das ist bei Netzwerken ganz anders. Sie setzen dezentrale Autonomie und Verantwortung schon deshalb voraus, weil sie sonst nicht funktionieren. Netzwerke sind auf allen Ebenen, an allen Orten zur gleichen Zeit präsent und bedürfen der Konzentration oder massiven Agglomeration nicht. Dezentralisierung ist die Charakteristik der Netzwerke, zumindest zeitweise Zentralisierung diejenige der Massen. Netzwerke sind latent und lassen sich zweckgebunden mobilisieren, Massen sind nur manifest Massen, und wenn sie auseinandergehen, etwa nach einer Demonstration, sind sie nichts als Gruppen oder Haufen. Wenn sich auch die konzentrierten Massen in Zeiten der Globalisierung scheinbar verflüchtigt haben, sind sie in Form der Netzwerke neu entstanden. Denn es sind auch Massen, die in Netzwerken mobilisiert werden.

Die Form ihrer Kommunikation und Aktion hat sich freilich prinzipiell gewandelt, worauf die Bemerkungen zur Massenpartei bereits hingedeutet haben. Die Änderung läßt sich aber auch sehr gut am Beispiel des Internet zeigen. Dieses Netzwerk zieht seine Stärke nicht aus der Konzentration von möglichst schnellen und leistungsfähigen Prozessoren und Speicherkapazitäten in zentralisierten Computern, also nicht aus der massiven „Hardware", sondern aus der Software eines leistungsfähigen Transferprotokolls (http), das einfach zu nutzen ist (www). Das Protokoll ist die Seele des Netzes, das daher nahezu unbegrenzt durch Hinzufügung dezentraler Einrichtungen wachsen kann, sofern das Transferprotokoll des Netzes beachtet wird. Das Wachstum der Massen ist örtlich begrenzt und die Geographie eines Ortes verhindert schon quantitative Ausdehnung und Geschwindigkeit von Massen. Aber das Netz gestattet fast grenzenlose Vermehrung und Kommunikation in Lichtgeschwindigkeit. Die *software des Netzes* ist daher der kapitalistischen Akkumulationsdynamik viel angemessener als die *hardware der Massen*. Fritz Lang drehte in den 20er Jahren „Metropolis" mit etwa 30.000 Komparsen; Spielberg nutzte für „Jurassic Park" viel Software für seine Dinomaschinen und Computer-Simulationen.

Eine Begrenzung der Netzwerke ist kaum vorstellbar. Sie sind leicht der jeweiligen Expansion und Kontraktion von Wirtschaft, Politik, Gesellschaft anzupassen. Hier ist ein Prinzip ins Spiel gekommen, das der Globalisierung überhaupt erst die Dramatik verliehen hat, die in der „Globalisierungsdebatte" seit geraumer Zeit hervorgehoben wird. Eine neue Ordnung der Zeit ist im Entstehen, ein neuer Rhythmus beherrscht das Leben. Feste Maßstäbe sind passé. Jede „neu entstandene Macht", so Canetti, „muß an eine Neuordnung der Zeit gehen"[20], und jede „Zivilisation ist zu Ende, wenn es ihr mit ihrer Zeitrechnung nicht mehr ernst ist".[21] So ähnlich hat auch Ernst Cassirer in der „Philosophie der symbolischen Formen" argumentiert. Welche Zeit gilt in Zeiten der Globalisierung? Wenn es nur noch individualisierte Zeitregime gibt, löst sich Gesellschaft auf, und Margret Thatcher kann mit ihrem Wort „ich weiß nicht was Gesellschaft ist, ich kenne nur Familien" Recht behalten. Einerseits entsteht ein globales Zeitregime (im Singular), andererseits gibt es die Resistenzen der sozialen Zeiten (im Plural). Netze können diesen Widerspruch überbrücken. Denn sie sind, wie die Darlegung der Netzwerktypen zeigt, sowohl lokal als auch global ausgelegt. Sie sind das flexibelste Organisationsprinzip von Gesellschaft in Zeiten der Globalisierung.

VI. SPEKULATION IM ARBITRAGEKAPITALISMUS

Dabei kommt auch dem Geld eine beträchtliche, ja die zentrale Bedeutung zu. Nicht wenige Autoren, die sich mit Globalisierungstendenzen auseinandersetzen, verlieren ihre Skepsis gegenüber der Konstatierung des Sachverhalts zumeist dann, wenn von der „finanziellen Globalisierung" die Rede ist. Diese ist tatsächlich unübersehbar und spektakulär. Man erinnere sich an den Kollaps der Baring Bank 1995. Der Bergarbeitersohn Nick Leeson aus Mittelengland spekuliert als Wertpapierhändler der Londoner Baring Bank in Singapur mit japanischen Papieren. Das Erdbeben von Kobe bereitet der Spekulation ein Ende; die Verluste können nicht mehr abgedeckt werden. Die Londoner Bank macht wegen der fernöstlichen Verluste pleite und Nick Leeson kommt in Frankfurt, wohin er sich flüchtet, ins Gefängnis. Eine individuelle, globalisierte Niederauffahrt.

Elias Canetti hat von diesen globalen Spekulationsbewegungen keine Vorstellung, denn es gab sie nicht im System fixierter Wechselkurse. Doch er beschreibt die Inflation als einen Massenvorgang. „Aber dieses Wachstum ist ins Negative gewendet: das Wachsende wird schwächer und schwächer. Was früher eine Mark war, heißt jetzt 10.000, dann 100.000, dann eine Million."[22] Das war in den 20er Jahren plausibel, ist aber in den 90er Jahren unter den Bedingungen der Stabilitätskonkurrenz der Währungen nicht aktuell. Auch die Schatzbildung wird von Canetti als Massenvorgang interpretiert. Denn der Bildung von Schätzen sind keine qualitativen, allenfalls quantitative Grenzen gesetzt. Wie Onkel Dagobert resümiert er: „Der *Haufe von Münzen* ist seit altersher und bei den meisten Völkern bekannt als *Schatz.* In der Art, wie er als Einheit empfunden wird, wie man auf ihn stößt, ohne zu wissen, wieviel er wirklich enthält, hat er manches von einer Masse an sich. Man kann darin wühlen und Münze von Münze trennen."[23] Die „Golddeckung", so seine Folgerung, ist folglich Bedingung einer „guten Währung", und die „beweist, daß der Schatz seine alte Bedeutung noch keineswegs verloren hat".[24] Dazu sind zumindest zwei Anmerkungen zu machen.

Man ist *erstens* versucht zu schlußfolgern, daß, wenn die Inflation als Massenvorgang beschrieben werden kann, die Deflation als Ausdruck von Individualisierung zu verstehen ist. Diese Idee hat einen gewissen Reiz, denn in der Nachkriegsperiode ging in den Zeiten des „fordistischen Massenarbeiters" auch die Inflationsrate nach oben. Dem gab die berühmte „Phillipps-Kurve" Ausdruck: je höher der Beschäftigungsgrad, desto höher auch die Inflationsrate und umgekehrt. Warum das so ist, soll uns an dieser Stelle nicht interessieren. Man könnte über diese Frage ein politisch-ökonomisches Seminar abhalten. Aber die Preisinflation wurde ja seit Ende der 70er Jahre in den Industrieländern gebrochen. Zwar gibt es seitdem eine Schuldeninflation, vor allem ein kaum zu bremsendes Wachstum der öffentlichen Schulden, aber die Preissteigerungsraten sind rückläufig und derzeit in der Europäischen Union auf einem so niedrigen Niveau wie noch niemals zuvor in der Nachkriegszeit. Zunächst ist es überraschend, daß die Zeit der Desinflation bzw. der Deflation und Preisstabilität auch jene Zeit ist, in der der Massenarbeiter verschwindet und Individualisierungsprozesse so bedeutsam werden, daß sie eine neue Sparte sozialwissenschaftlicher Theoriebildung angeregt haben. Masse und Klasse gibt es nicht mehr, Individualisierung, Flexibilisierung, die Ausdifferenzierung von Arbeits- und Lebenswelten, die Fragmentierung von Öffentlichkeiten sind statt dessen angesagt. Bei dieser Parallelität der Desinflation und des Verschwindens des Massenarbeiters dürfte es sich wohl kaum um einfach zu erfassende kausale Zusammenhänge, sondern eher um Koinzidenzen des Faktischen handeln. Es wäre reizvoll, sich damit, und mit der dadurch entstandenen Krise der Soziologie als Wissenschaft, näher auseinanderzusetzen.

Politisch und wissenschaftlich noch interessanter scheint mir aber *zweitens* eine Lücke zu sein, die Elias Canetti bei seiner Beschreibung der Inflation als Massenphänomen gelassen hat. Das Geld ist in seinem Verständnis Schatz und Zirkulationsmittel. Diese Funktionen des Geldes sind ohne Zweifel wichtig. Freilich dürfte man Schwierigkeiten haben, ohne Berücksichtigung der Funktion des Geldes als Zahlungsmittel (als Kredit) moderne Marktprozesse oder Globalisierungstendenzen zu begreifen. In den vergangenen Jahrzehnten haben sich, das Geld als Zahlungsmittel in Rechnung gestellt, Massenphänomene zugetragen, die die von Canetti vorgebrachten Daten zur Inflation in den Schatten stellen. Wie in jeder anderen Hinsicht ist der Kapitalismus auch bei der Organisation des Geldes innovativ. So sind in den vergangenen Jahrzehnten der Deregulierung und Globalisierung innovative Finanzinstrumente entstanden, die das internationale Geld- und Kreditwesen auf den Kopf gestellt haben. Sogenannte Derivate, von realen Werten abgeleitete Finanzpapiere, bringen es heute auf einen Bestand von über 40.000 Milliarden US-Dollar. Auf den internationalen Devisenmärkten werden täglich an die 1400 Milliarden US-Dollar gehandelt. Davon würden 15-20 Milliarden US-Dollar genügen, um den Welthandel zu zirkulieren. Der allergrößte Teil des Restes dient der „Spekulation", also den Versuchen, sich gegen Währungs- und Zinsschwankungen abzusichern oder diese gewinnträchtig auszunutzen.

Bezeichnenderweise wird dieses globalisierte Massenphänomen in Netzwerken abgewickelt. Die Macht der Spekulation besteht gerade darin, schnell und massiv Geld über das Netzwerk an einem Attraktionspunkt anzulegen und ebenso schnell und massiv wieder abzuziehen, wenn es interessantere Anlagepunkte gibt. Es handelt sich hier gewissermaßen um monetäre „Fluchtmassen" im Sinne Canettis. Allerdings sind diese gänzlich anonym und von wenigen Individuen gemäß dem Rentabilitätsprinzip höchst rational gesteuert, die oftmals Tausende von Kilometern voneinander getrennt operieren und wenig voneinander wissen. Die Nähe der Massen wäre sogar ein Hinderungsgrund für das angemessene Funktionieren dieses neuen globalisierten „Arbitragekapitalismus" der Ausnutzung von Zins-, Kurs- und Preisdifferenzen zu verschiedenen Zeiten am gleichen Ort und an verschiedenen Orten zur gleichen Zeit.

Geschwindigkeit ist dabei von außerordentlicher Bedeutung. „Die physische Geschwindigkeit als Eigenschaft der Macht hat sich ... in jeder Hinsicht gesteigert."[25] „Das Schnellste aber ist, was schon immer das Schnellste war: der Blitz", schreibt Canetti kurz zuvor. Tatsächlich ist die Geschwindigkeit auch auf den globalen Finanzmärkten enorm gesteigert worden. Dazu hat nicht zuletzt die technologische Revolution, vor allem die Installation des Internet beigetragen. Die internationalen Kapitalbewegungen erfolgen heute daher in Lichtgeschwindigkeit, schnell wie der Blitz, und so verbinden sich Masse von Geld und Geschwindigkeit zu einem unwiderstehlichen Momentum, gegen das es aussichtslos ist, Massenbewegungen von Menschen zu organisieren. Daher geschieht dies auch nicht. Wir haben wieder einen Grund für den Niedergang der Massenbewegungen, der Massenparteien, des Massenarbeiters in Zeiten der Globalisierung.

Aber betrachten wir die Orte, denen die spekulativen Fluchtmassen entgegenstreben. Während die Spekulanten fern vom Ort manchmal in inselhafter Isolation, wie auf den Grand Caiman-Inseln in der blauen Karibik, ihre Entscheidungen treffen, kann ein ganzes Land unter den Kapitalmassen, die in das Finanzsystem hinein- und dann auch wieder herausstreben, in Mitleidenschaft gezogen werden. Ein Land, so heißt die monetäre Weisheit, sollte nur soviel ausländisches Kapital aufnehmen, wie es dieses Kapital sinnvoll, d.h. investiv, absorbieren kann. Ist es dazu nicht in der Lage, wird irgendwann der Punkt kommen, an dem das Kapital fluchtartig und massenhaft das Land wieder verläßt, weil die angelegten Kapitalien den an fernen Gestaden residierenden „Investoren" keine – im globalen Vergleich mit anderen „Standorten" – ausreichende Rendite erbringen. Das geht auch gar nicht, da die monetären Renditen für die Attraktion ausländischen Kapitals so hoch sind, daß Investitionen in reales Kapital gar nicht mithalten können. Kapitalimport durch hohe Zinsen blockiert also den Absorptionsprozeß. Dies wird dann offensichtlich, wenn zur Bedienung des ausländisches Kapitals Defizite im Staatshaushalt und in der Zahlungsbilanz entstehen. Denn „markets do not like deficits – neither budget deficits nor current account deficits."[26]–

Die Märkte, das sind zu Subjekten erhöhte Fetische, die auf einmal Druck ausüben, mächtige Sachzwänge darstellen, die trotz aller Anstrengungen nicht erfüllt werden können. Das ist, wie wenn die „Totenheere", von denen Elias Canetti schreibt, aufziehen. Es werden ihrer immer mehr, sie sind zahlenmäßig nicht zu begrenzen, vereinen sich zu einer ungeheuren und unbegreifbaren Zahl. Sie üben Macht aus über die Lebenden. Im schottischen Hochland, so Canetti, ist der „Schlachtruf der Toten", „sluagh-ghairm", zum Wort „Slogan" vereinfacht worden: „Die Bezeichnung für die Kampfrufe unserer modernen Massen stammt von den Totenheeren des Hochlands."[27] Über Mexiko beispielsweise sind im September 1994 die Totenheere des abziehenden Fluchtkapitals hinweggezogen und haben eine fürchterliche Spur der ökonomischen und finanziellen Krise hinterlassen, an deren Folgen die Massen der Bevölkerung jahrelang zu leiden haben. Spekulanten üben also Macht aus, sie beeinflussen das Schicksal von Millionen Menschen.

Spekulanten sind aber weder reich noch haben sie Macht, noch sind sie berühmt, jedenfalls nicht im Sinne Canettis. Der Reiche, so schreibt er, „sammelt Haufen und Herden. Für diese steht das Geld. Um Menschen ist es ihm nicht zu tun; es genügt ihm, daß er sich solche kaufen kann. Der *Machthaber* sammelt *Menschen*. Haufen und Herden bedeuten ihm nichts. (...) Der Berühmte sammelt Chöre. Er will nur seinen Namen von ihnen hören."[28] Die Massen, die hier zu spezifischem Zweck interessiert zusammengebracht werden, sind so passiv wie Imeldas Sammlung von Schuhen. Sie dienen in jedem Fall der Erhöhung eines Individuums, des Reichen, des Machthabers, des Berühmten. Auch wenn die Charakteristik des Reichen am ehesten auf die Welt des Geldes und auf ihre Bewohner zutreffen mag, ist es nicht der Reichtum als solcher, der die Spekulation antreibt. Es sind eher „die Märkte", die mit ihren neutralen Wirkungsmechanismen dazu zwingen, den Reichtum zu steigern.

Der Reiche bleibt in der globalisierten Welt nur reich, wenn der Reichtum gemehrt wird, und zwar in der rastlosen Suche nach rentabelsten Anlagemöglichkeiten. Die Haufen und Herden des Reichen sind also in permanenter Bewegung, und zwar mit technisch höchster Geschwindigkeit. Sie sind von dem Reichen gar nicht mehr kontrollierbar, sie geraten dann und wann außer Rand und Band, und es kann dabei passieren, daß Haufen und Herden dem Reichen fortlaufen, verlustig gehen und dezimiert werden. Das ist der *Crash*, der weder von dem Reichen noch von dem Machthaber, noch von dem Berühmten ausgeschlossen werden kann. Die Totenheere des Marktes feiern ihre Triumphe über die Akteure des Marktes: die Geldvermögensbesitzer, Unternehmer, Manager, die Produzenten und Konsumenten. Die Märkte sind in Zeiten der Globalisierung mächtiger als jene standortgebundenen Massen und Mächte, die das Thema Elias Canettis waren.

Die Macht findet also in den Sachzwängen der „Märkte" ihren Widerpart. Die Massen sind dabei fast unerheblich, denn es sind Individuen, die Entscheidungen treffen. Aber durch sie werden Massenphänomene ausgelöst. Die Fanclubs und die Massen von Zuschauern eines Fußballspiels oder einer Flugschau, die Milliarden, die als telematische Trauermasse das Begräbnis der Lady D. am Fernsehen verfolgten, die Stampede der Love Parade – das sind Massen, deren Widerpart, der Mächtige, nicht identifiziert wird, ganz abgesehen davon, daß den Massen sowieso die Eigenschaft der Macht abhanden gekommen ist. Mit anderen

Worten: Die Erscheinung von Massen, zu denen sich aus ganz unterschiedlichen Anlässen Menschen zusammenfinden, ist keineswegs mit der Globalisierung verschwunden. Es gibt massenhafte Betroffenheiten, z.B. vom Schicksal der Arbeitslosigkeit. Daher entstehen dann doch wieder überraschend politische Massenphänomene: Bewegungen, Verbotsmassen, Umkehrungsmassen.

Dies könnte auch die Botschaft der mexikanischen Zapatistas sein, einer Bewegung ganz anders als in der bisherigen Geschichte von Massenbewegungen und Massenparteien. Sie beanspruchen, eine Bewegung gegen den Neoliberalismus zu sein, gegen die Globalisierung, gegen die „pensée unique" und für die Vielfalt der Welt, ohne in den Schematismus der Doppelmasse, des „wir" gegen die „die anderen", zu verfallen. Es ist offen, ob dieser Versuch trägt, gegen die Abstraktheit der Globalisierung auf die Konkretheit der Massenbewegung zu setzen. Immerhin zeigt die Bewegung, daß die Art und Weise der Globalisierung keineswegs überall in der Welt mehrheitlich akzeptierter *modus vivendi* ist. Der moderne Widerpart folgt aber nicht mehr der binären Logik der Doppelmasse. Die Mobilisierung gegen die Globalisierung findet in der Vielfalt lokaler, regionaler, nationaler und internationaler Bewegungen und in deren Netzwerken statt.

Massen gibt es und die Macht erst recht. Daran hat die Globalisierung nichts geändert. Das Problem mit Canettis großartigem Essay „Masse und Macht" entsteht wegen des kleinen Wörtchens „und".

Literatur

Altvater, Elmar und Mahnkopf, Birgit, Grenzen der Globalisierung, (Westfälisches Dampfboot) Münster

Barber, Benjamin R., Jihad vs. McWorld, in: The Atlantic Monthly, March 1992

Canetti, Elias, Das Gewissen der Worte. Essays, (Fischer: Elias Canetti Werke) Frankfurt-Main 1981

Canetti, Elias, Masse und Macht, (Fischer) Frankfurt-Main 1980

Gellner, Ernest, (1991): Nationalismus und Moderne, Berlin (Rotbuch)

Hobsbawm, Eric, (1995): Das Zeitalter der Extreme. Weltgeschichte des 20. Jahrhunderts, Wien / München (Hanser)

Innis, Harold, Empiew & Communications. An illustrated edition. Newly edited and with special introductions and an afterword by David Godfrey,(Press Procépic) Victoria/ Toronto1986

Rufin, Jean-Cristophe, Die neuen Barbaren. Der Nord-Süd-Konflikt nach dem Ende des Kalten Kriegs, (dtv) München 1996

Schmitt, Carl, (1963): Der Begriff des Politischen. Text von 1932 mit einem Vorwort und drei Corollarien, (Duncker & Humblodt) Berlin

Anmerkungen

1 La Repubblica, 9.9.97

2 Elias Canetti, *Masse und Macht,* Frankfurt am Main, 1981, S. 182. In der Folge MuM

3 Rede des Astronauten Ulf Merbold in der Reihe Berliner Lektionen, abgedruckt in: *Frankfurter*

Rundschau, 28. Juni 1997.

4 Elias Canetti, *Das Gewissen der Worte*, Frankfurt am Main 1981, S. 34

5 MuM, S. 265

6 *Das Gewissen der Worte*, S. 35

7 Ebd.

8 MuM, S. 77

9 MuM, S. 71

10 MuM, S. 186

11 MuM, S. 71

12 Zit. nach Kühnhardt, in: *Politische Studien,* Heft 149, 47. Jg., Sept./Okt. 1996

13 *Le Monde Diplomatique,* August 1997

14 MuM, S. 13

15 MuM, S. 223

16 MuM, S. 226

17 MuM, S. 62 f.

18 MuM, S. 553 f.

19 MuM, S. 59

20 MuM, S. 471

21 MuM, S. 473

22 MuM, S. 217

23 MuM, S. 215

24 MuM, S. 216

25 MuM, S. 336 f.

26 Peter Kenen, *How can future currency crises à la Mexico be prevented?,* Teunissen 1997, S. 41

27 MuM, S. 47 f.

28 MuM, S. 471

LOVE PARADE ODER ÜBER EINIGE AKTUELLE MOTIVE DER SCHRIFTEN VON ELIAS CANETTI

Franz Schuh

Aktualität ist besonders in Zeiten, denen sie als höchstes Gebot gilt, dasjenige, was am schnellsten vorübergeht, und es gehört zum Typus eines Werks wie dem des Elias Canetti, daß ein solches Werk es sich beinahe ironisch nicht nehmen läßt, in wechselnden Zeiten (aber auch an wechselnden Orten) wechselnde Aktualitäten zu besitzen.

In den siebziger Jahren waren diese Aktualitäten im deutschsprachigen Raum (auf den sich meine Überlegungen vor allem beziehen) klar und vordergründig: tatsächlich hatten die Schriften Canettis einiges in sich von der Grünbewegung, vom Tierschutz, von der Friedensbewegung und von der Anti-Psychiatrie; ich möchte, in Reminiszenz an die ehrwürdige antipsychiatrische Bewegung (an der nicht zuletzt Italien einen bedeutenden Anteil hatte), aber auch, weil die „Geisteskrankheiten" für Canetti eine maßgebliche Quelle seiner anthropologischen Erkenntnisse waren, mit diesem Thema beginnen. Ich lese jenen Abschnitt aus der „*Blendung*", den Canetti selber oft bei Lesungen vorgetragen hat, als ein dramatisches Beispiel vorweggenommener Motive der Anti-Psychiatrie. Es ist diese Geschichte von Jean, von dem Mann, den Jeanne, seine Frau, verlassen hat, die er dann unaufhörlich sucht und niemals wiederfindet.

Jean wird gleichsam unterwegs, also auf einer kleinen, vergeblichen Odyssee, zu einem gefährlichen, brandstiftenden Irren, und das Merkwürdige der Geschichte von Jean, die tatsächlich eine Geschichte in der Geschichte, also eine in sich abgeschlossene Erzählung im Roman ist, rührt daher, daß das Verbrechen des Irren nicht angezeigt, nicht verurteilt, nicht denunziert wird, sondern es wird „ästhetisch", das heißt: in aller bizarren Schönheit ausgebreitet: „Jean lachte und zündete das Dorf an. Aus dem brennenden Hause seines Vetters holte er das Bett seiner Frau. Bevor er es hinaustrug, würgte er die kleinen Kinder im Schlaf, drei Knaben und ein Mädchen. Er hatte viel Arbeit in dieser Nacht. Bis er den Tisch fand und die Stühle und alles, was ihm gehörte, brannte das eigene leere Haus. Er trug seine Habe aufs Feld hinaus, stellte die alte Stube auf und rief Jeanne . Dann legte er sich ins Bett. Er ließ viel Platz übrig für sie, aber sie kam nicht. Eine schöne Zeit lag er da und wartete. Einen Hunger hatte er, besonders in den Nächten, wer kann sich so einen Hunger vorstellen. Fast wäre er aufgestanden vor Hunger, der Regen rann ihm in den Mund, er trank und trank. Wenn es hell war, schnappte er nach den Sternen, hätte er sie gefaßt, er haßte den Hunger. Als er es nicht mehr aushielt, tat er ein Gelübde. Bei der heiligen Jungfrau gelobte er, nicht aufzustehen, bis die Frau ihn gehört hatte und neben ihm lag. Dann fand ihn die Polizei und brach seinen Schwur. Er hätte ihn gehalten. Die Nachbarn wollten ihn töten. Das ganze Dorf war niedergebrannt. Er freute sich und schrie: 'Ich war es! Ich war es!' Die Polizei hatte Angst und fuhr rasch weg."

Die Blendung registriert die Logik der Geisteskrankheit nicht von außen, sondern versucht, sie von innen heraus erlebbar zu machen – von wegen, geisteskrank sei das, was ein gesunder Geist niemals nachvollziehen könne. In der „*Blendung*" klingt umgekehrt – gut antipsychiatrisch – etwas von der Verachtung des (leicht nachvollziehbaren) Normalmenschen an, der vielleicht tatsächlich nichts anderes ist als „ein Halbmensch für den praktischen Gebrauch, ohne den Mut zum Sein, weil Sein in unserer Welt ein Anders-Sein bedeutet, eine Schablone für sich, ... immer die gleichen Sätze leiernd ."

Daß Irresein, daß die berühmte „Schizophrenie" keine „somatogen" festgelegte Größe, sondern eine andere, eine kompliziertere Art zu „kommunizieren" ist, das war zum Beispiel die These des 1969 in der deutschen Fassung erschienenen, von Bateson, Laing und anderen herausgegebenen Buches: *Schizophrenie und Familie.* Weil Geisteskrankheit danach als eine spezifische Verschränkung der Kommunikation verstanden werden kann, läßt die Krankheit sich wie eine fremde Sprache entschlüsseln. Genau ein solches Sprachelernen steht schon in der *Blendung.* Kiens Bruder George beginnt dort seine Karriere als Psychiater auf Grund einer Begegnung mit einem gorillaartig aussehenden Kranken, von dem es heißt, daß er die französische Sprache haßt und: „Er arbeitet schon seit Jahren an einer eigenen. Er ist noch nicht ganz fertig."

George erlernt diese eigene Sprache , indem er „auf den Umweg über gleichgültig welche andere Sprache" verzichtet und sich „wie ein Kind" gibt, „dem man mit den Worten auch die Beziehungen der Dinge zueinander nahebringt." Über den sprachschöpferischen, eingesperrten Kranken heißt es: „Er bevölkerte zwei Zimmer mit einer ganzen Welt", und ich erinnere daran, wie seinerzeit der Psychiater David Cooper sich leibhaftig mit Kranken hat zusammensperren lassen, um gleichberechtigt in deren Erlebnissphäre mitzuexistieren und um aus dieser Koexistenz die Sprache der Schizophrenie zu entschlüsseln. Heute ist die Anti-Psychiatrie, ohne daß ihre Motive überholt wären, gescheitert, tragisch gescheitert, und das diesbezügliche Kapitel der *Blendung,* genannt „Ein Irrenhaus", liest sich deshalb so gespenstisch, weil es die Möglichkeiten und Unmöglichkeit des organisierten, in einem Haus untergebrachten Verstehens von Geisteskrankheiten, also die Möglichkeiten des anti-psychiatrischen Verhaltens von Psychiatern, thematisiert.

Die problematische Dialektik der Heilkunde, in der schwer eine Balance zu finden ist, hat zunächst zur einen Seite jenen Typus von Ärzten, die, wie es in der *Blendung* treffend heißt, „die Psychiatrie als Spezialgebiet der Medizin, sich selbst als Verwaltungsbeamte für Irre" betrachten. Michel Foucault hat seit 1954, also seit *Psychologie und Geisteskrankheit,* diese Verklammerung von Menschenverwaltung und der Medizinisierung von Geisteskrankheit zu einem seiner Themen gemacht. Die Bürokratie, plump gesagt, überwacht und straft, und die naturwissenschaftliche Medizin verdinglicht dementsprechend den Menschen, indem sie Psychopathologie mit organischer Pathologie gleichschaltet. Dem Menschen selbst, sagt Foucault dagegen , sei vor den Abstraktionen aus der Krankheit „Kredit" einzuräumen, und die Geisteskrankheit, „der Status des Wahnsinns", sei auf keine andere Krankheit reduzierbar. Der Wahnsinn, könnte man mit Canetti fortsetzen, hat sein Wesen in seiner Einzigartigkeit, nämlich darin, daß ein jeder Wahnsinnige es ausschließlich auf seine eigene, unverwechselbare Art ist. Noch einen Schritt weiter: der einzige Unverwechselbare ist eben, im Unterschied zum Normalmenschen, der Wahnsinnige. So steht auf der anderen Seite der komplizierten Balance – den bloß verwaltenden Ärzten gegenüber – die Apotheose der Geisteskrankheit, ein Utopismus also, der in intellektuell wirksamen Subkulturen der sechziger und siebziger Jahre eine große Überzeugungskraft entfaltete.

Hermann Broch freilich hatte schon seinerzeit, 1933,– in einer von mir noch ausführlich zu zitierenden Rede – Canetti diesen Utopismus zustimmend nachgesagt: „Das Individuum, und mit ihm seine individuelle Freiheit, ist für Canetti stets Exponent des Abnormalen, des Irrsinnigen. Bloß der Irrsinnige ist wahrhaft frei, bloß er ist wahrhaft individuell, und so ist auch der Roman Canettis, sind die Bücher, die dessen Fortsetzung bilden werden, Romane vom Irrsinn", und wenn auch die Romanprojekte, auf die Broch hier anspielt, von Canetti nicht realisiert wurden, so ist doch die konstitutive Rolle des Irrsinns in seinem Werk, in seiner Anthropologie gewaltig: Der Irrsinn wirft Schlaglichter auf den Sinn!

Heute, in diesen neunziger Jahren, erscheint die Aktualität des Werkes von Elias Canetti ebenso klar, allerdings ist sie viel schwieriger zu benennen. Stammte damals, im ersten Rezeptionsboom seiner Schriften, Canettis Aktualität aus einer distanzierten Übereinstimmung mit aufstrebenden Motiven der Gesellschaft, so liegt diese Aktualität heute in einer deutlichen Diskrepanz zu dem, was alles so aufstrebt. Heute liegen, und das ist die schönste aller Lagen, Canettis Schriften quer.

Ich nenne zwei Beispiele: In den derzeitigen, mir fällt das sonderbare Wort „geistespolitisch" ein, in den derzeitigen geistespolitischen Auseinandersetzungen ist eine Sehnsucht entstanden, oder besser: ein Haß auf das alles überschwemmende Oberflächliche, auf die tagesaktuelle Witzigkeit, auf eine gesellschaftskritische Behendigkeit, auf alles, was keine Zeit läßt, einen Gedanken zu denken, „durchzudenken". Aber merkwürdig ist, daß dieser Haß, zum Beispiel im charakteristischen Fall von Botho Strauß, daß diese Sehnsucht nach Tiefe plötzlich, fast plötzlich, Positionen einnimmt, die den rechtskonservativen Haltungen der Weimarer Republik mehr als ähneln, und die aus dieser Ähnlichkeit auch ihre provokative Kraft schöpfen. So lautet meine einfache, gewiß allzu abstrakte Formel, daß die Schriften Canettis deshalb aktuell sind, weil sie tief gehen, ohne daß sie sich auf den Mythos der Tiefe in einer schon gehabten Manier versteifen müßten.

Mein zweites Beispiel ist das einer Entdeckung: Man hat, in den derzeitigen Auseinandersetzungen, etwas Erstaunliches entdeckt, nämlich DAS BÖSE. Das Böse war seit jeher eine Domäne Canettis, und Hermann Broch hatte 1933 in der schon zitierten einleitenden Rede zu einer Canetti-Lesung das Publikum vor diesem Bösen geradezu gewarnt. Über *Die Blendung* sagte Broch damals: „Das, was man gemeiniglich Gemütswärme nennt, oder gar das Poetische, das wird man freilich bei Canetti vergeblich suchen. Hart konturiert stehen die Figuren im Raum ...", aber, so Broch, das hätte alles einen ethischen und nicht bloß einen ästhetischen Zweck.

Das derzeit entdeckte Böse dient, so scheint mir, als berechtigte Antithese zur falschen Gemütswärme. Eine gewisse Lust am Verspotten der sogenannten „Gutmenschen", am „gnadenlosen Gut-Sein" (Antonio Fian) ist verständlich. Man merkt ja deutlich, wie manchem Gutmenschen die Güte unter Hand ranzig wird, sich in dekorativ Böses verwandelt, weil dem Guten endlich die Geduld mit sich gerissen ist und er, nur Gutes im Sinn, dem Publikum Böses, sehr Böses sagt.

Die moralische coincidentia oppositorum ist ein faszinierendes Phänomen. All das Leid auf der Welt produziert *auch* den politischen Kitsch des Betroffenheitskults: Der professionell Betroffene stellt sich auffällig in den Mittelpunkt eines Leids, das ihm gar nicht zugestoßen ist. Aber berufsmäßig kann er das Leid viel besser ausdrücken als der vom Leid tatsächlich Betroffene; so steht der betroffene Profi im Mittelpunkt aller Medien und kann von dort aus betreiben, was der Philosoph Rudolf Burger „die Sinnausbeutung der Opfer" genannt hat.

Canettis denkwürdiger, altehrwürdiger Begriff vom Dichter, der jener Mensch sein soll, der für *alles* Verantwortung trägt, schlechthin für alles, entgeht in der Praxis, also im Werk, einerseits dieser Sinnausbeutung der Opfer und andrerseits aber auch dem Schluß, der aus dem Betroffenheitskult leicht zu ziehen wäre: nämlich dem Schluß, cool und hart zu sein. In Canettis *Nachträgen aus Hampstead* steht die folgende Charakterstudie: „Die versteinernde Wirkung, die von E. ausgeht, spricht für die Echtheit seiner Natur. Er ist, was er bloß vorzugeben glaubt. Unter seinen Händen wird alles zu Stein, unter seinem Wort, seinem Atem, seinen Blick. Er braucht keine Menschen, er will, daß sie untergehen; er braucht nicht einmal die Nachwelt. Denn alles kehrt in den Stein zurück, der er ist. Er betet ein Einziges an, die Härte."

Ernst Jünger hat einen schönen Begriff, dieser Begriff heißt „desinvolture", und an einer Stelle definiert er die desinvolture mit: „die Unschuld der Macht"; auch angesichts aller Doppelsinnigkeiten kann man sagen, Canetti versuchte, der Macht ein für alle Mal die Unschuld zu rauben. Sein Werk ist jedoch nicht blind, es ist durchzogen von einer unsentimentalen Theorie der Feindschaft; ich erinnere nur an jene Stelle in der Autobiographie, die man überschreiben könnte: „Die Geburt des Dichters aus dem Geiste der Feindschaft".Da erzählt Canetti, wie er im Hause Zsolnay, eines damals berühmten Verlegers, als unbekannter junger Dichter vorlas und wie der dort hochgehaltene Franz Werfel feindselig auf ihn reagierte. Das Kapitel endet mit dem Satz: „Es sind Niederlagen dieses katastrophalen Ausmaßes, die einen Dichter am Leben erhalten."

Es ist klar: am aktuellsten derzeit und vielleicht für alle Zeiten als d i e Aktualität angelegt, ist eine bestimmte Struktur aus Canettis Roman *Die Blendung*; in der *Blendung* sind die meisten Figuren verfeindet, *eng* verfeindet, und das ergibt ein Bild, das schematisch so aussieht: jede Figur existiert ausschließlich durch das Bewußtsein von der Nicht-Existenz aller anderen, die aber dennoch existieren, und zwar ihrerseits durch das Bewußtsein, daß die Existenz der anderen für sie ausgeschlossen ist. Allen bleibt nichts anderes übrig, als einander zum Eingeständnis zu zwingen, nicht(s) zu sein – was schon schlimm genug wäre, aber dadurch noch übertrumpft wird, daß ein jeder vom anderen, den er haßt, erwartet, durch ihn und nur durch ihn glücklich gemacht zu werden.

Das ist natürlich eine böse Angelegenheit, und ich erinnere mich in diesem Zusammenhang an eine Pressekonferenz im Wiener Burgtheater. Es war anläßlich der Premiere von Canettis *Komödie der Eitelkeit,* und der Dichter wurde in der Konferenz gefragt, wieso denn die meisten seiner Figuren von ihm so böse dargestellt werden. Ich vermute hinter dieser Frage eine mühsam unterdrückte Aversion gegen die moderne Kunst, die ja die Menschen selten gut aussehen läßt. Canetti antwortete – ich kann es heute nur in eigenen Worten sagen – folgendermaßen: Wer die Menschen einfach gut sein läßt, produziert in der Kunst bloß Kitsch.

Aber hat nicht auch Hermann Broch Canetti ausdrücklich vor dem Vorwurf, die Texte seien böse, ohne „Gemütswärme", schützen wollen, indem er ausführte, bei Canetti „wird mit solch kalter, ja unbarmherziger Methode mehr als etwas bloß Ästhetisches bezweckt: hier wird die Methode – wie in j e d e m echten Kunstwerk – einem ethischen Zweck unterstellt ..."

Die von mir bereits angesprochene „aktuelle" Entdeckung des Bösen hat eine Seite, die man keineswegs so herablassend behandeln kann wie die populär gewordene, zumeist ebenfalls moralisierende, sich „böse“ dünkende Kritik an den öffentlichen Darstellern ihres eigenen Gutseins. Ich meine die (Wieder-)Entdeckung des Bösen in der ästhetischen Theorie, und hier zeigt sich, daß sich Brochs These vom Kunstwerk und seiner Ethik geradezu umkehrt: In der Umkehrung ist es das Merkmal eines jeden echten Kunstwerks der Moderne, daß es sich eben keinem ethischen Zweck unterstellt und daß jede „Ethisierung“ der Werke ihrerseits nur auf einer Unterstellung, will sagen: auf einer kunstfremden Intervention beruhen kann, weil alle Kunst der Moderne per se „böse“ ist.

Karl Heinz Bohrers darüber unterrichtender Text: *Das Böse - eine ästhetische Kategorie?* erschien 1985. Ich kann seine differenzierte Argumentation hier nicht wiedergeben. So viel aber doch: „Ästhetische Kategorie“ will sagen, daß es der modernen Kunst nicht um die Darstellung des Bösen geht, sondern das Böse selbst sei ihr Apriori. „Die Imagination des Bösen“, so Bohrer, sei „Grundstein einer Poetologie der Moderne.“ In dieser Imagination nämlich befreie sich die Kunst von den diversen Forderungen, tugendhaft zu sein; erst im Bösen sei die Imagination „unbeschränkt“, also genuin künstlerisch. Allein im Bösen behielte das Ästhetische gegenüber den aufgeklärten und aufklärenden Diskursen der Moderne, gegenüber der pragmatischen Vernunft, die auf Verbesserung der Lebensverhältnisse aus ist, seine Eigenständigkeit. *Die Bilder schweigen* – das heißt: der ästhetischen Eigenständigkeit läßt sich kein Sinn unterstellen, und schon gar kein ethischer: nichts in der Kunst ist gut gemeint, ein wie immer auch gut zu heißender (sozialer) Sinn, der außerhalb der Kunst existiert, hat in ihr, falls sie „echt“ sein will, nichts zu suchen. Kafkas *In der Strafkolonie* bedeute danach nicht etwa eine helfende Antizipation oder Vergegenwärtigung verdammenswerter realer Greuel, nein, die „Strafkolonie“ sei vielmehr das klassische Beispiel „für eine Imagination, die selbst teilhat an dem Bösen, das sie darstellt“.

Die moderne Kunst stellt deshalb einen bleibenden Skandal dar, weil sie sich nicht in das Reich der behaupteten oder wirklich guten Zwecke eingemeinden oder gar von dort aus beurteilen oder verurteilen läßt. Danach, so schließe ich, wird man über Canettis *Blendung* sagen können, auch dieser Roman gewinnt seine künstlerische Kraft daraus, daß er selber an dem Bösen teilhat, das er darstellt. In dem Sinne entspräche die verhaltene Empörung des Menschen, der im Burgtheater fragte, wo denn „das Positive“ geblieben sei, der Kunst des Elias Canetti viel mehr als alle Versuche, ihr gute Absichten oder nützliche Wahrheiten nachzuweisen. Mit diesem Nachweis beruhigt man sich über das Böse, das man durch die Lektüre glücklich erfahren hat. Der Empörte hingegen bleibt beunruhigt, er nimmt die Sicht der Welt wahr und ernst, die das böse Kunstwerk nahelegt. Daß allerdings Canetti selber an seinen guten Absichten festhielt, besagt nicht, daß sein Werk gerade durch diese Absichten gelungen ist; es könnte ja auch sein, und das versucht eben Bohrer zu zeigen, daß moderne Kunst jenseits der Ethik von Autoren und Rezipienten ein „ästhetisches Konstrukt seit der europäischen Romantik“ sei, also eine Art, wie man ironisch sagen könnte, objektiv gültige Vorschrift zum Bösen, der man auch gegen seinen Willen folgt, sobald man nur „Kunst machen“ möchte.

Gerade für Canettis Werk ist diese Sicht der Dinge provokant, hat sich doch für dieses Werk das Etikett der „Einheit von Ethik und Ästhetik“ eingebürgert. Will man diese Provokation verschärfen, dann kann man die Frage stellen, ob durch Canettis Werk nicht doch ein Riß geht, vielleicht sogar einer von ihm bewußt in Kauf genommener: hier die am Bösen teilhabenden Schriften, moderne Kunst wie die *Blendung* oder die *Komödie der Eitelkeit* – und da Schriften, die angesichts der realen, historischen Erfahrung des Bösen tatsächlich ethischen Zwecken unterstellt sind und die – im schlimmsten Fall – ein bloß an Erbauung interessiertes Publikum anlocken?

In den *Aufzeichnungen 1992 - 1993* findet sich die folgende: „Das Gefährliche der ‚Hochzeit'. Was an ihr wirkt, ist die Roheit des Gezeigten. Daß es zugrunde geht, interessiert niemanden. Zu lange, während Jahrzehnten, war man von Untergang bedroht. Daran hat man sich gewöhnt. Die Roheit der Hochzeitsgäste fasziniert als solche." Das heißt, die ästhetische Wirkung wird von der Roheit, die ethisch indiskutabel bleibt, ausgeübt. Es fragt sich, ob die Aufzeichnung nicht im Ästhetischen widerspiegelt, was Konrad Paul Liessmann als grundlegende Ambivalenz Canettis behauptet, daß Canetti nämlich von der Macht fasziniert sei, schlicht – in meinen Worten – gesagt: daß er selber Macht haben will und daß er daher erschrickt, wenn ihm das Faszinierende der Roheit aus dem eigenen Werk entgegentritt.

In Canettis *Masse und Macht* gibt es nun Überlegungen, die derzeit tatsächlich so etwas wie „politischen Sprengstoff" enthalten; „politischen Sprengstoff" sage ich mit schlechtem Gewissen, und ich sage es nur, um grell hervorzuheben, daß einiges mit der Rezeption dieses Werkes nicht stimmen kann, wenn Offenkundiges darin übersehen wird. Werden solche Werke wie *Masse und Macht* durch Hochschätzung neutralisiert, um ihren Sinn gebracht?„Politischen Sprengstoff" meine ich nicht bildlich, im Sinne der schiefen, journalistischen Metapher, ich meine es wörtlich, nämlich in dem Sinne: Kommt man da einmal drauf, dann wird es wirklich gefährlich, und weil das so ist, will ich nicht ohne einen Umweg davon sprechen.

Ariane Mnouchkine, die Theaterkünstlerin,hatte eine Idee; sie aktualisierte vor einigen Jahren Molieres *Tartuffe*, indem sie die Handlung in den Orient verlegte. Tartuffe, das ist die Geschichte vom Heuchler, der mittels vorgetäuschter rigoroser Moral eine Zeit lang andere Menschen total beherrscht. Der islamische Fundamentalismus, das kann man dieser Inszenierungsidee entnehmen, sei also ein System der Heuchelei, und ein der Mnouchkine kongenialer Kritiker faßte seine Eindrücke unter dem schönen Titel *Molieres Satirische Verse* zusammen.

Die *Satanischen Verse* deuten die Gefahr an, von der ich reden möchte, und besagter Sprengstoff ist Canettis Religionskritik in *Masse und Macht*, die den Islam alles andere als ausspart. Ein, wie man sagt, „aufgeklärter Europäer" kann sich das rigorose Frömmeln am besten als Heuchelei vorstellen. Ist der Heuchler einmal entlarvt, dann ist auch seine Aura hin und er hat seinen Einfluß verloren. Nicht vergessen darf man die Erleichterung, die so manch einer sich durch die bekannte Maxime bereitet: „Ach, die sind ja auch nur Heuchler." Die Heuchelei ist in der Tat eine schwache Position: Sie setzt ja voraus, daß der Heuchler den Unterschied zwischen dem, was er die anderen glauben machen will, und dem, was er selber glaubt, genau weiß und strategisch einsetzt; der Heuchler hat ein in sich unterschiedenes, das heißt: ein gebrochenes, aufgeklärtes Bewußtsein, und mit so einem Bewußtsein kämpft es sich schlecht!

Religion aber ist eine Macht, die man mit dem Vorwurf der Heuchelei nicht verstehen kann, genauer umgekehrt: Religion ist gerade dadurch eine Macht, daß sie nicht geheuchelt wird. Canetti versucht respektvoll, aber eben als „Ungläubiger", jene Dimension herauszustellen, durch die der Islam, zu deutsch: die Hingabe, *stets* in Politik umschlägt. Da gibt es keine „reine" Lehre, eine islamische Mystik etwa; es gibt auch keine in aller Unschuld gepflegte „Volksfrömmigkeit", sondern der Glaube selbst enthält Machtansprüche und Ansprüche auf Massen, auf die er, bleibt er sich selber treu, nie verzichten kann. Jeder Gottgläubige, so Canetti, steht in Gottes Macht, aber manchen dieser Gläubigen sei das zuwenig, sie möchten die Macht spüren, sie sehnen einen unmittelbaren Akt der göttlichen Gewalt herbei und befinden sich so in einem permanenten Zustand der Befehlserwartung. Der Islam (und der Calvinismus), sagt Canetti, sei am besten für diese Tendenz bekannt: „Seine Anhänger lechzen nach der göttlichen Gewalt. Die Wirkung dieser ständigen Befehlserwartung ... schafft den soldatischen Typus des Gläubigen, für den die Schlacht der genaueste Ausdruck des Lebens ist; der sich in der Schlacht nicht fürchtet, weil er sich immer in ihr fühlt."

Das ist selbstverständlich nur ein kleiner Ausschnitt aus einem komplizierten Zusammenhang, und politisch noch deutlicher verstünde man heutzutage wohl Canettis Analyse der schiitischen Religion, einer, wie er sagt, von der Kriegsreligion Islam abgespaltenen Klagereligion. Durch die Zeitläufte sind diese Begriffe selber polemisch, kriegerisch geworden, und ich halte das für den höchsten Grad der erreichbaren Aktualität, wenn Argumente, die im Rahmen ihrer Theorien sicher und weltfern schienen, plötzlich als Waffen in den aktuellen Auseinandersetzungen wiederkehren. Es steht außer Frage, daß genau dies Canetti nicht wollte: er wollte keine Waffen, und schon gar keine aus seinen Schriften hergestellte! Außer Frage steht aber auch, daß man die Welt nicht totaliter interpretieren kann, ohne in den einen oder anderen ihrer Kämpfe miteinbezogen zu werden.

So möchte ich eine merkwürdige kämpferische Radikalisierung der Aktualität eines Gedankens von Canetti erwähnen; merkwürdig erscheint sie mir vor allem deshalb, weil dabei ein Gedanke Canettis tatsächlich verwendet wurde, aber, wie ich meine, in einem Canetti entgegengesetzten Sinn. Ich spreche von Enzensbergers am 4. Februar 1991 erschienenen berühmten *Spiegel*-Artikel; jetzt wiederum zu finden in Enzensbergers jüngst erschienenen Essay-Band *Zickzack*.

Das *Spiegel*-Heft trug damals die aufgedruckte Schleife: „Hans Magnus Enzensberger Saddam = Hitler" – damit alle gleich durch die Beschwörungsformel dieser gigantischen Gleichsetzung in den Bann gezogen werden konnten. Hinter diesem Konzept Enzensbergers stand Canettis „Überlebender"; nach Canetti ist „der Überlebende" (und man wird auf diesem Symposion Genaueres darüber erfahren) ein Archetypus des Machthabers, jener Typus, der süchtig Leichen produziert, um sie am Schluß *als einziger* überlebt zu haben. Den Überlebenden nennt Enzensberger den „Feind des Menschengeschlechts", ein Terminus, der der Bedeutung des schlichten Wortes „Überlebender" in Canettis *Masse und Macht* haarscharf nachempfunden ist. Um die Obszönität von Enzensbergers Abschreibearbeit zu veranschaulichen, ein Zitat über diesen Feind, das wie eine hilflose, dafür aber schrill tönende Paraphrase auf Canetti klingt. Enzensberger charakterisiert diesen „Feind des Menschengeschlechts" mit den Worten: „Noch im eigenen Krepieren wird ihm der Genuß zuteil, daß er Millionen dazugebracht hat, vor ihm zu sterben."

Aber während Canetti den Überlebenden charakterisiert, um die Massen vor ihm zu bewahren, zu beschützen, verwendet – in meiner Lesart – Enzensberger den Gedanken dazu, um dem Feind des Menschengeschlechts u n d seinen Untertanen den Krieg zu erklären. Enzensberger, der Canetti in seinem Aufsatz mit keinem Wort erwähnt, profitiert von der

Aura, von der Kraft des Bildes, das „der Überlebende" in *Masse und Macht* und in dem Essay *Macht und Überleben* aus dem Jahr 1962 entfaltet hat. Diese fremde Kraft investiert Enzensberger in eine Sicht der Dinge, die dem ursprünglichen Autor entgegenwirkt. Das Motiv nämlich, aus dem Canetti seine Ansichten über den Überlebenden gewonnen hat, verkehrt sich in der radikalen Aktualisierung durch Enzensberger ins Gegenteil: Nach Enzensberger hätten die Völker im Nahen Osten eh keine Chance, irgendwann einmal irgendein menschenwürdiges, selbstbestimmtes Leben zu führen. Sie wären voll auswegloser Ressentiments und würden ihren Führer mit ihrer Todesenergie, mit ihren eigenen Tötungswünschen aufladen.

In meiner Lesart ist dieses Konzept von fremdländischen Massen eine westliche Parallelaktion zu dem, was tatsächlich aus dem Morgenlande drohen mag. Die politische Urteilskraft ist in diesen Fragen in einer schwierigen Lage: einerseits darf sie keine Gefahren übersehen, aber andrerseits darf sie auch nicht selber zur Gefahr werden, indem sie eine gesichtslose Masse imaginiert, den „Feind" schlechthin, dem man naturgemäß nur durch Macht und Gewalt, also durch Krieg, Herr werden kann.

Darüber wäre gewiß Genaueres und erst recht Kontroverses zu sagen, aber mir muß es hier genügen, angedeutet zu haben, wie sich die aktuelle Problematik der Schriften Canettis in anthropologisch psychologische, in ethische und ästhetische und schließlich in politische Motive auffächern läßt.

Es ist klar, daß unter dem Titel „Aktualität" stets etwas Fragwürdiges, etwas Problematisches unternommen wird. Bevor sich diese Problematik steigert, diese Fragwürdigkeit überspitzt, noch einige vorläufige Bemerkungen dazu. Der Begriff der Aktualität scheint mir bezeichnend gespalten: Es ist eines, wenn zum Beispiel ein Philosoph wie Hans Georg Gadamer von der „Aktualität des Schönen" spricht. Damit ist wohl eine kontinuierliche Wirkungsweise des Schönen gemeint, die auch dann in Kraft ist, die auch dann eine Kraft ist, wenn der angeblich bloß um sich und um seine Gegenwärtigkeit besorgte „Zeitgeist" es vergißt und wenn er diese Vergeßlichkeit auch zwanghaft propagiert.

Anderseits versteht man unter Aktualität auch das Gegenteil der genannten Kraft, die – obgleich wirksam – von der Allgemeinheit immer erst erkannt, realisiert, eben aktualisiert werden muß. Aktualitäten sind im Gegensatz dazu aufdringliche Gegebenheiten, die die Allgemeinheit beschäftigen, aber eben nicht kontinuierlich, sondern in dem raschen Wechsel, durch den, was gestern aktuell war, heute zum Glück schon vergessen werden kann; es besteht kein Grund, diese Aktualitäten prinzipiell, „ung'schaut" wie der Österreicher sagt, zu verachten. Aber man muß es sich wohl zu Herzen nehmen, in diesem Rahmen hier, daß Canetti kein Wertschätzer des modernen Lebens war, und mindestens ebensosehr wie manches andere beglaubigt das eine informell überlieferte Äußerung Vilem Flussers. Flusser soll bei einem der Canetti-Symposien in der Wiener Urania beiseite gesprochen haben: „Je mehr ich hier von diesem Canetti erfahre, desto unsympathischer wird er mir."

Gelesen im Lichte von Canettis Schriften erscheint mir umgekehrt Flussers Abhandlung über die Schrift, die ich – was ich hinzufügen muß – schätze, als Skandal! Mit so einem T e x t kann man nach Canetti ebensowenig sympathisieren wie mit dem D i s k u r s , zum Beispiel dem Foucaults oder gar Lyotards. „Warum", fragt Canetti in den *Aufzeichnungen*, „hasse ich das Wort ‚Diskurs'? Bloß so, wie ich ‚Text' gehaßt habe, weil jeder es annimmt, um gut gekleidet zu gehen? Darf denn keiner wie andere reden? Ist er darum allein schon ein eitler Idiot? Hat es nicht große Geister gegeben, die nicht im Bettelgewand gingen? Muß ‚Denken' Buße sein? Geht man nicht immer von Wörtern aus, die tausend und abertausende Male gebraucht wurden?"

Canetti problematisiert den Haß auf mehr oder minder aktuelle Wörter, die obendrein noch versprechen, die Sprache in eine angemessene Ordnung zu bringen. Canettis Haß besteht, daran ist kein Zweifel, auch angesichts seiner Problematisierung. Der Haß rührt nicht nur daher, daß „Text" und „Diskurs" etwas einverstanden Modernes, also Modisches haben; vor allem rührt er daher, daß dieses Einverständnis eben eines über „die Sprache" ist: als Text und Diskurs wird sie Canetti, dem Dichter, der ihre Integrität, ihre Unauflösbarkeit und Unverfügbarkeit bewahren möchte, präsentiert, als wäre sie, die Sprache, etwas Technisches. Heiliger Zorn! Es könnte sein, daß sich an diesem Punkt, an dem man schon zornig sein kann, Canettis Werk historisiert, also ent-aktualisiert. Denn was geschieht, wenn es sich herumspricht, wenn es alle glauben, daß das Wort, geschweige denn die Schrift, kein durch jeden neuen Dichter sich verjüngendes Geheimnis hat; wenn man damit – technisch gesprochen – schalten und walten kann, wie man will oder besser: wie „die Maschinen" es ermöglichen? Was geschieht, wenn es von diesem Herumsprechen eines Tages für niemanden mehr eine Rückkehr gibt? Deshalb, und im Zusammenhang mit der Integrität der Sprache und ihrer Verletzung in „Text und Diskurs", dieses erstaunte Erschrecken Canettis vor Lévi Strauss. Wiederum in den *Aufzeichnungen* spricht Canetti von der „Systemverfallenheit der Franzosen" : „Lévi Strauss und die Mythen. Sie werden zerschnitten und so umgegliedert, daß sie unwirksam werden. Dieser Prozeß der Zerstörung von Mythen gilt als Mythen-Forschung. Wie kann ein Mensch, der tausend Mythen geschluckt hat, nicht wissen, daß sie das G e g e n t e i l von System sind?"

Auch die „Naturvölker" hatten Canetti in der Zwischenzeit enttäuscht, und zwar deshalb, weil es „entsetzlich" ist, daß „die Geretteten unter ihnen w i e w i r sind." Aber deren Mythen hatten seinerzeit – ironisch: bevor die mit ihnen, mit diesen Erzählungen für identisch gehaltenen Menschen gerettet wurden – Seele, Atem.

An Lévi Strauss erkennt Canetti sehr genau, was den Unterschied macht: „Sein eigentliches Leben " , schreibt Canetti, „sind aber Institutionen. Der Drang ins akademische Leben ist unwiderstehlich, er mündet ins College de France."

Soziologisch gesehen, also mehr oder minder nüchtern betrachtet, ist die Verachtung des Akademischen eine Emotion, die das eigenständige, unmittelbar von keiner Institution gestützte Denken naturgemäß nahelegt: die Spannung zwischen der freiberuflichen und der angestellten Intelligenz ist ein traditionelles Thema.

Selbstverständlich weiß Canetti, daß es nicht genügt, kein Professor zu sein, aber in einem Aphorismus aus drei Wörtern beschreibt er seinerseits die akademische Selbstgenügsamkeit; die drei Wörter lauten: „Übersetzung in Germanistik" , und das besagt, daß so eine Wissenschaft eine eigene Sprache hat, in die sie das erst übersetzt, wovon sie in erster Linie zu sprechen vorgibt, und die Übersetzung macht die eigentliche Wissenschaft. Wer deren Sprache, die Wissenschaftssprache, entweder nicht versteht, oder wer sie schließlich nicht mit einem eigenen sehr persönlichen hoch-interessanten Akzent sprechen kann, dem bleibt der Segen der Institutionen im wesentlichen verwehrt (oder erspart).

Die Gegen-Bilder, die Canetti zu diesem Betrieb entwirft, sind betont anti-institutionell. In *Nachträge aus Hampstead* zitiert Canetti eine Tagebucheintragung von Cesare Pavese:

„ ‚Ich muß finden: W. H. I. Bleek und L. C. Loyd: Specimens of Bushmen Folklore. London 1911.' Dieses Buch befindet sich seit 1944, seit 16 Jahren, in meinem Besitz. Ich habe oft geglaubt, daß es das wichtigste Buch ist, das ich kenne. Wenn es auf die Konzentration von Unbekanntem in einem Buche ankommt, so ist es mein wichtigstes Buch: ich habe am meisten daraus gelernt, und es ist noch immer nicht erschöpft. Dieses Buch, auf das Pavese knapp vor seinem Tod zuging, ist unser Gemeinsamstes, und ich möchte es ihm gerne geben."

Anstelle der akademischen Verfahrensweisen, diesen routinierten Formen der Sozialisierung des Wissens, tritt die von keiner Instanz vermittelte begeisterte Lektüre eines Buches, welches, als wäre es selbst eine Person, die Gemeinschaft mit einem anderen Menschen stiftet.

In den *Aufzeichnungen von 1992 - 1993* setzt Elias Canetti dem Anthropologen Franz Steiner eines seiner Denkmäler: „Er wußte es nicht besser, als die Worte es wissen, und suchte nicht immer, hinter sie zu greifen. So war er frei von Psychoanalyse ... Beide, er oder ich, überraschten den anderen gern mit einem Buch, das er schon lange gesucht hatte, aber noch nicht kannte ... Unsere Gespräche waren eine aufregende Verquickung von Büchern aus aller Welt, die wir mit uns trugen, und Menschen aus aller Welt, die uns umgaben."

Der Witz jedoch ist, daß ohne die besagten Institutionen ein Werk wie „Masse und Macht" – als ein exklusives Werk – kaum überleben könnte. Die schönsten Gespräche darüber gingen wahrscheinlich ins Leere, wenn keine Wissenschaft (oder kein Journalismus) „Masse und Macht" bei sich aufnähme, um damit zu interpretieren. Haltbarkeit fällt schwer, zumal in einer Zeit, da der Verfallsprozeß der Theorien etwas Rasendes hat. Wie soll sich da eine Geltung, die für weitere Zeiträume gedacht ist/gewollt ist, halten?

Die Aktualitäten drängen sich vor und auf, das heißt, sie wecken den Anschein, gedeutet werden zu wollen, und sie sind nicht selten bloß punktuelle, kontingente Ereignisse, die mit ihrem Verschwinden das Instrumentarium ihrer Deutungen mit sich reißen. Plötzlich auftretende Phänomene, die – voreilige Eule der Minerva! – mit kurz davor plötzlich aufgetretenenTheorien interpretiert werden, sind das Übliche – ebenso wie die schale Freude daran, etwas so durchsichtig gemacht zu haben, daß davon nichts mehr bleiben kann als höchstens die Reminiszenz an die Berühmtheit des Interpreten.

Von Canetti wird berichtet, er habe ein Boltzmanninstitut für Canettiforschung deshalb abgelehnt, weil er seinen Namen nicht so eng an einen anderen gebunden wissen wollte. Das ist nicht unverständlich, und die Meldung, wie man unter Aktualitätsdruck selbst als Canetti in die seltsame, namensverzehrende und terminologisierende Gesellschaft aufstrebender Akademiker geraten kann, stand beispielhaft in der Zeitung; es sei Zeit, hieß es da (FAZ, 8. Sept. 1997, 208/39), daß sich – angesichts des Todes von Ladi Di – die Soziologie ihrer zeitdiagnostischen Aufgaben besinne: „Die Soziologie trauert mit!" In der Zunft sei aber „am letzten Wochenende" noch kein Entschluß gefallen, mit welcher Kategorie man sich dem britischen Massenphänomen nähern wolle; zuerst hätte man an Canettis *Masse und Macht* gedacht, dann seien aber doch „Globalisierung" und „Individualisierung" in die engere Wahl gekommen. Im *Hessischen Rundfunk* hätte ein Soziologe „die Globalisierung der Emotion" diagnostiziert.Inhaltlich könne er sich dabei auf einen Londoner Kollegen berufen, der „die Zweite Moderne jenseits von rechts und links" durch „eine Demokratisierung der Gefühle" bestimmtsieht. Beobachter verstünden diese Analyse jedoch „als Affront" gegen einen anderen, in Deutschland sehr populären Soziologen, „der in Fortschreibung seiner Individualisierungsthese die internationale Trauergemeinde als Kind der Freiheit gedeutet sehen will". Ja, so ist das, wenn ein Phänomen unabweisbar in den Horizont zwangsverpflichteter Interpreten tritt. Umgekehrt aber ist es aus Canettis Horizont sehr schwer zu verstehen, daß ein, horribile dictu, „moderner Intellektueller" wie Levi Strauss gerade im Ausdörren und Zergliedern möglicherweise nur jene Intimität mit seinen Gegenständen demonstrativ vermeiden möchte, die in der gemeinschaftsstiftenden Begeisterung ausgezeichneter Persönlichkeiten leicht parasitär wirken kann. *Diese* Nähe zum Mythos gibt es eben heute nicht mehr, „Mythos ohne Illusion" hieß vielversprechend eine Aufsatzsammlung zum Werk von Levi Strauss, als dieses noch in Mode war.

Canetti freilich kann den Sinn von methodischen Abstraktionen aus eingestandener, nicht mehr rückgängig zu machender Entfernung kaum zugeben, es würde sein Konzept von Dichtung erschüttern. Zugegeben, das von Canetti aufgegriffene Selbstverständnis des Levi Strauss, er – Levi Strauss – sei „zeitlebens ein Schüler Richard Wagners geblieben, auf dem empfindlichsten Terrain des Mythos", hat etwas verräterisch Widersprüchliches. „Es ist beinahe unfaßbar für mich", schreibt daher Canetti, „daß jemand, der sich zwanzig Jahre mit Mythen beschäftigt hat, diese Abhängigkeit gesteht."

Soweit ich es verstehe, ist der Wagnerianismus wohl die Kehrseite einer zerlegenden Intelligenz, die naturgemäß eine etwas fiebrige Sehnsucht nach dem ganz Anderen, nach einem ganz großen Ganzen erzeugen muß. Aber anderseits entbehrt auch Canettis Strategie gegen den ihm unfaßbaren Gegner nicht eines Tricks, der zwischen freier und angestellter Intelligenz mehr als üblich ist. Über Levi Strauss' Zug ins College de France schreibt Canetti: „Die Lokalität, in die er so gelangt, das Institut, ist baulich bestimmt: eines der ältesten und ehrwürdigsten Institutionen Frankreichs."

Ich lese das als sanfte, aber entschiedene Aufforderung dazu, von einer ausdrucksvollen Architektur auf einen Charakter zu schließen; es ist „die Macht", der man in diesen ältesten und ehrwürdigsten Institutionen seit jeher dient.

Ich behaupte also, daß Canettis Werk einerseits durch die akademischen Institutionen überlebt, von denen sich der Autor mit Grauen abwandte. Anderseits überlebt dieses Werk durch die Aktualitäten, die einen Bedarf nach Interpretation nach sich ziehen. Der Überlebensanspruch von „Masse und Macht" setzt daher einen double-bind in die Welt, den nämlich, exklusiv zu bleiben und dabei ständig gebraucht zu werden. Das schafft wiederum eine Konstellation, die es ermöglicht, daß nichts richtig und alles falsch sein kann: Im Namen der Exklusivität läßt sich jeder Gebrauch denunzieren, und im Namen der Notwendigkeit und der Möglichkeit, von "Masse und Macht" Gebrauch zu machen, sich mit „Masse und Macht" „einzumischen", in diesem Namen kann man die Exklusivität als „unbrauchbar" hinstellen.

Für mich war LOVE PARADE ein Kürzel für eine potentiell durch *Masse und Macht* interpretierbare Aktualität. Studiert man die Presse zum Ereignis, zu der Techno-Party, die auf den Straßen Berlins eine Million Menschen versammelt hat, also quasi eine Grundzahl der Masse: die Million, studiert man die Presse dazu, dann stößt man schnell auf den Namen Canetti, eng verbunden mit all den anderen Namen.

„Der Aufstand der Massen", hieß ein Artikel in der *Berliner Zeitung*. Untertitel: „Zu Risiken und Nebenwirkungen der Love Parade: Nachfrage bei Freud, Canetti und anderen." Darin der Satz: „Es ist nun nicht zu bestreiten, daß die Klassiker der Massentheorie – neben Canetti, der sie alle beerbt hat, Gustave Le Bon, Sigmund Freud und Ortega – keine modernen Verfassungsdemokraten waren."

Daraus kann man zumindest erkennen, daß unter dem Aktualitätsdruck das Recht auf Gegensätzlichkeit vernachlässigbar erscheint und daß Außenstehende theoretische Gegner – angesichts des dringend auf seine Deutung harrenden Phänomens – zu einer Einheit verschmelzen können. Getrennt marschieren, vereint geschlagen!

Es ist zweierlei, das mich an der LOVE PARADE gleichsam „inhaltlich" interessiert. Das eine ist die HATE PARADE, also der Versuch, aufgrund einer auf der Hand liegenden Dialektik eine „Doppelmasse" zu konstruieren. „Let the sun shine in your heart" war das Motto der LOVE PARADE, „Let the gun shine in your heart" war das der HATE PARADE. Ich nehme an, die HATE PARADE war von vornherein zu sehr konstruiert, als daß es zur gewollten Dynamik der Doppelmassen hätte kommen können; das Wesen dieser Dynamik hätte ja sein müssen, daß durch sie die Massen selbstregulativ aus der Kontrolle geraten wären; aber man hatte alles, und nicht zuletzt hatten die Hassenden sich selbst, im Griff.

Das andere ist das merkwürdig komplizierte ideologische Klima rund um die Parade. Liest man die kommentierenden, interpretierenden Texte, dann hat man das Gefühl, die Ansichten über die LOVE PARADE sind einerseits konstruiert nach den massenverachtenden Prinzipien Kiens, des Helden der Blendung, und anderseits nach einem Hedonismus, der den Trieb, Masse zu werden, von innen heraus bejaht: „Abweichung, Individualität, Differenz, die an ihrer Selbstabschaffung arbeitet" , schrieb Rainald Götz, „um aufgehen zu können selig im Einen eines Gemeinsamen."

Götz sind die Einwände gegen dergleichen nur zu gut bekannt, aber es hindert ihn nicht daran, im Horizont der LOVE PARADE eine Utopie herauszuarbeiten, die „Wirwirklichkeit", in der „großen heiligen Nacht des Jetzt", „in den prächtigen Hohlräumen der Erinnerungslosigkeit: explosionsartiges Aufblühen einer grandiosen Mythologie."

Ich glaube, es ist die Mythologie von einer Masse, in der – LOVE – die Individuen sich im Selbstverlust selbst genießen können, auch weil sie von vornherein wissen, daß ihre Masse keine sein wird, die für Macht irgendeinen Raum schafft.

FÜRSTEN DES GEISTES UND GEWALTTÄTER OHNE ARMEE

Ersatzformen der Macht

Rüdiger Vaas

In seinem großen Romanfragment *Der Mann ohne Eigenschaften* läßt Robert Musil den scheiternden Protagonisten Ulrich sich eingestehen, „daß er selbst so etwas wie ein Fürst und Herr des Geistes hätte werden wollen“; er konstatiert einen „Drang zum Angriff auf das Leben und zur Herrschaft darüber ... , mochte er sich als Ablehnung bestehender oder als wechselndes Streben nach neuer Ordnung, als logisches, als moralisches oder sogar bloß als das Verlangen nach athletischer Vorbereitung des Körpers dargestellt haben.“[1]Und selbst der verzweifelte Mensch wird in der Schrift *Die Krankheit zum Tode* von Sören Kierkegaard noch als ein „König ohne Land“ bezeichnet, denn dieser „regiert eigentlich über nichts“, baut „nur Luftschlösser und ficht ständig bloß in der Luft.“[2] Diese intellektuellen oder körperlichen Bestrebungen, ein lädiertes Selbstwertgefühl zu reparieren oder sich wenigstens in Gedanken als Herrscher zu wähnen, sind, so könnte man sagen, Ersatzformen der Macht.

Macht besteht darin, das Tun (aber auch schon das Denken und Fühlen) anderer Personen in einer gegebenen Situation gemäß der eigenen Intention und gegen den Willen der anderen Person(en), vielleicht sogar mit Gewalt, zu beeinflussen und die eigenen Absichten durchzusetzen. So gefaßt, ist Macht zunächst wertneutral zu verstehen und in sozialen Gefügen wohl unvermeidbar; doch entwickeln die Machthaber, wie die Erfahrung beweist, rasch und häufig pervertierte Züge; zur Radikalisierung, zur Ausbeutung, zur nackten Unterdrückung, sogar zum Todesurteil ist es mitunter nur ein kleiner Schritt; deshalb ist Macht für Elias Canetti[3] „das absolut Schlechte“[4]. Unter dem Begriff *Ersatzform der Macht* verstehe ich die zum Teil disparaten, zum Teil miteinander verwandten Einstellungen, Interessen und Verhaltensweisen, die Macht zwar nicht ermöglichen, die aber doch darauf bezogen sind, insofern sie erstens Macht suggerieren, zweitens einen empfundenen Mangel an Macht kompensieren helfen sollen und drittens ein wesentliches Merkmal der Mächtigen zu sein scheinen sowie von allen, die es werden wollen.

Elias Canetti, der mit seinem Opus magnum *Masse und Macht* im Rahmen einer komplexen Anthropologie das Phänomen der Macht sehr scharfsinnig zu beschreiben und analysieren verstand und damit sogar „dieses Jahrhundert an der Gurgel zu packen“[5]glaubte, Elias Canetti hat solche Ersatzformen der Macht zwar nicht ausdrücklich benannt, aber sehr wohl begriffen. Das von ihm charakterisierte *Lachen* trägt ebenso wie das *Aburteilen* Elemente des Machtersatzes in sich, wird jedoch freilich oft selbst zu einer perfiden Art der Unterdrückung . Die *Paranoia*, sofern sie keine sozialen Auswirkungen hat, sondern sich hinter den Mauern der psychiatrischen Krankenhäuser verschanzt, kann sogar als die Reinform eines illusionären Machtersatzes betrachtet werden, und das Aufgehen der vereinzelten Menschen in der *Masse* trägt mitunter ebenfalls solche Züge (schlägt im Fall der

Umkehr- und Hetzmasse jedoch direkt von Machtersatz in Macht um). Der eindringlichste Aufweis einer Ersatzform der Macht ist Canetti freilich mit seiner Beschreibung des *Friedhofsgefühls* gelungen, das „der naive Mensch" im Anblick der Gräber und Gruften und einer Masse Toter zu seinen Füßen empfindet und das ihm ein Gefühl der „Überlegenheit" verschafft. [6] (Die Lektüre von Todesanzeigen in der Zeitung, so darf man hinzufügen, kann denselben Effekt haben.) Hier wird auch die enge Verzahnung von Macht, Tod und Überleben deutlich, deren Beschreibung in Canettis Werk bekanntlich eine zentrale Rolle spielt.

Im folgenden möchte ich exemplarisch einige andere verbreitete Phänomene als Ersatzformen der Macht zu fassen versuchen. Viele davon sind beinahe alltäglich zu nennen. Teilweise hat sie Canetti selbst angesprochen, teilweise lassen sie sich meines Erachtens ohne Schwierigkeit mit seinem Ansatz vereinbaren und verstehen. Ich behaupte aber nicht, daß diese Phänomene, gedeutet als Ersatzformen der Macht, dadurch schon erschöpfend erklärt wären oder sich gar vollständig auf Machtersatz reduzieren ließen! Ich will lediglich über eine oftmals verborgene und bislang wohl viel zu wenig beachtete *Motivation* nachdenken, die – neben anderen Antrieben – den Interessen und Verhaltensweisen zugrunde liegen mag, die zu diesen Phänomenen führen. Zum Schluß möchte ich noch auf ein anthropologisches Charakteristikum hinweisen, das man den „Verlust der Einheit" nennen könnte und das für viele der von Canetti beschriebenen Phänomene grundlegend zu sein scheint.

SYSTEME - DIE WELT ALS FOLTERKAMMER DER DENKER

Die vielleicht durchsichtigste, aber auch kühnste Ersatzform der Macht besteht in dem Bestreben, nicht nur die Menschen, sondern alles, was ist, in das Gebäude des eigenen Denksystems zu sperren. Man könnte dies als den Versuch einer intellektuellen Machtergreifung bezeichnen. Um noch einmal Musil zu zitieren: „Philosophen sind Gewalttäter, die keine Armee zur Verfügung haben und sich deshalb die Welt in der Weise unterwerfen, daß sie sie in ein System sperren."[7] (Freilich trifft diese Beschreibung keineswegs auf alle oder auch nur die Mehrheit der Philosophen zu, und schon gar nicht nur auf Philosophen! Stammtischreden beispielsweise haben oft eine ähnliche Ausrichtung.) Es ist dieses *Systemdenken*, das dazu führt, die Welt als „eine Folterkammer der Denker" erscheinen zu lassen.[8] Und je umfassender, engmaschiger und absolutistischer dieses System ist, desto geringer ist der Spielraum, der darin noch dem Menschen oder dem Denken des Menschen bleibt.

Solche System-Philosophen sind „Menschen, die sich zwar im selbstgebauten Reich der Ideen den höchsten Rang einräumen, doch sich im Theater des Alltags mit eher abgelegenen Plätzen bescheiden und überdies nicht selten vor den Herrschenden kriechen müssen." So hat es Panajotis Kondylis in der Einleitung der von ihm herausgegebenen Anthologie *Der Philosoph und die Macht* formuliert.[9] Trotzdem sieht er in der Philosophie auch eine Art Herrschaftsinstrument: „Seit der Herausbildung von ethisch-religiösen Vorstellungen und jedenfalls seit der Entstehung der Hochkulturen kann Macht, Herrschaft und sogar organisierte Gewalt nicht langfristig und erfolgreich wirken, wenn sie der Legitimation entbehrt." Daher behauptet Kondylis, daß auch „der Sinnstifter Macht ausübt und daß der Machthaber oder der Herrscher sich auf Sinn beruft und Sinn instrumentalisiert. Als Produzenten oder

Verwalter von Sinn sind auch die Philosophen Produzenten und Verwalter von Macht.“ Und weiter: „Kultur setzte mit der Annahme eines Sinnes ein, und seitdem behält sie dem Stifter, dem Hüter oder dem Interpreten von Sinn den obersten Rang in der sozialen Hierarchie vor.“ Kondylis scheint diese zwiespältige Rolle des Philosophen aber nicht nur zu beschreiben, sondern sogar beinahe entschuldigen zu wollen: „Sinnstiftung ist der Machtanspruch der Philosophen und soziale Durchsetzung dieser Sinnstiftung ihre einzige Chance, auf welchen Umwegen und über welche Anpassungen auch immer Macht in der Gesellschaft auszuüben. Dies darf man den Philosophen vor allem dann nicht übelnehmen, wenn man von der Allgegenwart und von den weitverzweigten Spielen des Machtstrebens weiß. Die Paradoxie ihrer Lage ... besteht darin, daß sich ihr Machtstreben als theoretisch begründete Absage an jedes eigennützige Machtstreben oder an das Machtstreben überhaupt äußern muß.“ Dieser logische Klimmzug wird meistens durch das Postulat übermenschlicher Werte, Zwecke oder Ideen versucht, die der Vernunft (beziehungsweise dem Einsichtsvermögen des jeweiligen Philosophen) zugänglich sind und als nicht instrumentalisierbar behauptet werden. Freilich hat sich in der Praxis bislang jeder dieser Klimmzüge als unzulänglich oder nicht realisierbar erwiesen. Immerhin beweisen solche Anstrengungen, daß es zahlreichen Philosophen tatsächlich um Macht ging, und seit Platons Begegnungen mit Dionysios I. und II. von Syrakus und Aristoteles' Erziehungsversuche Alexanders, des späteren Großen, ist es auch immer wieder zu einer mehr oder weniger spannungsgeladenen Zusammenarbeit zwischen Intellekt und Macht beziehungsweise Diktatur gekommen, auch wenn weder die Philosophen Könige noch die Könige Philosophen geworden sind. Helmut Schelsky ging in seiner Monographie *Die Arbeit tun die anderen. Klassenkampf und Priesterherrschaft der Intellektuellen* sogar so weit, von einer „Klassenherrschaft der Sinnvermittler“, einem „intellektuelle[n] Herrschafts-Drohnentum“, der Macht der „Reflexionselite“ und Heilsverkünder zu sprechen,[10] die durch ihre Beiträge gewissermaßen für Legitimation und den geistigen Überbau der politischen Machthaber sorgen und damit zu deren Komparsen werden. Es ist allerdings fraglich, inwieweit Schelsky hier nicht den Einfluß der – mangels eines besseren Begriffs – als Intellektuelle bezeichneten Gruppierung überschätzt hat. Jedenfalls erscheint es mir zweifelhaft, ob Denker *als* Denker heute wirklich (noch) etwas bewirken können, das es rechtfertigen würde, ihnen über ihre unmittelbare Umgebung hinausreichende Macht zuzuschreiben oder zu unterstellen. Doch geht es mir hier weniger um Macht als um Ersatzformen der Macht. Und das Systemdenken, intellektuell oder nicht, die oftmals enormen Erkenntnis*ansprüche* sowie die Absolutheit vieler Einordnungen oder das einschüchternde Tohuwabohu dunkler Begrifflichkeiten scheinen mir klare Kennzeichen von Fürsten des Geistes, Feldherren ohne Heer und insofern einer Ersatzform der Macht zu sein.

„Gedanken, die sich zu einem System zusammenfügen, sind pietätlos. Sie schließen das Unausgesprochene allmählich aus und lassen es dann hinter sich, bis es verdurstet“, hat Canetti einmal notiert.[11] Weil Systeme die Welt in Begriffe sperren und die Vielfalt des Lebens gleichsam zementieren, kann ihnen die Attitüde der Gewaltherrschaft anhaften. Canetti sprach von einem *„Entleerungsprozeß“* des Denkens der Philosophen. „Je häufiger und geschickter sie ihre Grundworte anwenden, um so weniger bleibt von der Welt um sie übrig. Sie sind wie Barbaren in einem hohen, geräumigen Haus voll von wunderbaren Werken. Sie stehen in Hemdsärmeln da und werfen methodisch und unbeirrbar alles zum

Fenster hinaus, Sessel, Bilder, Teller, Tiere, Kinder, bis nichts übrig ist als ganz leere Räume. Manchmal kommen zuletzt die Türen und Fenster nachgeflogen. Das nackte Haus bleibt stehen. Sie bilden sich ein, daß es um diese Verwüstungen *besser* steht."[12] Ende der fünfziger Jahre notierte Canetti: „Das Begriffliche interessiert mich so wenig, daß ich mit 54 Jahren *ernsthaft* weder Aristoteles noch Hegel gelesen habe. Es ist nicht nur, daß sie mir gleichgültig sind, ich *mißtraue* ihnen. Ich kann nicht hinnehmen, daß ihnen die Welt schon faßbar schien, bevor sie wirklich bekannt war. Je strenger oder konsequenter ihr Denken, um so größer die Verzerrung der Welt, die sie zustande gebracht haben."[13] Und noch 1993 fragte er sich: „Soll ich Leute bewundern oder auch nur ernstnehmen, die ein ganzes Zeitalter oder mehrere zu beherrschen wünschen und darum zu Philosophen werden? Sie sind daran zu erkennen, daß sie zuallererst das Ende aller bisherigen Philosophie, aller Philosophie überhaupt erklären."[14] In einem Interview hat Canetti einmal die Überzeugung geäußert, es gebe neben den allgemeinverbindlichen Mythen auch *Privatmythen* einzelner Menschen, die, wenn sie aufeinandertreffen, den anderen als Wahn erscheinen müssen, weil sie nicht verständlich sind.[15] Wenigstens manche Denksysteme, die in ihrer Abstrusität allenfalls ihrem Schöpfer verständlich sind, erinnern an solche Privatmythen. Erst recht trifft dies für die Machtphantasien der Paranoiker zu, wie sie Canetti im Fall Schreber exemplarisch untersucht hat. Mitunter gewinnt man den Eindruck, daß zwischen den Systemen mancher Philosophen und den „Denkwürdigkeiten" eines Paul Daniel Schreber nur ein gradueller Unterschied besteht.

ORDNUNG - DIE SELBSTGESCHAFFENE WÜSTE

Gedankliche Systeme sind eine Möglichkeit, die Welt zu ordnen. Zu einem Mittel des Machtersatzes werden sie, wenn sich diese Ordnungen gleichsam verselbständigen und man glaubt, die Welt sei damit bereits hinreichend erfaßt. Die Versuche, Ordnung zu schaffen, sind freilich nicht auf Philosophie oder Machtersatz beschränkt. Sie können selbst zum Ausdruck der Macht werden. Man muß sogar sagen: Eine abstrakte, aber um so weitreichendere und wirkungsvollere Form der Macht besteht geradezu in der *Macht der Ordnung.* Denn Ordnung gibt es ja nicht *an und für sich*, sondern sie wird definiert und anderen auferlegt. Auch wer keine oder kaum Macht besitzt, kann sich mit ihrer Hilfe einen gewissen Ersatz verschaffen, fällt ihre Ausstrahlung doch auch auf jene, die sich ihr dienstbar machen und für sie eintreten (bis hin zum vorauseilenden Gehorsam). Nicht wenige wähnen sich dabei als ihr direkter Stellvertreter. Dabei ist der Inhalt der Vorschriften, denen sie huldigen, nebensächlich, wie zahlreiche Beispiele (und nicht nur in totalitären Staaten) belegen. In seinem Roman *Die Blendung* sowie den Dramen *Hochzeit, Komödie der Eitelkeit* und *Die Befristeten* hat Canetti die Formen einer pathologisch verhärteten Ordnung, ihre Auswirkungen auf die zwischenmenschlichen Beziehungen sowie ihren Zerfall in vielen Facetten vorgeführt. Und Robert Musils *Mann ohne Eigenschaften* läßt sich sogar als Kompendium der verzweifelten Bemühung um Ordnung bis hin zur Groteske und zum kollektiven Ordnungswahn lesen.

„Für alle größeren politischen Formationen wird die *Ordnung* wichtig."[16] Die staatliche Ordnung ist ein unmittelbarer Ausfluß der Macht. In der Aufhebung alter und dem Erlaß neuer Gesetze besteht ein wesentlicher Machtbeweis jeder neuen Regierung. Solange die

Machthaber die Ordnungsstrukturen besetzt halten, kontrollieren sie den Alltag auch gleichsam von innen heraus. In der *Politischen Theologie* des Staatsrechtlers Carl Schmitt liest sich das recht unverblümt: „Die Ordnung muß hergestellt werden, damit die Rechtsordnung einen Sinn hat. Es muß eine normale Situation geschaffen werden, und souverän ist derjenige, der definitiv darüber entscheidet, ob dieser normale Zustand wirklich herrscht. Alles Recht ist ‚Situationsrecht'. Der Souverän schafft und garantiert die Situation als Ganzes in seiner Totalität."[17] Besonders bedenklich bei dem nicht zufällig im Dritten Reich in Berlin lehrenden Schmitt ist, daß der Souverän seiner Vorstellung nach nicht nur keiner Legitimation bedarf, sondern nicht einmal bedürfen soll. Wer die Macht hat, hat das Recht. Die erstrebenswerte Gewaltenteilung wird sich kaum jemals *vollständig* durchsetzen können. Canettis Beschreibung, daß Ordnung „in das Wesen der Macht überhaupt eingegangen" ist, wird man also beipflichten müssen.[18] Es gibt kaum eine Regung des privaten und öffentlichen Lebens, die in den modernen Gesellschaften (unabhängig von ihrer Regierungsform) nicht durch Vorschriften und Verordnungen reglementiert wäre. Und selbst die einfachsten Gesellschaftsstrukturen, die wir kennen, sind von (oft religiös begründeten) Ge- und Verboten geprägt.

Übrigens stellen auch *Massenkristalle* solche festen Elemente der Ordnung dar. Diese kleinen, rigiden „Gruppen von Menschen, fest abgegrenzt und von großer Beständigkeit, die dazu dienen, Massen auszulösen", aber mit der geschlossenen Masse nur die Begrenztheit und reguläre Wiederholung gemeinsam haben und gegenüber dieser gegliedert und nicht spontan sind, müssen so überschaubar sein, „daß man sie mit einem Blick umfaßt. Auf ihre *Einheit* kommt es viel mehr an als auf ihre Größe. Ihre Verrichtung muß vertraut sein, man muß wissen, wozu sie da sind. Ein Zweifel an ihrer Funktion würde ihnen jeden Sinn nehmen".[19]

Eine rein intellektuelle Art der Ordnung schließlich ist das bereits angesprochene zwanghafte Systematisieren. Im Extremfall wird hier gleichsam die ganze Welt der ordnenden Kraft des Geistes zu unterstellen versucht. Die Kompensation eigener Ohnmacht geschieht in der gedanklichen und verbalen Aneignung der Welt – durch eine radikale Selektion und Elimination, also auf Kosten der Vielfalt der Welt. Dies hatte auch Canetti im Sinn, als er in einem Gespräch sagte, daß „ein begriffliches System, je besser es ist, je schärfer es ist, je gültiger es ist, nur bestimmte Dinge zuläßt und andere ausschließt"[20]. Als Beispiel für diese Prokrustes-Strategie hat Canetti den französischen Ethnologen und Mythologen Claude Lévi-Strauss genannt, dessen „absolutes Ordnungsbedürfnis" er scharf attackierte – um so mehr, als die von Canetti tief verehrten Mythen, die wie kaum ein anderes Erzeugnis des menschlichen Bewußtseins der Verwandlung verpflichtet sind, den starren strukturalistischen Ordnungsgefügen ja diametral entgegenstehen : „Wie kann ein Mensch, der tausend Mythen geschluckt hat, nicht wissen, daß sie das *Gegenteil* von Systemen sind?"[21]

Systematisieren bedeutet unweigerlich Einordnung. Was oft harmlos und nützlich ist, kann sich durchaus verselbständigen. Die Ordnung, die doch Konstruktion ist, wird dann Selbstzweck oder gar mit der Wirklichkeit verwechselt. Viele terminologische Schaukämpfe, wie sie insbesondere in akademischen Debatten gedeihen, sind zwar reine Scheinprobleme, belegen aber auch, wie sehr die Fürsten des Geistes nach Betätigung drängen und glauben, die Phänomene in das Raster ihrer Systeme quetschen zu können. Machtersatz mag nicht selten die heimliche Motivation dafür sein. Selbstverständlich sind Definitionen, Begriffe und Einordnungen in vielerlei Hinsicht wichtig und hilfreich. Unter der Fuchtel ideologischer Ordnungshüter können sie aber schlimme Auswüchse treiben. Dann wird eine Klassifizierung mitunter sogar zu einem Herrschaftsinstrument, das über ganze Lebensläufe zu entscheiden vermag, wie beispielsweise das (biologisch übrigens unangemessene und haltlose) Konzept der „Rasse" beweist. Mit Canetti kann man hier von der „Macht, andre zu *gruppieren*", sprechen.[22]

Ich möchte nicht gegen Ordnung schlechthin und für das Chaos plädieren, das doch nur zu völliger Orientierungslosigkeit und neuen Machtkämpfen führen würde. Nicht zwischen Ordnung und Chaos haben wir zu wählen, sondern aus welchem Stoff und wie engmaschig das Netz der Ordnung geknüpft sein soll. Denn zu rigide Ordnungsstrukturen blenden die Vielfalt, Lebendigkeit, Spontaneität und damit die Möglichkeit zur individuellen Verwandlung aus. Wenn Canetti schreibt: „Alle Ordnung ist quälend"[23], dann meint er insbesondere ihre Opposition zu Veränderung und Weiterentwicklung; Ordnung ist immer auch eine Form der Erstarrung und damit eine Komparsin der Macht sowie, in ihrer radikalsten Form, eine Schwester des Todes. „Es ist etwas Mörderisches in der Ordnung: nichts soll da leben, wo man es nicht erlaubt hat. Die Ordnung ist eine kleine, selbstgeschaffene Wüste."[24]

UNIVERSALITÄT UND OFFENHEIT

Um keine Mißverständnisse aufkommen zu lassen: Canetti attackiert keineswegs den Wunsch nach umfassenden Gedanken, die Versuche, Phänomenen auf den Grund zu kommen (und insofern auch eine Art Ordnung zu *erkennen*) oder gar das Bedürfnis nach universalen Fragestellungen! Vielmehr beschwor er bereits 1936 in seiner Rede auf Hermann Broch die Notwendigkeit eines ganzheitlichen Erkenntnisbestrebens des Dichters: „der ernste Wille zur Zusammenfassung seiner Zeit, ein Drang zur Universalität, der sich durch keine Einzelaufgabe abschrecken läßt, von nichts absieht, nichts vergißt, nichts ausläßt, es sich in gar nichts leicht macht" ; dabei berief er sich auf Broch selbst und dessen Wunsch nach einer „Mission einer totalitätserfassenden Erkenntnis, die über jeder empirischen oder sozialen Bedingtheit steht"[25]. Auch in späteren Aufzeichnungen hat Canetti dieses Bestreben nach – aber nicht den Anspruch auf – Universalität mehrfach zum Ausdruck gebracht. Insofern ist es nicht verwunderlich, daß Canetti stellenweise eine eigene Terminologie erschaffen und seine Gedanken in eine gewisse Ordnung bringen mußte, um die Zusammenhänge der von ihm beobachteten und zu verstehen versuchten Phänomene zu überblicken. Andernfalls wäre *Masse und Macht* überhaupt nicht möglich gewesen. Das Plädoyer für die Notwendigkeit eines ganzheitlichen Erkenntnisbestrebens für den Dichter läßt sich auch in der Perspektive und gedanklichen Weite von *Masse und Macht* schwerlich übersehen. Aber erscheint Canetti angesichts der Weite und Schärfe seines Blickwinkels, der Fülle der behandelten Themen sowie der Apodiktizität vieler Formulierungen nicht auch als ein „Fürst des Geistes"?

Diese Vermutung ist in ähnlicher Form tatsächlich geäußert worden. So schrieb beispielsweise Jan Papior: „Es ist bemerkenswert, daß E. Canetti, der sich öfters gegen Spezialistentum, Theoriebildung, gegen geschichtliche Konstruktionen ausspricht, selbst zu einer Theoriebildung neigt."[26] Und Heike Knoll wird noch deutlicher: „Canettis Ordnungssystem errichtet sich auf Kategorien, die nur noch aus ihrem spezifischen Zusammenhang heraus verständlich sind, also durch einen Kontext, der ausschließlich von Canettis eigenen Begriffen gebildet wird. Eine wechselseitige Erklärung scheint unvermeidlich: Canettis Reflexionen präsentieren sich als ein extrem selbstbezügliches, in sich abgeschlossenes Denkgebäude."[27] Heike Knoll zufolge „repräsentiert sich das Gesamtwerk als der Entwurf eines in sich geschlossenen, einheitlichen Weltbildes. Der innere Zusammenhang von Canettis Schriften läßt auf ein Ordnungsgefüge schließen, auf ein System, ... das von der Universalität der Kategorien Masse, Macht, Tod und Verwandlung getragen wird. Diese Grundbegriffe müssen dann als die Koordinaten des – Universalität beanspruchenden – Systems verstanden werden; eines Systems, das Welt gleichermaßen erklären wie abbilden will und das, indem es scheinbar oberflächliche und disparate Phänomene mittels dieser Grundbegriffe verknüpft (und damit von deren allumfassender Geltung ausgeht), empirische Evidenz behauptet."[28]

Canetti hat selbst die Gefahr gesehen, sich in einem Denksystem zu verfangen oder von den Interpreten darin gefangen zu werden. Er notierte: „Angst vor der Aristotelisierung meiner Gedanken; vor Einteilungen, Definitionen und ähnlichen leeren Spielereien" und stellte unmißverständlich klar: „Ich hasse die Leute, die rasch Systeme bauen, und ich werde dazu sehen, daß meines sich nie ganz schließt."[29] In einer anderen Aufzeichnung wird die Dichotomie zwischen seiner Selbstsicherheit einerseits und der Skepsis andererseits noch deutlicher: „Du bist deiner Sache so sicher, daß man an deinem Verstande zweifeln könnte. (...) Alle Ordnung ist quälend, aber die eigene Ordnung am quälendsten. Du weißt, daß es nicht alles stimmen *kann*, aber du läßt dir dein Gebilde nicht zerstören. Du könntest versuchen, es zu unterminieren, aber dann wärst du selber noch drin. Du willst draußen sein, frei. Du könntest als ein anderer einen furchtbaren Angriff dagegen schreiben. Aber du willst es ja nicht vernichten. Du willst dich nur verwandeln."[30]

Das klarste Indiz dafür, daß Canetti nicht bloß an einem weiteren System, seinem eigenen nämlich, interessiert ist und sich damit selbst als verkappter Ideologe und Ordnungsfanatiker offenbart, sowie eine generelle Lackmusprobe, die anzeigen kann, ob man es mit einer starren, auf Dominanz zielenden, oder aber einer hypothetischen Denkweise zu tun hat, ist Offenheit und Vielgestaltigkeit. Denn diese Merkmale sind einem Systemzwang diametral entgegengesetzt und lassen eine totale Ordnung nicht zu. *Offenheit* und *Vielgestaltigkeit* sind aber gerade wesentliche Merkmale der Verwandlung, für die Canetti nicht nur immer wieder eingetreten ist und deren Bewahrung er als vordringlichste Aufgabe des Dichters bezeichnet hat, sondern die auch sein eigenes Werk und Denken am treffendsten charakterisiert. Insbesondere die Aufzeichnungen sind geradezu literarische Prototypen für Offenheit und Vielgestaltigkeit. Sie enthalten auch zahlreiche Zeugnisse von Canettis bis ins hohe Alter anhaltender Neugier und seinem Wunsch, noch viel mehr zu lernen. Ein paar Beispiele: „Ich kann nicht bescheiden werden; es brennt mich zu viel; die alten Lösungen zerfallen; zu den neuen ist noch nichts getan. So fange ich denn an, überall zugleich, als hätte ich hundert Jahre vor mir. (...) Ich kann mich nicht bescheiden: die Beschränkung auf etwas Einzelnes, als ob es alles wäre, ist zu verächtlich"; „Wer genug gelernt hat, hat nichts gelernt"; „Das Lernen muß ein Abenteuer bleiben, sonst ist es totgeboren"; „Am Lernen ist das Schönste, daß es die Geheimnisse vervielfältigt"; „Es ist nur möglich zu leben, weil es so viel zu wissen gibt."[31]

Hinzu kommt die ständige Bereitschaft zur *Skepsis*, die durch keine Ideologie einverleibt werden kann. Gerade dadurch sind offene (und wissenschaftliche) Theorien ja gekennzeichnet. Canetti hat sich zur Skepsis und Fallibilität klar bekannt: „Wenn diese Intelligenz, die der Mensch nun einmal hat, überhaupt etwas bedeutet, dann sicher, daß sie alles, was sie einsieht, anficht.“[32] Die mitunter geäußerte Vermutung, Canetti sei selbst ein großer Systematiker und Ordnungsstifter gewesen, trifft also nicht zu. Das Gegenteil ist der Fall. Canetti wehrte sich vehement gegen eine Welt als „Folterkammer der Denker“, denn das Systemdenken war für ihn eine „Ausübung der Macht“.[33] Statt auf totalitäre Ordnung, System und Dogma setzte er auf das Essayistische, die aphoristischen Aufzeichnungen und vor allem die Mythen, die nichts vergewaltigen und deren Bezug auf das Singuläre, deren Offenheit, Umkehrung und Verwandlung er immer hervorhob. Dieses hypothetische Denken, das Musil als „Möglichkeitssinn“, „phantastische Genauigkeit“, „Gesinnung auf Versuch und Widerruf“ und „Utopie des Essayismus“ bezeichnet hat und das zusammen mit der skeptischen Prüfung nach Karl Raimund Popper auch den Kern des wissenschaftlichen Arbeitens ausmachen sollte, steht aber dem philosophischen Forschen keinesfalls entgegen.[34] Das sei hier betont, um nicht einen falschen Eindruck zu hinterlassen. So darf man sich mit Canetti also einen Philosophen wünschen, der „alles dazwischen“ weiß, oder, besser noch, „der ohne eine einzige Antwort durchs Leben kommt. Aber wie er frägt!“ [35]

Schließlich lehnt Canetti auch in der Kunst eine allzu rigide, starre Ordnung ab. In einem Aufsatz zu Alfred Hrdlickas Radierungen zu *Masse und Macht* hat Canetti zwei Grundtypen von Künstlern unterschieden, die Destillierer und die Chaotiker. Die Destillierer beschränken sich auf eine eng begrenzte Thematik oder Methodik, die sie möglichst streng und rein zu gestalten trachten. Die Chaotiker dagegen, denen Canetti den Vorzug gibt, „erkennen die Welt als Chaos und mißtrauen dem Gesetz. Unter keinen Umständen wollen sie etwas von der Welt auslassen. Ihr Appetit ist zu groß für Askese. Sie schlingen alles in sich hinein und verabscheuen Diätvorschriften. (...) Sobald sie die Welt als Chaos empfunden haben, wollen sie dieses Chaos ganz. Sie unterschlagen davon nichts und suchen es sichtbar zu machen. (...) Der Chaotiker erklärt nichts, er stellt es dar.“[36] Auch Canetti ist es primär um Darstellung, nicht um Erklärung gegangen, schon gar nicht um allumfassende, letzte Erklärungen.

MASSENHASS - ELITÄRE ERNIEDRIGUNGEN

In seinem Buch „The Intellectuals and the Masses“, in deutscher Übersetzung bezeichnenderweise unter dem Titel „Hass auf die Massen“ erschienen, hat John Carey exemplarisch und ziemlich detailliert untersucht, wie die Intellektuellen, Literaten, Kultur- und Sozialphilosophen in England zwischen 1880 und 1939 auf die wachsende Anzahl der Menschen und die dramatischen soziokulturellen Veränderungen im Gefolge von Industrialisierung, Alphabetisierung und zunehmender Verbreitung von Zeitungen und Büchern reagiert haben: ausgrenzend (bis hin zum absichtlichen Unverständlichmachen der eigenen Werke, zum Wunsch nach einer Geheimsprache, ja zur Leugnung der logischen Gesetze); abwertend (Absprechen des ästhetischen Urteilsvermögens); voller Phobien und insbesondere den Verlust des eigenen Einflusses befürchtend; alles in allem größtenteils ablehnend bis zur Verachtung und Dehumanisierung (Gleichsetzung mit den Übeln der Zukunft, Feinden der Zivilisation, sogar mit Bazillen), was sich mitunter gar in Haß- und

Vernichtungsphantasien äußerte. Carey zufolge bestand „das für die modernistische Literatur und Kultur konstitutive Prinzip darin ... , die Massen auszuschließen, ihre Macht zu schwächen, ihre Alphabetisierung rückgängig zu machen und ihre Menschlichkeit zu leugnen. (...) Die Metapher der Masse dient dem Zweck der Selbsterhöhung, weil sie andere Menschen in ein Konglomerat verwandelt. Sie spricht ihnen die Individualität ab, die wir uns und den Menschen, die wir kennen, zuschreiben."[37]

Canettis *Masse und Macht* ist erst gut zwei Jahrzehnte nach dem von Carey betrachteten Zeitraum erschienen, wird von diesem aber ebenfalls gestreift – doch nur auf knapp zwei Seiten. Carey (an)erkennt die „Ambivalenz" des Werkes wenigstens insoweit, als er Canettis Ablehnung der Mächtigen und auch positive beziehungsweise wertneutrale Beschreibungen der Masse registriert; doch er behauptet trotzdem, Canettis Darstellung sei „deutlich von der orthodoxen Verachtung der Intellektuellen für die Masse und einer Verwechslung der Menge mit der Masse bestimmt" und wirft ihm mangelnde „gedankliche Kohärenz" und die Übernahme der „Phantasiegebilde und Verworrenheiten" der massenpsychologischen Tradition von Le Bon bis Freud vor.[38] Doch dafür gibt er weder Beispiele noch Argumente. Vielmehr wird man gegen diese Behauptungen mit Rudolf Hartung festhalten können, daß Canetti eine „originäre Denkleistung" vollbracht hat und „auf die Phänomene" blickt, „als seien diese noch durch keinerlei Theorie vernebelt, durch keine Reflexion zur bequemen Aufnahme mundgerecht gemacht worden"[39]. Und Canetti Verachtung für die Masse zu unterstellen, ist sachlich überhaupt nicht zu rechtfertigen, da er die Masse ja gerade als Erscheinung zu verstehen und zu beschreiben versuchte, *ohne* zu werten. Bereits Mitte der fünfziger Jahre, also noch vor der Fertigstellung und Publikation von *Masse und Macht*, hat Canetti notiert: „Was die Masse selbst anlangt, so habe ich meine früheren Vorurteile verloren, sie ist für mich weder gut noch schlecht, sondern da, und die Blindheit, in der wir bis jetzt über sie gelebt haben, ist mir unerträglich."[40]

Careys Bemerkungen über Canetti sind also zurückzuweisen. Die Überzeugungskraft seiner Analyse insgesamt wird damit aber nicht in Frage gestellt. Sie macht deutlich, daß die Methode der Erniedrigung nicht nur unter den weniger gebildeten Bevölkerungsschichten anzutreffen ist, die beispielsweise Minderheiten ächten, um selber vermeintlich besser dazustehen, die Sündenböcke brauchen, um von ihren eigenen Unzulänglichkeiten und Fehlern abzulenken oder, in Canettis Terminologie, ihre Befehlsstacheln loszuwerden. Dieselbe Methode findet auch unter den intellektuellen Verächtern der „Masse" ihre Anwendung, im auftrumpfenden Gestus des Elitären und in der Arroganz der Bildungsaristokratie. Motivation und Wirkung unterscheiden sich kaum. „Man erhöht sich, indem man das andere erniedrigt", hat Canetti dies zugespitzt. „Wer über Menschen herrschen will, sucht sie zu erniedrigen."[41]

RUHM, NAMENLECKER UND EINVERLEIBER

Eine andere, weit verbreitete Ersatzform der Macht ist das *Streben nach Erfolg und Ruhm.* Erfolg ist, zumindest insofern er sich im sozialen Vergleich zeigt, eine Form des Übertreffens. Und in der Ruhmsucht manifestiert sich die Gier nach (sozialer) Unsterblichkeit. Erfolg mag daher als Mittel dienen, diese – freilich ziemlich unsichere – Unsterblichkeit anzuvisieren. Dem Werk ist das selbstverständlich nicht förderlich, denn „Ehrgeiz ist der Tod des

Denkens“[42]. Insoweit Ruhm und Erfolg relationale und komparative Eigenschaften sind, existieren sie auf Kosten anderer, die sie übertreffen und die sie daher als minderwertig erscheinen lassen müssen. Das ruft Canettis Opposition hervor. Obwohl er selbst bestrebt war, in seinem Werk und in der Erinnerung anderer fortzuleben, verachtet er Ruhm und Erfolgsstreben zutiefst: „Zubereitung von Ruhm, ekler als jedes Geschäft“; „Gefährlich ist *Ruhm unter den Berühmten.* Die Namen, nebeneinander, stacheln einander wahllos auf. Sie erstechen die Kleinen und füttern die Großen. Ihre Tendenz ist, sich auf Alleinherrschaft zu reduzieren, unerreichbares Ziel. Schon daß es erstrebt wird, ist ein Unglück. Man soll den Ruhm in kleinen Päckchen auseinanderhalten. Man soll viel Verachtung und ganz wenig Nachsicht für ihn haben.“[43] Canetti, dem spätestens mit dem Erhalt des Nobelpreises für Literatur 1981 ausreichend Ruhm und Erfolg zuteil wurde, spricht geradezu davon, einen „Ekel vor Erfolg“ zu haben und notierte: „Sobald auch nur die Möglichkeit eines Erfolgs sich am Horizont abzeichnet, versucht er sich aus dem Staub zu machen. Sein Mißtrauen gegen den Erfolg ist so groß geworden, daß er ihn nur haben möchte, ohne ihn zu haben.“[44]

Ruhm und Erfolg sind aber nicht nur eine Ersatzform der Macht. Sie ermöglichen auch eine Ersatzform der Macht für andere, die man *Parasiten der Berühmten* nennen könnte (wobei die Berühmten freilich ihrerseits auf diese Gefolgschaft angewiesen sind und sich von ihr nähren). Mit zwei Figuren aus Canettis Charaktertypologie *Der Ohrenzeuge* kann man diese Ruhmfolger als „Namenlecker“ und „Größenforscher“ bezeichnen. Der Namenlecker definiert sich geradezu durch seine Nähe zu der – ihn eilfertig empfangenden – Berühmtheit. Der Größenforscher erdreistet sich sogar, die Genies zu erwählen oder zu verwerfen, was ihm selber eine gewisse Macht sowie „Amt und Würden“ einbringt. Sein noch unangenehmerer Vetter ist der „Ruhmprüfer“, der an den als „Abschaum“ empfundenen Berühmtheiten herummäkelt, weil er „seit seiner Geburt weiß ..., daß niemand besser ist als er“ selbst. Schließlich gibt es den „Heroszupfer“, der sich im verlassenen Park auf den Sockel neben ein Heldendenkmal stellt und nachts davon träumt, „dem Heros höhnisch vor aller Welt auf den Kopf“ zu spucken.[45] Im Bereich der Kunst und Literatur sind die Ruhmesparasiten relativ häufig anzutreffen. Canetti scheint diese Ersatzformen der Macht im Bewußtsein gehabt zu haben, als er in seinen Aufzeichnungen vom „Größenwahn des Interpreten“ schrieb, der „sich um seine Interpretation reicher als das Werk“ fühlt, und jene Autoren und deren Schriften bedauerte, die zu „der Selbstvergrößerung des Lesenden“ mißbraucht werden.[46]

Der Ruhmsüchtige und sein Seelenverwandter, der Lobsammler (der die Erwähnungen seines Namens hortet und bereit wäre, „für jede Schmähung oder auch bloße Kritik die Todesstrafe zu verhängen“[47]), gieren nach Bewunderung. Die Raffer, Geizer und Vermögensvermehrer gieren nach Geld und Besitz (Canetti hat sie im *Ohrenzeugen* in der Figur der „Habundgut“[48] karikiert). Ob Ruhmsüchtige, Namenlecker oder Raffer, allen ist das Einverleiben gemeinsam, das Canetti auch den Machthabern attestiert und biologisch als erste Form der Machtausübung überhaupt hergeleitet hat. Während die Ruhmsucht nach Bewunderung heischt und die Besitzgier Sachen und Werte aufhäuft, braucht der Machthaber Untertanen. Trotz inhaltlicher Unterschiede haben die Intentionen formal also dieselbe Struktur. Mit Canettis Worten: „Der *Berühmte* sammelt *Chöre.* Er will nur seinen Namen von ihnen hören.“ – „Der *Reiche* sammelt Haufen und Herden. Für diese steht das Geld.“ – „Der *Machthaber* sammelt *Menschen*“, ob sie tot oder am Leben sind, ist sogar zweitrangig.[49] Da Macht fundamentaler und aus biologischer Sicht älter ist, liegt es nahe, die formal gleichartig beschaffenen Einverleibungen von Ruhm oder Reichtum als Ersatzformen der Macht zu deuten.

HISTORIKER UND GESCHICHTSPHILOSOPHEN ALS POLYTHEISTEN DER MACHT

Mit dem Ruhm unmittelbar zusammen hängt dessen Streben nach zeitlicher Transzendenz. Ein Ruhm, der nicht anhält, ist armselig. Deshalb will er in die Annalen der Menschheitsgeschichte eingehen. Auch der Ruhm des Machthabers, der sehr wohl ahnt, daß selbst von ihm alsbald nicht viel mehr bleiben wird als – bestenfalls – Überlieferungen, Denkmäler und seine Grabstätte. So soll ihm die Geschichtsschreibung eine Art Nachleben der Macht ermöglichen. Und nicht selten wurde die Geschichtsschreibung von den Machthabern ja auch direkt veranlaßt und großzügig unterstützt. Schließlich geht es auch hier um ein Fortleben und Überleben – nämlich im Namen, der gefräßig, ja kannibalisch ist, weil er sich von seinesgleichen nährt: „Am Namen ist ... die Kraft des Überlebens zu messen. Es ist bis heute die einzige wirkliche Form des Überlebens.“[50]

Dieser Drang nach historischer Größe ist auch unter gemäßigteren Umständen nicht verschwunden, wie zahlreiche Autobiographien von Politikern belegen oder die in den Reden von Regierungschefs immer wiederkehrenden Beschwörungen von „historischen Augenblicken“ und „großen Momenten in unserer Geschichte“, obwohl die entsprechenden Ereignisse noch gar nicht eigentlich vorüber und erst recht nicht von einem Standpunkt der Historie aus zu bewerten sind.

Selbst dem Historiker bietet sich die Geschichtsschreibung – die, wie Emile M. Cioran einmal bemerkt hat, „zumindest ebenso unmenschlich ist wie die Geschehnisse, die sie ins Leben ruft “[51] – als ein verlockendes Refugium für Machtersatz an. (Daraus folgt selbstverständlich nicht, alle Historiker seien verkappte Machthaber oder Geschichtsschreibung sei generell eine Apotheose der Macht.) Insofern es um Landes-, Staats- und sogar Weltgeschichte geht, wird das Interesse an der (wenn auch vergangenen) Macht geradezu als natürlich akzeptiert. Wie leicht kann man sich den Blickwinkel der größten Machthaber und Feldherren aller Zeiten borgen und vermag die Heere und Ländergrenzen zu bewegen, als wären sie einem untertan. In keiner Profession ist es einfacher, ein Fürst des Geistes oder ein Gewalttäter ohne Armee zu werden und sich damit überdies noch akademische Meriten zu verdienen. Canetti behauptet sogar: „Historiker, die keine Machtanbeter sind, können keine zusammenhängende Staatengeschichte schreiben.“[52] Generell wirft er ihnen vor, daß ihnen „die Kriege wie heilig“ seien und sie durch ihren Respekt und ihre Verteidigung des Geschehens „die ohnehin verzweifelte Situation der Menschheit“ noch verzweifelter machten.[53] Ausdrücklich erwähnt er Leopold von Ranke, einen „Polytheist[en] der Macht“, für den die Geschichte „die Erfüllung der Macht“ sei.[54]

Besonders verwerflich ist es, wenn sich Geschichtsschreibung zur Geschichtsdeutung aufschwingt und das Geschehen zu *rechtfertigen* versucht oder gar in einen übergeordneten, vielleicht universalen Sinn einbettet, der womöglich noch die Zukunft erschließen hilft. Dies ist eine unverantwortliche Instrumentalisierung des Leides. Daß solche totalitären Anschauungen den Kern von philosophischen Formen des Machtersatzes bilden und unter bestimmten Umständen von den Machthabern nur allzu leicht aufgegriffen werden, um ihre Brutalitäten zu legitimieren, habe ich bereits erwähnt. Diese maßlosen Erkenntnisansprüche müssen als unhaltbar zurückgewiesen werden, weil alle Versuche von Letztbegründungen zum Scheitern verurteilt sind. Die deshalb gebotene epistemische Bescheidenheit steht ideologischen Ansprüchen und Zielsetzungen daher von vornherein entgegen.

Karl Popper hat in seinen Schriften *Das Elend des Historizismus* und *Die offene Gesellschaft und ihre Feinde* diese philosophischen Selbstüberschätzungen scharf kritisiert und gegen die großen geschichtsphilosophischen Entwürfe und Utopien opponiert. Geschichte besitzt für ihn weder einen übergeordneten Sinn, noch Ziel oder Zweck. „Denn *die Geschichte der Machtpolitik ist nichts anderes als die Geschichte internationaler Verbrechen und Massenmorde* (einige Versuche zu ihrer Unterdrückung eingeschlossen ...). Diese Geschichte wird in der Schule gelehrt, und einige der größten Verbrecher werden als ihre Helden gefeiert." Für Popper „steht ohne jeden Zweifel fest, daß die Verehrung der Macht einer der übelsten Götzendienste der Menschheit ist, ein Relikt aus der Zeit der Fesseln, aus der Zeit der menschlichen Knechtschaft."[55]

Ähnliches kann man in dieser Hinsicht auch bei Canetti lesen: „Unzählige Tode wurden für das Fortleben eines Einzelnen gefordert. Die Verwirrung, die daraus entstand, heißt Geschichte. Hier hätte die wahre Aufklärung zu beginnen, die das Recht *jedes* Einzelnen auf Fortleben begründet."[56] Die Geschichte besteht „hauptsächlich aus teuflischen Grausamkeiten": „Quälen und töten, töten und quälen." Canetti erwägt sogar, die Menschen danach zu „beurteilen, ob sie die Geschichte akzeptieren oder sich ihrer schämen". An eine übergeordnete Bedeutung allen Geschehens kann und will er wie Popper nicht glauben: „Die Geschichte weiß alles besser, weil sie nichts weiß"; sie „enthält *jeden* Sinn und ist darum sinnlos"; aus ihr kann man nur „lernen, daß man nichts aus ihr lernen kann." Totalitäre Geschichtsphilosophien lehnt er, wie Popper auf die Offenheit der Ereignisse verweisend, ebenfalls vehement ab: „Die Geschichte stellt alles so dar, als hätte es nicht anders kommen können. Es hätte aber auf hundert Arten kommen können. Die Geschichte stellt sich auf die Seite des Geschehenen und hebt es durch einen starken Zusammenhang aus dem Nichtgeschehenen heraus. Unter allen Möglichkeiten stützt sie sich auf die eine, die überlebende. So wirkt die Geschichte immer, als ob sie fürs *Stärkere* wäre, nämlich fürs wirklich Geschehene: es hätte nicht ungeschehen bleiben können, es mußte geschehen." Doch diese Zurückweisung des Fatalismus unter welchen Vorzeichen auch immer entspricht keineswegs einem lebensverneinenden Nihilismus. Im Gegenteil: wenn die Geschichte keinen Sinn enthält und weder ein Ziel noch einen voraussehbaren Gang besitzt, dann ist sie „in ihrer Offenheit immer beeinflußbar ..., sozusagen in unseren Händen"[57].

DER KULT DES ÜBERTREFFENS

Die bisher beschriebenen Ersatzformen der Macht waren einigermaßen direkt und unverhohlen. Andere zeigen sich weniger deutlich, da sie im wesentlichen auf einen einzigen Aspekt beschränkt erscheinen. Man könnte sie *kanalisierte Ersatzformen der Macht* nennen. Ich kann hier aus Platzgründen lediglich auf zwei wichtige und miteinander verwandte Ausrichtungen hinweisen, die nach Canetti unmittelbar mit Macht zusammenhängen: Übertreffen und Überleben.

Machthaber sind für Canetti *„Sklaven des Übertreffens"*. „Alles mißt sich und alles mißt sich im Kampfe, und der Übertreffer ist ein unaufhörlicher Sieger.(...) Der Stärkere ist der *Bessere*, der Stärkere verdient es zu siegen."[58]

Das Übertreffen ist längst ein Wesensmerkmal unserer Kultur geworden. Für eine kapitalistische Leistungsgesellschaft ist das Übertreffen geradezu das Erste Gebot; seine Verkündigung ist die Bilanz der Bestseller; im Guiness-Buch der Rekorde bleibt kaum ein Bereich ausgespart; und selbst Menschen werden inzwischen mit großer Selbstverständlichkeit und zugleich Anmaßung zur „Miß Universum" gekürt. Wie willkürlich die Maßstäbe sind, wird im Rausch der Rekorde allzu leicht vergessen.

Das moderne domestizierte Forum für das Übertreffen schlechthin bietet der *Hochleistungssport*. Man kann geradezu von einem Kult des Übertreffens sprechen. Wer ihn ernsthaft betreibt, muß sich notwendigerweise dem Übertreffen verschreiben. Denn nur ein Sportler, der seine Gegner übertrifft, ist ein guter Sportler. „Schneller, höher, weiter" sind die einzigen Kriterien, die zählen. Man hat vielen Leistungssportlern sogar einen *Achilles-Komplex* unterstellt – benannt nach Achilles, der von seinem Vater Peleus ermahnt wurde, „immer der Erste zu sein und vorzustreben vor andern"[59], und der als leidenschaftlicher Kämpfer und aufgrund seiner Beinahe-Unverwundbarkeit auch einen mythischen Heroen des Überlebens schlechthin darstellt. Leistungssportlern generell und vordringlich ein Machtmotiv zu unterstellen, wäre allerdings unangemessen. Dennoch scheint eine gewisse Korrelation zwischen sportlicher Aktivität und sozialem Einflußstreben zu bestehen. Und obwohl man nicht bei jedem Leistungssportler einen Achilles-Komplex wird diagnostizieren können, gehört der Wille zum Übertreffen doch notwendigerweise zum Credo und obersten Ziel der erfolgreichen Athleten. „Siegen ist Überleben", hat Canetti festgestellt.[60] Und im Sport ist dieser Aspekt der Macht im Übertreffen erhalten geblieben, wenn auch in einer meist sehr abgeschwächten Form.

Das Übertreffen, dem im Sport gehuldigt wird, hat über die individuellen Aspekte hinaus aber häufig auch einen soziologischen und politischen Stellenwert, der Sport mit Macht noch enger verschränkt. Denn es besteht häufig die Neigung, Sport für machtpolitische Ziele zu instrumentalisieren. Das geht mitunter so weit, daß Sport zu einer Art *Kriegsersatz* wird, ein Gedanke, den Canetti ebenfalls vertreten hat: „Der Sport als Massenereignis hat schon in Rom den Krieg zu einem wesentlichen Teil ersetzt. Er ist heute daran, dieselbe Bedeutung – aber in Weltumfang – zu erlangen."[61] Hinzu kommt, daß Sport eine zweifache Nähe zur Gewalt aufweist, der nacktesten Form der Macht: nicht nur im körperlichen Kräftemessen, sondern auch in Bezug auf das gewaltbereite Umfeld, das von gewissen Sportarten überall auf der Welt angezogen und mitbedingt wird. Nicht selten führen die „ritualisierten Kampfspiele" somit selbst zu Ausschreitungen, weil die Fans ihre Mannschaften schlagkräftig zu unterstützen beginnen.[62] Ein Fußballspiel war sogar Auslöser dafür, daß El Salvador im Juni 1969 die diplomatischen Beziehungen zu seinem Nachbarland Honduras abbrach.

ÜBERLEBEN ALS FREIZEITVERGNÜGEN

In einer Gesellschaft, die durch kolossalen technischen Komfort und immer weniger Konfrontationen mit natürlichen Bedrohungen inzwischen ein relativ friedliches und sicheres Leben zu ermöglichen scheint, finden gefährliche Freizeitaktivitäten einen erstaunlichen Zulauf: Menschen, die sich einerseits rundum versichern, pflegen andererseits atemberaubende Hobbies wie Drachen- und Segelfliegen, Fallschirmspringen, Bungee-Jumping (neuerdings sogar vom Hubschrauber), Free Climbing und Höhlentauchen, Skeleton-Rodeln, Brandungssurfen und Wildwasserfahren. Sie nehmen an Rallyes teil, rasen mit Schnellbooten über das Wasser, rennen Häuserwände hinab und hopsen mit einem Fallschirm von Brücken, Türmen oder Hochhäusern (B.A.S.E.-Jumping). Sie tun lauter Dinge, die unserer biologischen Natur vormals unmöglich waren und normalerweise den sicheren Tod durch Stürzen, Ertrinken oder Ersticken bedeuten würden. Es werden verschiedene Gründe für solche Verhaltensformen diskutiert, die ich hier leider nicht erörtern kann. Ich vermute aber, daß dem *Extremsport* und der programmatischen *Freizeit-Abenteuerlust* eine bislang übersehene Motivation zugrunde liegen kann: eine kanalisierte Ersatzform der Macht durch *Überleben.*

Macht und Überleben stehen für Canetti in einem engen Zusammenhang: „Ich habe versucht nachzuweisen, daß das Kerngefühl der Macht einem Triumph des Lebenden über den tot vor ihm Daliegenden entspricht“, hat Canetti resümiert[63] und war davon überzeugt, „daß die Wurzel des Machtgefühls im Überleben liegt .... ,aber nicht nur als allgemeines Bestreben, sondern so, daß der einzelne Genugtuung empfindet über das konkrete Überleben Toter“.[64] Aus diesem Triumph resultiert das „Gefühl der *Auserwähltheit*“[65]. „Die Situation des Überlebens ist die zentrale Situation der Macht.“ Das „Glücksgefühl konkreten Überlebens ist eine intensive Lust. Einmal eingestanden und gebilligt, wird sie nach ihrer Wiederholung verlangen und sich rapid zu einer Passion steigern, die unersättlich ist. (...) Die Passion ist die der *Macht.*“[66]

Auch wer keine oder kaum Macht hat, überlebt unweigerlich viele andere. Canetti scheint zu meinen, bereits das bloße Überleben *suggeriere* Macht. Zumindest ein Überlegenheits*gefühl,* wie beim Friedhofsgefühl, kann aus dem Überleben resultieren. Deshalb vermute ich, daß Überleben auch zu einer Ersatzform von Macht werden kann, wenn es mit tatsächlicher Macht nicht einhergeht. Und dieses Überleben muß nicht einmal konkret sein und im Überleben anderer bestehen. Allein der Glaube, selber überlebt zu haben, kann ein Gefühl der Auserwähltheit suggerieren. In dieser *Ersatzform des Überlebens* liegt vielleicht die Faszination begründet, die der Extremsport und die Freizeitabenteuer ausstrahlen. Denn hier können wir dank technischer Hilfsmittel Situationen überleben, in denen wir unter anderen Umständen umkommen würden. Dem Tod ins imaginäre Auge zu blicken, wird zu einem Genuß und kann sich, ähnlich wie das „Glücksgefühl konkreten Überlebens“, zu einer unersättlichen Passion steigern. Man spricht, auf die physiologische Basis dieser Sucht anspielend, von Adrenalin-Junkies. Auch der weniger sportlich ausgerichtete Abenteuer-Urlaub kann zu einer Ersatzform der Macht werden. Man könnte diese „regulierten“ beziehungsweise „domestizierten Grenzübertritte“[67] geradezu als kultivierte Überlebensversuche interpretieren, aus denen die Teilnehmer mit gestärktem Selbstbewußtsein hervorgehen.

Daß das Überleben nicht nur für die Machthaber, sondern für jedermann eine Leidenschaft sein kann, beweist beispielsweise das *öffentliche Interesse an Hinrichtungen.* Canetti hat dieses Phänomen in seinem Kapitel über die Hetzmassen behandelt. Diese Form des Massenmords ist keineswegs auf ein düsteres Mittelalter oder Revolutionszeiten beschränkt. Auch heute noch finden Exekutionen statt, beispielsweise in China – gegenwärtig das Land mit der höchsten Zahl vollstreckter Todesurteile (sowohl absolut als auch relativ zur Bevölkerungsgröße). Von der Öffentlichkeit werden die Umstände der Hinrichtungen im direkten Augenschein oder über das Fernsehen gespannt mitverfolgt. So fährt man die Todeskandidaten barhäuptig und auf offenen Lastwagen durch die Stadt, was regelmäßig zu Menschenaufläufen führt. Ein deutscher Ingenieur, der 1996 in der Millionenstadt Changchun im Nordosten Chinas gearbeitet hat, berichtete mir, daß man ihn einmal aus einem Gebäude gerufen habe, damit er ein solches Schauspiel nicht versäume. Er sei in der glücklichen Lage, dies zu sehen, hatte man ihm dabei gesagt.

Hierzulande mag das kaum mehr vorstellbar erscheinen. Und doch ist ein Auflauf der *Gaffer* keine Seltenheit. Dabei bedarf es noch nicht einmal eines Toten. Schon ein harmloseres Unglück scheint das Interesse über alle Gebühr zu aktivieren. Sofort bildet sich eine Meute von Schaulustigen. Und wer weiß, vielleicht wird man ja doch einen Leichnam erblicken? Katastrophentourismus ist sicherlich eine der perversesten Formen in unserer angeblich zivilisierteren Gesellschaft, die eigene Überlegenheit und Überlebenslust zu befriedigen. Gaffen nur mit Neugierde oder Voyeurismus zwecks Nervenkitzel zu erklären, wäre eine kaum entschuldbare Verharmlosung.

Aber nicht nur die grausame Wirklichkeit, auch die oft nicht weniger grausame Phantasie kann einem Überlebensgefühle verschaffen. Dies ist das Lebenselixier einer ganzen Literaturgattung – des Kriminalromans. Kugeln und Messer dringen in menschliche Körper ein, Gifte werden verabreicht, Unfälle arrangiert, Blut fließt, manchmal in Strömen, zuweilen auch als Rinnsal unter einer verschlossenen Tür hervor. Dem Sammelsurium der Mordwaffen und des Tathergangs setzt nur die Vorstellungskraft Grenzen. Nicht selten wird man sogar Zeuge des Todeskampfs der Opfer. „Und solch eine Lektüre genießen Menschen, die sich zu den Friedfertigen, den Gebildeten rechnen, empfänglich für alles Schöne und Gute.“[68] Was Millionen Leser (und einige hundert Autoren) dazu bringt, sich mit solchen Vorkommnissen zu unterhalten, wäre eine eingehende psychologische Untersuchung wert. Spannung und Entspannung, Interesse an (den Abgründen) der menschlichen Psyche oder die intellektuelle Lust an der Aufklärung eines Verbrechens werden es allein nicht sein, denn das kann man auch ohne Mord und Totschlag haben. Doch ein Krimi *ohne* Leichen stößt in den seltensten Fällen auf große Resonanz und ist meistens nicht von Erfolg gekürt. So lautet auch eine (und die vielleicht sogar am häufigsten befolgte) der berühmten „Zwanzig Regeln für das Schreiben von Detektivgeschichten“ von S. S. Van Dine (Willard Huntington Wright): „Im Detektivroman *muß* es ganz einfach eine Leiche geben, und je toter sie ist, desto besser. Ein kleineres Verbrechen als Mord reicht einfach nicht aus.“[69] Ich vermute, daß die Leichen im Krimi maßgeblich der Nährung der von Canetti beschriebenen Überlebenslust dienen, eingebettet in eine anscheinend harmlose und gesellschaftlich akzeptierte Form der Unterhaltung. Der Kriminalroman ist, neben anderen „blutrünstigen“ Unterhaltungsformen, eine seinem Konsumenten gereichte fiktive Überlebensphantasie.

Inzwischen sind die mörderischen Geschichten längst nicht mehr auf Buchstaben beschränkt und auf die Vorstellungskraft der Leser angewiesen, sondern haben sich auf Leinwand und Fernsehschirmen breitgemacht, von denen sie in oft unverhohlener Direktheit und Brutalität den Betrachtern entgegenflimmern. Schon in den siebziger Jahren setzte sich der durchschnittliche US-Amerikaner bis zu seinem Schulabgang 18 000 fiktiven Bluttaten im Fernsehen aus, vom simplen Mord mit der Pistole bis zum sadistischen

Gemetzel mit Rasiermessern; Anfang der achtziger Jahre sollen im US-Fernsehen pro Jahr etwa 10 000 Morde und 60 000 Mordversuche gezeigt worden sein, inzwischen dürfte sich die Zahl aufgrund des gesteigerten Programmangebots noch vergrößert haben; im deutschen Unterhaltungsprogramm wurden 1991 etwa 70 Menschen pro Tag ermordet, die meisten davon bei den Privatsendern.

Sind die Leichen im Krimi nur der thematische Ausgangs-, Dreh- und Angelpunkt der Story, werden sie in den ganz auf die visuellen Effekte abzielenden Actionfilmen gleichsam als Selbstzweck verschleudert, aber auch zum bloßen Nebenprodukt von Kugelhagel und Explosionen entwertet – davonfliegende Staffagen, die für den Fortgang des Geschehens eigentlich keine Relevanz besitzen. Mit ihrer Degradierung geht auch eine Häufung der Leichen einher, die in ein oder zwei Stunden nicht selten zwei- oder gar dreistellige Zahlen erreichen, ja für den Zuschauer nicht einmal mehr zählbar sind und sein sollen. Das Töten und Sterben ist allgegenwärtig und zum Dauerzustand erhoben. Die verstorbenen Menschen selbst aber sind oftmals nur noch charakterlose Schemen und fallende Körper, nicht selten sogar ohne Gesicht, und allein für den Nervenkitzel und zur Steigerung des Infernos da. Der Zuschauer wird in diesen nekrophilen Sog mit hineingezogen – ob er will oder nicht (und in der Regel will er, sonst würde er für die blutige Flut nicht noch Geld bezahlen, und sonst wäre das Angebot auch nicht so riesig). Außerdem sind die Filme in der Regel so gemacht, daß sich der Zuschauer unweigerlich mit den Helden identifiziert, ihre Perspektive einnimmt, mit ihnen bangt, reagiert und tötet. Die berauschten Mienen der Kinogänger nach der Filmvorstellung sprechen manchmal Bände – als seien die Konsumenten des Todes soeben selbst siegreich aus dem Dschungel Vietnams oder der Hölle der Mafia entkommen. Und wenn die Helden doch einmal sterben müssen, sind die Zuschauer noch da und können mit der TV-Fernbedienung umschalten zum nächsten Kampf.

Auch die Nachrichtensendungen im Fernsehen konfrontieren uns schon lange, ausgiebig und realitätsnäher mit dem Anblick von Leichen aus aller Welt. Die andauernden Naturkatastrophen, Kriege und Gewaltverbrechen sorgen ebenfalls dafür, daß der Bildernachschub nicht versiegt. Diesem ständigen Bombardement mit Toten kann man sich schwerlich entziehen und schon gar nicht mit permanenter Betroffenheit begegnen. Selbst wer diese Nachrichten nicht einfach bloß an sich vorbeifließen läßt oder gar als Kontrastmittel zur Steigerung der eigenen Behaglichkeit empfindet, wird zugeben müssen, daß das eigene Überleben angesichts der unaufhörlich vor Augen geführten Toten inzwischen zum Alltag gehört. Das Überleben steht gleichsam auf der Tagesordnung und zum Konsum für jedermann bereit. Wir amüsieren uns am Tode, nicht zu Tode. – „Es ist etwas sehr Schlimmes um den Menschen, der selber nicht in den Krieg geht, aber dem Kriege zuschaut. Die römische Arena ist wieder da.“[70]

MACHTERSATZ UND DER VERLUST DER EINHEIT

Wieso möchten Menschen überhaupt Macht erlangen oder wenigstens eine Ersatzform davon? Einen „Machttrieb“ zu konstatieren, würde die Frage nicht beantworten, sondern nur auf eine bestimmte Weise fixieren. Daß das Streben nach Macht biologische Wurzeln hat, dürfte sich zwar kaum bestreiten lassen. Doch reicht dies nicht aus, um seine Motivation zu verstehen. Vielleicht hilft hier die Untersuchung eines Phänomens weiter, das man als den

Verlust der Einheit bezeichnen und sogar als Grundlage der anthropologischen Entwürfe von Canetti ansehen oder ergänzen könnte, wie ich an anderer Stelle zu zeigen versucht habe.[71]

Der Einheitsverlust besteht in der oft als schmerzlich erlebten Trennung des Ichs von der Welt, von anderen Ichs und sogar in einer gewissen Desintegration des Ichs selbst. Er ist eine Folge der individual- und stammesgeschichtlichen Entstehung von Bewußtsein, Selbstbewußtsein und Todesbewußtsein sowie von einschneidenden sozialen Veränderungen. Mit unterschiedlichen Strategien wird versucht, diese Einheit wiederherzustellen, sei es durch die vorübergehende Auflösung des Ichs beispielsweise durch Drogen im weitesten Sinn, im Konformismus, in der Masse oder sogar im Freitod, sei es durch das Streben nach einer Integration oder Aufhebung des Ichs in einer umfassenderen Ordnung durch Ritualisierung, Religion oder Rationalisierung, oder sei es durch den Versuch der Einverleibung der Welt, wie er sich in der Besitzgier zeigt, und eine Selbsterhöhung oder Verabsolutierung des Ichs in den Ersatzformen der Macht, in Omnipotenz-Phantasien, der Ruhmsucht und schließlich im Bestreben zur „furchtbaren Vergrößerung des Ich"[72] im Fall der Macht. Diese Versuche sind letztlich regressiv, eine Reaktionsbildung, Negation und Kompensation. Doch gibt es auch positive, konstruktive, lebensfreundliche Möglichkeiten, mit dem Verlust der Einheit umzugehen, die keinesfalls bloß als eine anthropologische Krankengeschichte zu lesen sind, sondern als *conditio humana* unser Dasein überhaupt erst möglich machen.

Anstelle ideologischer Systeme brauchen wir daher ein hypothetisches Denken, anstelle erstarrter, menschenverachtender Ordnungen die Vielfalt, anstelle von Erniedrigungen Verständnis, statt Ruhm eine Bescheidenheit aus Bescheidwissen, statt geschichtsphilosophischer Verherrlichung Aufklärung; es kommt nicht darauf an, andere zu übertreffen, sondern sich selbst zu erforschen, anstelle des Gaffens sind Mitleid und Hilfe geboten, der dumpfen Unterhaltung wären Horizonterweiterung und Kontemplation vorzuziehen, der Überlebenslust Verwandlung und schöpferisches Handeln; den realen und fiktiven Morden muß man den Möglichkeitssinn entgegenhalten (denn in der Phantasie allein sind wir Fürsten des Geistes), und anstelle des Machtersatzes ist Solidarität notwendig. Doch ich möchte nicht moralisieren und mit diesem Essay schon gar nicht irgend jemandem „an die Gurgel" gehen. Allerdings hat Canetti *Masse und Macht* nie als unverbindliche Dichtung oder bloß intellektuelle Unterhaltung aufgefaßt, sondern wünschte sich bis zuletzt, man solle die darin behandelten Motive und Ideen ernst nehmen und weiterdenken. Deshalb habe ich versucht, auch dort nach einem Echo des Machtverlangens und Überlebens Ausschau zu halten, wo es uns vielleicht irritierend oder sogar befremdlich erscheinen mag. Freilich gilt, was Canetti bescheiden über die Ergebnisse seines Lebenswerks eingeräumt hat, erst recht für meine Überlegungen zu den Ersatzformen der Macht: Wir stehen mit unserem Bemühen um Verständnis der Phänomene immer noch am Anfang. „Die Frage der Macht ist angeritzt worden. Wer gräbt weiter?"[73]

Anmerkungen

[1] R. Musil, *Der Mann ohne Eigenschaften* , Reinbek bei Hamburg 1992, S. 152 u. 592

[2] S. Kierkegaard, *Die Krankheit zum Tode* , Stuttgart 1997, S. 80

[3] Canettis Schriften werden im folgenden, abgekürzt mit Seitenzahlen,nach diesen Ausgaben zitiert: *Masse und Macht* (MuM), Frankfurt am Main 1987 ; *Das Gewissen der Worte* (GdW), Frankfurt am Main 1987 ; *Die Provinz des Menschen* (PdM), Frankfurt am Main 1988 ; *Das Geheimherz der Uhr* (GdU), Frankfurt am Main 1990 ; *Die Fliegenpein* (Fp), München, Wien 1992; *Nachträge aus Hampstead* (NaH), München, Wien 1994; *Aufzeichnungen 1992 - 1993* (Az), München, Wien 1997; *Der Ohrenzeuge* (Ohz), Berlin, Wien 1977 .

[4] NaH, S. 12

[5] PdM, S. 204

[6] MuM, S. 309

[7] Musil, *Der Mann ohne Eigenschaften,* a.a.O., S. 253

[8] PdM, S. 91

[9] P. Kondylis (Hrsg.), *Der Philosoph und die Macht,* Hamburg 1992; die folgenden Zitate sind von S. 10, 27 u. 35.

[10] H. Schelsky, *Die Arbeit tun die anderen. Klassenkampf und Priesterherrschaft der Intellektuellen,* Opladen 1975, 2. erw. Auflage, hier S. 167, 127, 73 ff.

[11] PdM, S. 37; vgl. auch PdM, S. 85

[12] PdM, S. 141

[13] NaH, S. 24

[14] Az, S. 66

[15] Elias Canetti im Gespräch mit Rolf Hartung. Wiederabgedruckt in R. Hartung, *Elias Canetti. Ein Rezipient und sein Autor,* hrsg. von Bernhard Albers, Aachen 1992, S. 89 - 105, hier S. 98.

[16] MuM, S. 445

[17] C. Schmitt, *Politische Theologie,* Berlin 1985, S. 20

[18] MuM, S. 229

[19] MuM, S. 79

[20] "Gespräch mit Joachim Schickel", in: E. Canetti, *Die Gespaltene Zukunft,* München 1972, S.118

[21] Az, S. 68

[22] PdM, S. 150

[23] PdM, S. 205

[24] PdM, S. 177

[25] GdW, S. 14 f.

[26] J. Papior: „Die Konstanz der ‚rasenden Elektronen'. Zu Elias Canettis Anthropologie literarischer Figuren", in: S. H. Kaszynski (Hrsg.), *Die Lesbarkeit der Welt. Elias Canettis Anthropologie und Poetik,* Poznan 1984, S. 69

[27] H. Knoll, *Das System Canetti,* Stuttgart 1993, S. 3

[28] Ebd., S. 7

[29] PdM, S. 172 u. 108

[30] PdM, S. 205

[31] PdM, S. 34; Fp, S. 14; PdM, S. 85; NaH, S. 51; Fp, S. 35

[32] Fp, S. 134

[33] Zit. aus PdM, S. 91 u. 200

[34] Musil, *Der Mann ohne Eigenschaften,* op. cit. S. 16 ff., 246 ff., 304 u. K. R. Popper, *Logik der Forschung,* Tübingen 1989

35 Fp, S. 127; PdM, S. 138

36 E. Canetti, „Das Chaos des Fleisches", in: *Wortmasken. Texte zu Leben und Werk von Elias Canetti,* München, Wien 1995, S. 126 f.

37 J. Carey, *Hass auf die Massen: Intellektuelle 1880 - 1939*, Göttingen 1996, S. 33 f.

38 Ebd., S. 43 ff.

39 Hartung, a.a.O.,S. 32

40 NaH, S. 12

41 MuM, S. 331 u. 231

42 GdU, S. 59

43 Az, S. 42 u. 8

44 GdU, S. 115 u. NaH, S. 10

45 Ohz, S. 9 f., 90 f., 29 f. u. 94 f.

46 PdM, S. 199 u. GdU, S. 61

47 PdM, S. 283 f.

48 Ohz, S. 25 f.

49 MuM, S. 445

50 PdM, S. 175

51 E. Cioran, *Lehre vom Zerfall,* Stuttgart 1994, 3. Aufl., S. 104

52 PdM, S. 138

53 PdM, S. 32

54 PdM, S. 138

55 K. Popper, *Die offene Gesellschaft und ihre Feinde,* München 1980, Bd. II, S. 334 f.

56 PdM, S. 304. Die folgenden Zitate stammen aus PdM, S. 150 u. 33 sowie aus Fp, S. 37, 19 u. 126 u. PdM, S.138

57 Fp, S. 133

58 GdW, S. 180 f.

59 *Ilias* XI, 784

60 PdM, S. 153

61 MuM, S. 525

62 K. Weis, „Gewalt im Stadion", in: T. Kutsch, G. Wiswede (Hrsg.), *Sport und Gesellschaft,* Königstein 1981, S. 185

63 Gespräch mit R. S. Baur (1971), *Literatur und Kritik* 7, S. 277

64 Gespräch mit Hartung, *Elias Canetti,* a.a.O., S. 103

65 MuM, S. 250

66 GdW, S. 31 f.

67 C. Köck, *Sehnsucht Abenteuer,* Berlin 1990, S. 71 u. 143

68 U. Leonhardt, *Mord ist ihr Beruf: Eine Geschichte des Kriminalromans,* München 1990, S. 7

69 S. S. Van Dine, „Zwanzig Regeln für das Schreiben von Detektivgeschichten", in: J. Vogt (Hrsg.), *Der Kriminalroman: Zur Theorie und Geschichte einer Gattung,* München 1971, Bd. 1, S.144

70 Az, S. 33

71 R. Vaas, „Masse, Macht und der Verlust der Einheit", in: M. Krüger (Hrsg.), *Einladung zur Verwandlung,* München, Wien 1995, S. 219 - 260

72 NaH, S. 185

73 Az, S. 38

CANETTIS ÜBRIGGEBLIEBENE

Instanzen der Ohnmacht

Doron Rabinovici

„Was übrigbleibt, ist Abfall und Gestank." So beschreibt Canetti das Verzehren der Beute durch die Bestie. „Es ist ein langer Weg, den die Beute durch den Körper geht. Auf diesem Wege wird sie langsam ausgesogen; was immer verwendbar an ihr ist, wird ihr entzogen. Was übrigbleibt, ist Abfall und Gestank."[1]

Canetti läßt keinen Zweifel über den Sinn seiner Ausführung. Es geht um „die Eingeweide der Macht". Er schreibt: „Wer über Menschen herrschen will, sucht sie zu erniedrigen.(...) Sein letztes Ziel ist es immer, sie sich 'einzuverleiben' und auszusaugen.(...)Wenn sie zu gar nichts mehr nutze sind, tut er sie heimlich ab wie seinen Kot und sorgt dafür, daß sie die Luft seines Hauses nicht verpesten."[2]

Der Herrscher wird diese Verhältnisse abstreiten; zumindest in aller Öffentlichkeit. Canetti stellt dazu fest: „Aber da er seine Untertanen nicht in Schlachthäusern schlachten läßt und auch nicht zur faktischen Nahrung seines Leibes verwendet, wird er leugnen, daß er sie aussaugt und *verdaut*."[3]

Was aber, wenn die Machthaber nichts als den Tod der Schwächsten wollen; wenn sie diejenigen zu Feinden erklären, die keine Gefahr, weil wehrlos sind? Ohne Umschweife hießen die Herrscher sie Vieh und Ungeziefer. Vom „Volksschädling" war die Rede, der ausgeschaltet, vertrieben, zuletzt vertilgt werden müßte. Die Demütigung dieser Menschen brauchte nicht maskiert zu werden. Im Gegenteil: der totalitäre Massenmord beinhaltete vor der körperlichen die gesellschaftliche und seelische Vernichtung.

Was in den Konzentrationslagern und hinter der Front geschah, unterlag zwar der offiziellen Geheimhaltung, aber nicht wenige waren in die Untat verstrickt, viele in den einen oder anderen Vorgang eingeweiht. An der Ausgrenzung, der Absonderung, dem Raub, der Vertreibung, der Verschleppung und Ermordung waren die verschiedensten Sparten der Gesellschaft beteiligt. Nicht bloß Exekutive und Justiz, sondern Fremdenverkehrsbetriebe, Reichsbahn und Kreditinstitute, Wissenschaft wie Wirtschaft boten ihre Dienste an, als es darum ging, Juden zu morden. Einige bloß ahnten das Ausmaß der Verbrechen, doch beinahe alle wußten, worüber kein Wort verloren werden durfte.

Die Opfer wurden erniedrigt, um sie von der sogenannten Volksgemeinschaft abzusondern. Die Diskriminierung legte fest, wo die Grenze zwischen Leben und Tod verlaufen würde. Erst mußte feststehen, wer einen „Ariernachweis" erhalten würde und sich vor der antisemitischen Unterdrückung nicht ängstigen mußte. Die „Volksangehörigen" sollten nicht fürchten, selbst den Verfolgten anzugehören. Ohne Duldung der Mehrheit, ohne Rückhalt innerhalb der Bevölkerung, ohne Pflichterfüllung und Pflichtversessenheit wäre der Massenmord unmöglich gewesen. Teil des Planes war es, die Opfer jeglicher Solidarität zu berauben. Sie sollten von allen verraten und ausgeliefert, dem Verbrechen vollständig ausgesetzt sein.

Außerdem sollten die Ausgegrenzten und Unterdrückten den Stereotypen und Feindbildern zu ähneln beginnen. Menschen, die noch vor kurzem auf Karriere und

Laufbahn stolz gewesen waren, sahen sich zu Bittstellern und Bettlern degradiert. Letztlich aber sollte durch Demütigung und Gewalt das Selbstwertgefühl der Opfer zerstört werden. Sie waren vogelfrei, ausgeliefert. Jeder Schlag machte sie gefügiger gegenüber den nächsten Verfolgungen.

Mit Canettis Hilfe und an Hand seiner Überlegungen will ich hier nicht von Masse und Macht, sondern von jenen Massen der Ohnmächtigen sprechen. Ihnen gelten meine Erkundungen. Gleichwohl geht es hier um das Wesen der Macht und um ihre Eingeweide; ja ihre Ausscheidungen und Exkremente. Die Beschäftigung mit diesem Thema ruft Widerwille, Ekel und Übelkeit hervor. Ich sitze an einer Arbeit über die Reaktion der jüdischen Gemeinde in Wien auf die nationalsozialistische Vernichtungspolitik von 1938 bis 1945. Ich schreibe zur Zeit an einer Studie über die Instanzen der Ohnmacht.

Denn das nationalsozialistische Verbrechen forderte die Mitarbeit seiner Opfer, zwang sie in eine Verstrickung, die Teil der Untat war. Sie sollten wider Willen zu Agenten der eigenen Vernichtung werden. Diese Unterwerfung war nicht bloß ein zufälliger Aspekt der Verfolgung, sondern ihre Voraussetzung. Der aufrechte, eigenständige Gang mußte erst gebrochen werden, um, wie David Rousset sagte, die „Prozessionen menschlicher Wesen, die wie Gliederpuppen in den Tod gehen“ [4], zu ermöglichen.

Die jüdische Gemeinschaft mußte für die Entrechteten und Verarmten Sorge tragen. Die Gemeindeführung hatte die Verbote und Gesetze gegen die Juden in ihrer Zeitung zu verkünden. Die Redaktion unterstand der Kontrolle der Gestapo. Die jüdische Administration war für die Einhaltung der Erlässe verantwortlich. Sie mußte die gelben Stoffballen bezahlen, zurechtschneiden, die Judensterne den Gezeichneten selbst verkaufen, mußte diejenigen verständigen, die verschleppt werden sollten. Mehr noch: die Institution konnte alle, die von einer Verschickung in die Vernichtung noch ausgenommen waren, von der Deportationsliste streichen. Sie war somit indirekt an der Erstellung der Transporte mitbeteiligt. Sie sollte die Menschen, die deportiert wurden, bis zuletzt betreuen, sollte die „Sammellager“ betreiben. Die Kultusgemeinde mußte selbst die Juden und ihr Vermögen registrieren und eine Kartei erstellen, um vorerst die Auswanderung, soll heißen die Vertreibung, sodann die Verpflegung, aber letztlich – wie sich herausstellte – eben auch die Vernichtung zu garantieren. Die jüdische Gemeinde wurde zum Werkzeug der Nazis.

Seit 1945 sind die Menschen, die dem Massenmord entrannen, Vorhaltungen und Anwürfen ausgesetzt. Diese Verdächtigungen richteten sich nicht bloß gegen die sogenannten Judenräte, sondern gegen alle, die überlebt hatten. In der deutschen Sowjetzone wurden ehemalige Kommunisten und Sozialdemokraten, die das NS-System im Konzentrationslager überlebt hatten, nach 1945 neuerlich interniert, weil bedenklich schien, daß sie nicht ermordet worden waren. Kommunistische Genossen und Genossinnen, die aber nachweisen konnten, sich nationalsozialistischen Parteiorganisationen angeschlossen zu haben, blieben unbehelligt. Sie hatten sich offenkundig arrangiert: sie mußten also keine Spitzel, keine Verräter und keine Kapos sein und konnten bald, eher noch als viele, die aufgrund ihrer Gesinnung im Lager inhaftiert gewesen waren, in die „Sozialistische Einheitspartei“ der „Deutschen Demokratischen Republik“ aufgenommen werden.[5]

In Wien war der Jude Wilhelm Reisz gezwungen worden, mit einem SS-Mann Juden zur Deportation abzuholen. Reisz wurde nach dem Krieg zu fünfzehn Jahren schwerem Kerker, einschließlich einem halben Jahr Lager verurteilt. Das Gericht kümmerte es nicht, daß Reisz als Jude in Wien immer bedroht gewesen war. Sein vorgesetzter SS-Mann, Herbert Gerwing, blieb hingegen unauffindbar. Im Unterschied zu Wilhelm Reisz durften Gestapo-Beamte nach 1945 mit Milde rechnen. Sie konnten sich vor Gericht darauf berufen, unter Befehl gehandelt zu haben. Dem Sachbearbeiter für jüdische Angelegenheiten der Gestapo in Wien, Johann Rixinger, dem Wiener „Judenreferent", der während der Deportationen in Wien mit hoher Entscheidungsgewalt ausgestattet und am verwalteten Massenmord beteiligt war, wurden im Urteil zehn Jahre Kerker zugedacht, um fünf weniger als dem jüdischen Angeklagten. Rixinger mußte bloß sechseinhalb Jahre absitzen.[6] Dem Schätzmeister der Gestapo, Bernhard Wittke, wurden vor Gericht drei Jahre Gefängnis auferlegt.[7]

Am Tag, nachdem das Urteil verkündet worden war, erhängte sich der Jude Wilhelm Reisz in seiner Zelle.[8] Sieben Jahre lang hatte er den Nationalsozialismus überlebt, jetzt verübte er Selbstmord.

In Wahrheit war nicht bloß Wilhelm Reisz, sondern allen Juden, die nicht umgebracht worden waren, vorgeworfen worden, das typische, das antifaschistische Opferbild zu stören. Vor kurzem erzählte ich in einer Runde von einer Jüdin, die in die Vernichtungsmaschinerie geraten, ihr jedoch entronnen war. Allein diese Wendung „in die Vernichtungsmaschinerie geraten" erstaunte die Zuhörer. Wie konnte sie wiederkehren, da ich doch eben erklärt hatte, daß sie im Mordapparat verschwunden war. Dieses Überleben ist ein Widerspruch; ja beinah ein Affront.

Ruth Klüger berichtet: „Ein Bekannter aus Cleveland, verlobt mit einer Deutschen, sagt mir ins Gesicht: 'Ich weiß, was Ihr getan habt, um euch am Leben zu halten.' Ich wußte es nicht, aber ich wußte, was er meinte. Er meinte: 'Ihr seid über Leichen gegangen.' Hätte ich antworten sollen: 'Ich war damals erst zwölf'? Das hieße ja: 'Die anderen waren übel, ich aber nicht.' Oder sagt man: 'Ich bin von Haus aus ein guter Mensch', auch das im Gegensatz zu den anderen. Oder sagt man: 'Wie kommst du dazu' und macht Krach. Ich habe gar nichts gesagt, ich bin nach Hause gegangen und war deprimiert. Und in Wirklichkeit war es Zufall, daß man am Leben geblieben ist."[9]

Nicht selten wird über das Gefühl der Überlebensschuld gesprochen, wenn von denjenigen die Rede ist, die nicht umkamen. Diese Emotion beherrscht viele der einstigen Häftlinge aus den Konzentrationslagern. Weshalb waren sie verschont worden, während andere ohne Sinn ermordet wurden? An ihrer Statt.

Doch allzuoft wird übersehen, daß zwischen diesen Empfindungen und den Anschauungen, die nach 1945 vorherrschten, ein enger Zusammenhang besteht. Die Erretteten wurden in ihren Selbstvorwürfen bestärkt. Sie wurden mit Argwohn betrachtet. Sie schienen mit Schmutz behaftet und konnten sich gegen die Anwürfe kaum wehren, da sie durch das Verbrechen erniedrigt und befleckt worden waren. Sie schämten sich ihres Leids. Jean Améry erklärte: „Wer der Folter erlag, kann nicht mehr heimisch werden in der Welt. Die Schmach der Vernichtung läßt sich nicht austilgen."[10] Das erinnert an Canetti: „Was übrigbleibt, ist Abfall und Gestank."

Als Sensation werden zuweilen Bücher angepriesen, in denen von Opfern erzählt wird, die Täter wurden. Nun, so heißt es im Klappentext, würde ein Tabu gebrochen und endlich erzählt, was bisher verschwiegen worden war.[11] Solche Werke ergötzen sich an der Obszönität des Rollentausches zwischen Juden und Nazis. Letztlich können diese Darstellungen in Österreich und Deutschland der Entlastung vieler dienen. Die jüdische Führung in Wien wurde ebenfalls nach 1945 häufig verurteilt; ja sie stand im Zentrum pauschaler Kritik. Hannah Arendt erklärte: „Die ganze Wahrheit war, daß, wenn das jüdische Volk tatsächlich unorganisiert und führerlos gewesen wäre, dann hätte es Chaos und viel Elend gegeben, aber die Gesamtzahl der Opfer wäre dann kaum zwischen viereinhalb und sechs Millionen gewesen."[12]

Dieser Angriff enthält einen wichtigen Gedanken. Das Verbrechen brauchte die Instanzen der Ohnmacht. Doch Arendts Irrtum beruhte auf der Annahme, die Ohnmächtigen hätten sich der Willkür ihrer Mörder entziehen können. Das Chaos und Elend, von dem Arendt spricht, hätten einer Organisation und Leitung bedurft. Die Paradoxie ist offenkundig. Nur eine Gemeinschaft, die über eine unabhängige Öffentlichkeit und einen festen Aufbau verfügt, kann den passiven Widerstand wagen. Will eine Führung sich aller Aufgaben und Forderungen verweigern und vor den Feinden untertauchen, so kann sie nicht mehr ohnmächtig sein.

In Wirklichkeit fehlte den Juden, die entlassen, beraubt, verprügelt worden waren, zu Beginn die zentrale Fürsorge. In den ersten Tagen nationalsozialistischer Herrschaft in Wien löste die Gestapo die Israelitische Kultusgemeinde auf. Sogleich versuchten die Juden selbst, ihre Ämter im Untergrund wieder aufzurichten. Jene Beamten, die nicht verhaftet worden waren, trafen einander in Cafés , um Gegenmaßnahmen zu erörtern, um Arme und Hungrige zu speisen. Je größer die Verfolgung, umso notwendiger schien zu jener Zeit in Wien eine jüdische Selbsthilfe. Die Entrechteten bemühten sich um eine Wiedereröffnung der Kultusgemeinde.

Wer meint, die Wiener Juden hätten Widerstand leisten können, muß wohl dem judeophobem Stereotyp anhängen, sie wären eine homogene, eigenständige Gruppe gewesen, die an einem umgrenzten Ort lebte. Doch in Wirklichkeit waren die Juden österreichische Bürger, die sich dem Haß der Antisemiten wehrlos ausgeliefert sahen. Ohne Unterstützung der nichtjüdischen Bevölkerung war ein bewaffneter Kampf unmöglich.

Auf den Wiener Straßen fanden die Juden keine Hilfe. Sie wurden gedemütigt, gequält und geschlagen. Einstige Freunde wandten sich ab, Nachbarn brachen in die Wohnung ein und raubten sie aus. Angesichts dieser Pogrome erschienen die Machthaber, wie etwa Adolf Eichmann, ungefährlicher, weil berechenbar; ja beinah umgänglich. Aus Angst vor der antisemitischen Aggression mußten sich die Juden an die antijüdischen Herrscher wenden.

Die nationalsozialistischen Funktionäre ließen mit sich reden. Die Juden sollten nicht mehr überfallen und verprügelt werden, wenn sie freiwillig ihr Geld ablieferten und ohne ihren Besitz flüchteten. Von Anfang war jedoch klar, daß die Opfer die Logik der Verbrecher annehmen mußten, um mit ihnen verhandeln zu können.

Sie baten um kleine Vorteile, mußten aber täglich bei wichtigeren Fragen nachgeben. Hatten sie eine Wahl? Als 1941 jegliche Auswanderung verboten wurde, und jüdische Menschen deportiert werden sollten, forderte die SS vom Präsidenten der Gemeinde, Josef Löwenherz, jüdische Ordner an. Diese Hilfskräfte sollten SS-Männern bei der sogenannten „Aushebung" zur Hand gehen und mithelfen, Menschen zur Deportation einzusammeln. Vorerst wollte Löwenherz keine jüdischen Angestellten bereitstellen; doch dann wurde ihm angedroht, die Hitlerjugend würde die Juden schon aus ihren Wohnungen in die Wiener „Sammellager" holen, wenn sich nicht jüdische Ordner melden würden. Hierauf willigte Löwenherz ein.[13]

Heute wissen wir, daß die Strategie der Gemeindeführung den Massenmord nicht verhindern konnte, doch für Josef Löwenherz war das Verbrechen und seine Ausmaße unvorhersehbar; ja unvorstellbar. Das Verbrechen verstieß gegen jeden Sinn, gegen jegliche geschichtliche Erfahrung und alle zivilisatorischen Konventionen. Undenkbar schien, daß die Nazis sich vorgenommen hatten, alle Juden zu töten, anstatt sie weiter auszubeuten. Die jüdischen Funktionäre suchten die Kooperation mit den Machthabern, um den Menschen die Flucht aus dem Dritten Reich zu ermöglichen, um ihr nacktes Leben zu sichern. Die wichtigsten Abteilungen der jüdischen Administration mühten sich bis 1941, die Auswanderung so vieler Menschen wie möglich zu organisieren. Doch waren dieselben Büros auch danach mit Transportfragen beschäftigt; und zwar mit jenen der Deportation. Die Kultusgemeinde selbst hatte eine Kartei erstellt, mit deren Hilfe die Deportationslisten erstellt wurden, aber sie war getäuscht worden. Es hatte geheißen, die Kartothek werde der Verteilung von Lebensmitteln dienen.

Viele Juden mögen den Aufrufen ihrer Repräsentanten in gutem Glauben gefolgt sein und fanden sich gehorsam in den Sammellagern ein. Die jüdischen Beamten hatten für Ruhe und Disziplin zu sorgen. Viele von ihnen waren bereits vor 1938 für das Wiener Judentum tätig gewesen. Sie waren Opfer, die wegen ihrer Position eher als alle anderen ins Ausland flüchten hätten können und zumeist aus Verantwortung und Pflichtgefühl im Land blieben. Sie aßen ein wenig besser und wohnten in größeren Wohnungen als die Mehrheit der anderen Juden, aber sie glaubten in redlicher Absicht und aufgrund ihrer Verantwortung gegenüber den Schicksalsgenossen, mit den Mördern verhandeln und zusammenarbeiten zu müssen. Die Nazis mißbrauchten sie. Sie sollten erst das Vertrauen ihrer Schicksalsgenossen haben und es dann verlieren. Die Verbrecher blieben unsichtbar, und der Haß der Opfer richtete sich gegen die jüdischen Funktionäre.

Die jüdischen Institutionen in Wien hatten keine andere Wahl, als mit den Tätern zu kooperieren. Zwischen den Handlungen und dem Charakter einzelner Angestellter kann aber unterschieden werden. Nicht jeder war zu jeglicher Mitarbeit bereit. Viele Juden mißtrauten der Kultusgemeinde. Manche Beamte wiederum scheuten nicht davor zurück, gegen die nationalsozialistischen Anordnungen zu verstoßen und ihr eigenes Leben zu gefährden, um andere zu retten.[14] Einige aber zeichneten sich durch besondere Pflichtversessenheit aus und unterdrückten alle Äußerungen von Anteilnahme. Als Prototyp solch eines Funktionärs kann der Rabbiner, Gelehrte und Intellektuelle Benjamin Murmelstein genannt werden, dessen Amt unter anderem mit Fragen der Deportation beschäftigt war. Er stach durch besondere Willfährigkeit hervor und wurde in Theresienstadt zum letzten Judenältesten ernannt.

Alle aber, auch Murmelstein, glaubten, den Interessen der Juden zu dienen. Sie meinten, Tausend opfern zu müssen, um den Rest noch zu retten. Waren solche wie Murmelstein etwa Quislinge, die aus Sympathie für die Nationalsozialisten handelten? Nein, denn zu keinem Zeitpunkt hörten sie auf, Opfer zu sein, die zum Tode bestimmt waren. Sie waren zu ohnmächtig, um wahre Komplizen zu werden. Sie waren nichts als Geiseln, die jeder Erpressung schrittweise nachgeben mußten und Kompromisse auszuhandeln versuchten, um Zeit zu gewinnen.

Die pauschalen Vorwürfe gegen die jüdischen Funktionäre zielen deshalb, ob in Absicht oder nicht, gegen alle, die dem Massenmord entrannen. Wie kann den Überlebenden vorgeworfen werden, mit den Verbrechern in Tatzusammenhang geraten zu sein? Liegt die Verantwortung für dieses Naheverhältnis denn nicht beim Täter? Will irgendwer behaupten, die Opfer wären an dieser tödlichen Konstellation interessiert gewesen? Das Wesen der totalitären Untat besagt nichts über den Charakter der Opfer, sondern zeugt von der Barbarei ihrer Mörder.

Doch auch nach 1945 scheinen die Opfer des Massenmords Geiseln der Untat geblieben zu sein. Jahrzehntelang wagten sie nicht, über ihre Leiden zu sprechen. In den Nächten ist ihnen, als wären sie wieder in den Baracken. Die meisten träumen von den Ermordeten und ängstigen sich noch vor den einstigen Schergen.

Wir nennen sie Überlebende, doch der Begriff täuscht uns vielleicht über die Wahrheit hinweg, verschleiert die wirklichen Verhältnisse ihres Weiterlebens.

Wenn Elias Canetti vom Überlebenden sprach, so meinte er damit nicht diejenigen, die den Lagern entronnen waren. Im Gegenteil. Er schreibt: „Der Augenblick des Überlebens ist der Augenblick der Macht. Der Schrecken über den Anblick des Todes löst sich in Befriedigung auf, denn man ist nicht selbst der Tote. Dieser liegt, der Überlebende steht."[15] Keine Befriedigung angesichts der Leichen konnten die Opfer der nationalsozialistischen Verbrechen empfinden. Nichts wissen sie von dem, was Canetti das „Überleben als Leidenschaft" bezeichnet. Canetti stellte dazu fest: „Die Genugtuung des Überlebens, die eine Art von Lust ist, kann zu einer gefährlichen und unersättlichen Leidenschaft werden. Sie wächst an ihren Gelegenheiten. Je größer der Haufen der Toten ist, unter denen man lebend steht, je öfter man solche Haufen erlebt, um so stärker und unabweislicher wird das Bedürfnis nach ihm."[16]

Was diese Worte erhellen, ist, obgleich sie sich nicht auf die Vernichtungslager beziehen, der offenkundige Skandal; ist die Obszönität unserer jüngsten Geschichte. Die Nazis strebten nach der von Canetti entlarvten Passion des Überlebens. Diejenigen Mörder, die flüchten und es sich nach 1945 richten konnten, sind die eigentlichen, die stolzen Überlebenden. Die Nationalsozialisten behaupteten, die Vernichtung der Juden garantiere das Überleben der „Arier". Am 30. Januar 1939 verkündete Adolf Hitler diese Absicht.

„Ich will heute wieder ein Prophet sein: Wenn es dem internationalen Finanzjudentum gelingen sollte, die Völker noch einmal in einen Weltkrieg zu stürzen, dann wird das Ergebnis nicht in Bolschewisierung der Erde und damit der Sieg des Judentums sein, sondern die Vernichtung der jüdischen Rasse in Europa." [17]

Diese Sätze wurden zum beliebten Kalenderspruch im Dritten Reich. Aus der Ausrottung der Juden sollte das Heil Deutschlands erwachsen. Die SS-Schergen wurden angesichts der Leichenberge erst zu wahren deutschen Herrenmenschen. Sie hörten mit dem Morden nicht mehr auf. Die Unterwerfung und Erniedrigung der Ohnmächtigen fand in einem Massentod ihren Höhepunkt, aber auch ein vorläufiges Ende, und konnte bloß fortgesetzt werden, indem ohne Unterbrechung die nächsten Opfer herangekarrt wurden. Sie hielten nicht inne in ihren Bluttaten, vielleicht, um bloß keine Zweifel aufkommen zu lassen. Der letzte Mord erforderte einen nächsten, und jeder weitere schien den jüngsten zu rechtfertigen. Nachher zählten sie voller Stolz ihre Erfolge; zählten sie auf. Adolf Eichmann prahlte:

„Ich werde freudig in die Grube springen, denn das Bewußtsein, fünf Millionen Juden (er selbst behauptete stets, ‚Reichsfeinde' gesagt zu haben) auf dem Gewissen zu haben, verleiht mir das Gefühl großer Zufriedenheit."[18] Adolf Eichmann verbuchte alle fünf Millionen auf sein Konto, weil er seinen eigenen Wert dadurch steigern wollte. Es war kein Zufall, wenn er seinen Erfolg damit veranschaulichte, daß er nun „freudig in die Grube springen"

könnte, weil so viele vor ihm gestorben waren. Er wog die Leichenberge gegen sich auf, denn da er so viele überlebt hatte, glaubte er, den eigenen Tod nicht mehr fürchten zu müssen.

Franz Murer war ebenfalls einer jener wahren Überlebenden. Die Opfer nannten ihn den „Schlächter von Wilna". Er war von 1941 bis 1943 stellvertretender Gebietskommissar des Ghettos in Litauen und, wie es hieß, „zuständig für jüdische Angelegenheiten". Lange bevor Murers Name in Prozeßakten und der Weltpresse auftauchte, wußten die Juden von Wilna bereits ein Lied von ihm zu singen: „Jidn, sogt, wer schtejt bajm tojer?/ Jidn, sogt, woss tut men hajnt?/ Mir ducht sich, as ess schtejt do Murer,/ Undser besster guter fraint."[19] Die Übersetzung dieser Strophen möchte ich niemandem vorenthalten: „Juden, sagt, wer steht am Tor? Juden, sagt, was tut man heut? Mir scheint, da steht Murer, unser bester, guter Freund."

In den sechziger Jahren lebte Franz Murer in der Steiermark und war einstimmig gewählter Obmann der Landwirtschaftskammer Liezen.[20] Vor Gericht wurde Murer freigesprochen. Das Urteil wurde mit Akklamation und Bravorufen begrüßt.[21] Vor dem Gebäude wurden Murer Blumen überreicht. In Graz waren an jenem Tag alle Blumenhandlungen leergekauft worden.[22] Im Espresso gegenüber dem Landesgericht wurde sodann ausgiebig gefeiert. Ein Beobachter einer Zeitung, der Volksstimme, schrieb damals:"Nichts sah man der Gesellschaft von all dem Grauen an, mit dem sie eine Woche lang konfrontiert war. Es war wie nach einer 'schönen Leich', die man mit Schnaps und Wein begießt, auf daß das Leben frisch-fröhlich weitergehen könne. (...) Es war die Gerechtigkeit, die sie begraben hatten."[23]

Es war wie nach einer „schönen Leich". Ja; Franz Murer und Seinesgleichen waren Überlebende im Sinne Canettis, die sich an dem „Gefühl der Erhabenheit über die Toten" zu berauschen wußten.

Diejenigen ihrer Opfer, die dem Mord entronnen sind, empfinden hingegen gegenüber den Toten keinen Stolz. Sie können sich allenfalls freuen, daß Hitler nicht über die Juden triumphierte. Sie überstanden seinen Vernichtungswunsch. Kaum ist heutzutage die Kritik an einem Wort geäußert, muß der Ruf nach Zensur und Neusprache befürchtet werden. Deshalb sei, um Mißverständnissen vorzubeugen, klargestellt; diejenigen, die der Vernichtung entrannen, sollen hier nicht für alle Zeiten zu Opfern, zum „Ewigen Juden" gestempelt werden. Es geht nicht darum, ihnen ein weiteres Mal die sogenannte „Lebensfähigkeit" abzusprechen. Der Begriff „Überlebende" darf ihnen nicht versagt werden. Es gilt jedoch, die Grenzen dieses Wortes auszuloten, denn es täuscht über das Schicksal jener hinweg, die den Massenmord überstanden. Diese Menschen waren dazu verurteilt, sich selbst zu überleben. Sie führen ein Leben nach dem Mord, nach einem gesellschaftlichen Tod. „Weiter leben"[24], nannte Ruth Klüger ihr Buch, und auch bei Jean Améry heißt es „Weiterleben – aber wie?"[25]. Sie sind „Überwältigte"[26]. Sie sind davongekommen aus jenem Grauen, das wir mit Auschwitz verorten. Aber ihr Überleben trägt den Stempel, gleichsam den Stiefelabdruck der Mörder. Das Verbrechen, das den Tätern zu Erhabenheit und Hochmut verhilft, ist die Erniedrigung der Opfer. Die einstigen Funktionäre der jüdischen Gemeinden unterscheiden sich hier nicht von ihren Schicksalsgenossen. Wenn sie zurückdenken müssen, weil sie nicht vergessen können, erfüllt sie keine Befriedigung. Sie prahlen gegenseitig nicht von ihren Heldentaten, schwelgen nicht bei Bier von einstigen Zeiten, schunkeln nicht zu den alten, blutdürstigen Liedern und sehnen sich nicht zurück zu jenen fernen Tagen. Sie werden von den Schrecken heimgesucht, und was übrigbleibt, ist Abfall und Gestank.

Anmerkungen

1 Elias Canetti, *Masse und Macht,* Frankfurt am Main 1995, S.245. In der Folge MuM.

2 MuM, S. 245 f.

3 MuM, S. 246.

4 David Rousset zitiert nach: Hannah Arendt, *Eichmann in Jerusalem. Ein Bericht von der Banalität des Bösen,* München 1964, S. 36

5 Walter Otto Weyrauch,"GestapoV-Leute. Tatsachen und Theorie des Geheimdienstes. Untersuchungen zur Geheimen Staatspolizei während der nationalsozialistischen Herrschaft", Hg.: Veröffentlichungen des Max-Planck-Instituts für Europäische Rechtsgeschichte; aus der Serie: *Studien zur Europäischen Rechtsgeschichte,* Frankfurt am Main 1989, S. 90

6 Vgl. 11 g Vr 4866/46 /HV 1319/47;Archiv des Wiener Landesgerichts

7 Vgl. 2b Vr 2331/45; Archiv des Wiener Landesgerichts

8 Vgl. 1b Vr. 2911/46 oder Vgl. 2911/45; 1.1 B.; Archiv des Wiener Landesgerichts

9 Ruth Klüger, *Weiter leben. Eine Jugend,* Göttingen1992, S.72 f.

10 Jean Améry, *Jenseits von Schuld und Sühne. Bewältigungsversuche eines Überwältigten,* Stuttgart 1988, S. 58

11 etwa: Peter Wyden, *Stella,* Göttingen 1993. Peter Wyden, „Stella", Serie in: *Der Spiegel,* Hamburg 1992, S. 43-47

12 Hannah Arendt, *Eichmann in Jerusalem,* a.a.O., S. 111.

13 Aussage Bienenfeld,Vgl. 1b Vr 2911/45; Archiv des Wiener Landesgerichts

14 Hier sei bloß der Name der jüdischen Fürsorgerin Franziska Löw (später Danneberg) vermerkt.

15 MuM, S. 267

16 MuM, S. 271

17 Reichstagsrede Hitlers vom 30. Januar 1939, zitiert nach Herbert Rosenkranz, *Verfolgung und Selbstbehauptung: Die Juden in Österreich, 1938-1945,* Wien 1978, S. 281

18 Zitiert nach Arendt, a.a.O., S. 75

19 Florian Freund,Franz Ruttner und Safrian Has, *Ess firt kejn weg zurik... Geschichte und Lieder des Ghettos von Wilna 1941-1943,* Wien 1992, S. 156

20 Süd-Ost-Tagespost, Graz, 9. Juni 1963

21 Neues Österreich, Wien, 20. Juni 1963

22 Simon Wiesenthal, *Doch die Mörder leben,* München, Zürich 1967, S. 99

23 Volksstimme, Wien, 25. Juni 1963

24 Klüger, a.a.O., S. 9

25 Jean Améry, *Weiterleben - aber wie? Essays 1968-1978,* Stuttgart 1982

26 Jean Améry, *Jenseits von Schuld und Sühne,* a.a.O., S. 10

LITERARISCHE MASSENDARSTELLUNGEN ANTIK - MODERN

Rita Bischof

Der Dichter ist beschämt. Die bleiche Stirn errötet.
Ruhmloser steigt er in Gruft
Als der, der tausend Menschen tötet.

Li-tai-pe

I.

Als es Gotthold Ephraim Lessing im achtzehnten Jahrhundert darum ging, die aristotelische Poetik zu einer veritablen Ästhetik als einer alle Künste umfassenden Lehre zu erweitern, behielt er die vom antiken Vorbild eingeschlagene Richtung bei. Es ging ihm, darin ganz der Sohn seines Jahrhunderts, um die genaue Bestimmung des Regelwerks, das den ästhetischen Bereich determiniert. Lessing hat aber auch erkannt, daß, wer die Regeln der Kunst bestimmen will, nicht von einem Fundus allgemeiner ästhetischer Sätze ausgehen kann, sondern diese Regeln aus der Besonderheit seines Gegenstandes selber ableiten muß. Im Unterschied zu seinen Zeitgenossen sah er sich genötigt, zunächst einmal mit dem Vorurteil einer malenden Dichtung, einer dichtenden Malerei zu brechen und die Frage nach den Grenzen der einzelnen Künste, insbesondere aber nach den Grenzen zwischen Poesie und Malerei aufzuwerfen. Zugleich stellte sich ihm das Problem, die Grundlagen der Ästhetik nicht länger mit Baumgarten in der sinnlichen Wahrnehmung aufzusuchen, sondern von den Kunstwerken selber, ihren Mitteln und Methoden, von ihren Formen und Strukturen auszugehen. Die entscheidende Differenz zwischen den Künsten hat er konsequent in den jeweils zum Einsatz kommenden Kunstmitteln gesehen. Denn es macht einen Unterschied, ob ein Künstler seinen Gegenstand durch Töne, durch Farben oder durch Worte zur Anschauung bringt, und daraus ergibt sich eine Reihe weiterer Unterscheidungen, die sowohl den Gegenstand als auch die Art und Weise, ihn aufzufassen, betreffen.

So vermag die Malerei, die an den Raum und die sinnliche Gegenwart der Dinge in ihm gebunden ist, körperliche Schönheit sinnfällig auszudrücken, was der Literatur nicht gleichermaßen gelingt, die sich zumeist mit der bloßen Bezeichnung begnügt, und gerade dort, wo sie sich anschickt, die körperliche Schönheit, etwa einer Heldin, zu beschreiben, merkwürdig abstrakt bleibt. Die Literatur wiederum vermag die innerseelische Wirklichkeit eines Menschen minutiös und in ihrer Bewegtheit sowie ganze Tatabläufe zu zeigen. Sie kann die Schmerzensschreie des Körpers abbilden, das Wutgeheul einer verletzten Seele ausdrücken, ohne wie die Malerei mit dem Gebot der Schönheit zu brechen und zur bloßen Karikatur zu werden. Warum, so fragt Lessing, hat der Künstler den Laokoon so verhalten, so beherrscht in seinem Schmerz dargestellt, während Virgil ihn vor Schmerz jammern und schreien läßt? Winckelmanns Antwort, daß der Ausdruck heftigen Schmerzes mit einem heroischen Charakter nicht zu vereinbaren ist, räumt Lessing unter Verweis auf die homerischen Epen und die antiken Tragödien schnell beiseite. In der Tat klagen und schreien die Helden der *Ilias* mitunter ganze Gesänge lang, ohne daß dies nach herrschender Auffassung ihrem Heroismus Abbruch täte. Im Gegenteil: der Verdacht kommt auf, daß die epischen Helden heroisch nicht durch das sind, was sie tun, sondern durch das, was sie erleiden. Die Klage des Gilgamesch über den frühen Tod seines Freundes Enkidu währt fast zehn Tafeln (eine Tafel entspricht einem Gesang) lang. Auch Achill trauert im 18. Gesang der Ilias, Aias brüllt vor Schmerz so laut, als seien es Zehntausend, und Odysseus wird ganz ausdrücklich „der Dulder" genannt. Ja, der Sänger selbst pflegt seine Erzählung durch das „viele Leiden", das sie enthält, zu empfehlen, weil „nur leidvolles Geschehen es wert [ist], im Liede fortzuleben"[1], wie der Gräzist Hermann Fränkel schreibt. Nicht weniger exzessiv aber ist das Epos, wenn es um die Darstellungen anderer Gefühlsausbrüche geht. Achills Zorn, den schon der erste Vers des Epos zitiert: „Singe den Zorn, o Göttin, des Peleiaden Achilleus...", dauert achtzehn Gesänge lang, erst durch die Trauer um seinen toten Freund Patrokles, und weil er auf Rache für diesen einen Toten sinnt, läßt er sich schließlich dazu erweichen, aktiv ins Kriegsgeschehen einzugreifen.

Der Grund für die Zurückhaltung des bildenden Künstlers in der Darstellung körperlichen Schmerzes kann Lessing zufolge nicht darin aufgefunden werden, daß Leiden und Heroismus sich gegenseitig negieren, vielmehr liegt er in der Kunstform selbst, darin nämlich, daß die Malerei eine Raumkunst ist, daß sie nicht mit Worten und Schweigen, auch nicht mit Tönen und Rhythmus, sondern mit Farben und Formen operiert; sie zeigt Körper in einem virtuellen Raum. Alles, was sie darstellt, steht nebeneinander in diesem Raum und ist gleichzeitig gegeben. Ihre Werke lassen sich daher auch mit einem einzigen Blick in einem einzigen Augenblick erfassen. Und es kennzeichnet die bildende Kunst, daß sie noch dort, wo sie, wie im Laokoon, einen zerreißenden Schmerz ausdrücken will, an die Maße des Körperlichen gebunden ist. Subjektive Regungen, Gefühlsaufwallungen, innere Erregungszustände kann der bildende Künstler daher immer nur in ihren mimisch-gestischen Äußerungen auffassen. Er kann sie nur insofern darstellen, als sie eine körperliche Entsprechung, etwa eine Geste, die sie symbolisiert, bereits gefunden haben. Den Paroxysmus körperlicher Schmerzen dagegen mit seinen Spasmen, seinen Torsionen, seinen entstellenden Verzerrungen, kann der bildende Künstler nicht darstellen, vielmehr muß er den Schmerz um einige Grade herabstufen, will er nicht Abscheu vor dem Leidenden erwecken und so sein Werk selber gefährden. Da er anders als der Dichter keinen Bewegungsablauf darstellen kann, muß der Künstler aus der unendlichen Fülle möglicher Momente einen einzigen herausgreifen, und diesem einen Moment wird durch das Werk Dauer verliehen. Er muß daher so beschaffen sein, daß sein Werden, sein komplexes Innere durchscheint. Der Augenblick, den der Künstler wählt, muß gut gewählt sein; er stellt nur diesen einen Augenblick dar, aber in ihm muß alles, muß das Ganze enthalten sein.

Der Dichter wiederum, an die zeitliche Aufeinanderfolge der Wörter gebunden, ist zur Darstellung von Entwicklung wie prädestiniert. Wenn er will, vermag er ganze Geschehensabläufe, von ihren Anfängen bis zu ihrem Ende, zu zeigen, wobei er allerdings stärker als der Maler dem Zwang zur Individualisierung unterliegt. Die Darstellung der Simultaneität im Raum scheint ihm dagegen verwehrt. In der Dichtung wird die Logik des Nebeneinanders zwangsweise in eine des Nacheinanders verkehrt. Darum ist der Maler dem

Dichter auch in der Darstellung von Massen überlegen; er kann leichter den großen Zug einer einheitlichen Erregung sinnfällig machen und gleichmäßig auf einzelne wie auf Gruppen verteilen, während der Dichter die Masse immer nur in vagen Umrissen als den unbestimmten Hintergrund zu zeigen vermag, vor dem sich die Helden scharf konturiert abheben. - So hatte, in groben Zügen, das 18. Jahrhundert die Grenzen zwischen Poesie und Malerei bestimmt.

II.

Die Künstler der Moderne aber hielt es bald schon nicht mehr in den Grenzen, die die Ästhetiker des 18. Jahrhunderts ihnen gezogen hatten. So sehr sie mit Lessing in der Rückbesinnung auf das unverwechselbar Spezifische ihrer jeweiligen Kunst auch übereingestimmt hätten, in der strikten Festlegung der bildenden Kunst auf den Raum machen die Maler zu Beginn dieses Jahrhunderts nicht mehr mit. Vehement gehen, unabhängig voneinander und auf je eigene Weise, Marcel Duchamp und die futuristischen Maler daran, im zweidimensionalen Bild wie in der Plastik Zeit und Bewegung einzufangen, das heißt: sichtbar zu machen. Diese wenigen Andeutungen mögen genügen, denn die Frage, die mich im Folgenden beschäftigen wird, lautet: läßt sich für die moderne Literatur eine ähnlich radikale Bewegung nachweisen, die sie in die Lage versetzte, Masse und Simultaneität mit ihren ureigenen Mitteln darzustellen?

Aber hatte nicht schon das antike Epos ein kollektives Subjekt? Und treten nicht in der Ilias zwei feindliche Doppelmassen, die „rossebezähmenden Troer" und die „erzumschirmten Achaier", kollidierend einander gegenüber? Wovon handelt das Epos eigentlich? Nach Hegel sagt das Epos – zu deutsch: das Wort, die Sage –„überhaupt, was die Sache ist, wie zum Wort verwandelt wird"[2]. Und damit stellt sich auch schon das Problem, wie diese Sache jeweils in concreto bestimmt wird. Alles hängt davon ab, ob diese allgemeinste Bestimmung des Epos im Sinne einer strikt referentiellen Beziehung auf die Außenwelt, die es bloß abbildete, verstanden wird, wie es in der Nachfolge Hegels noch einmal Georg Lukács affirmierte, oder ob die im Epos dargestellte Sache auch noch in einem anderen Sinn als dem der Abbildtheorie gedeutet werden kann, wie es einige moderne Romanciers, allen voran Alfred Döblin, vorgeschlagen haben.

Hegel zufolge stellt das Epos die „substantielle Totalität" einer „Volkswirklichkeit" dar, und er schließt von da aus auf „die normative Kollektivität der epischen Subjektivität". Das Epos ist ihm zufolge dadurch charakterisiert, daß es „das Objektive selbst in seiner Objektivität"[3] herausstellt. Sein Gegenstand ist „das, was ist", seine Form die des Berichts, das Epos selbst das Geschehen einer Handlung, die „in der ganzen Breite ihrer Umstände und Verhältnisse als reiche Begebenheit im Zusammenhang mit der in sich totalen Welt einer Nation und Zeit"[4] dargestellt wird. Im Epos wird mit andren Worten „die gesamte Weltanschauung und Objektivität eines Volksgeistes in ihrer sich objektivierenden Gestalt als wirkliches Begebnis"[5] inszeniert, und das ist wesentlich, denn dadurch werden zugleich „die eigentlichen Grundlagen für das Bewußtsein eines Volkes"[6] gelegt. Aber heißt das nicht, konsequent zu Ende gedacht, daß das Epos gar keines Referenten in der Außenwelt bedarf, daß also schon die epische, und nicht erst die dramatische Totalität, eine au fond geistgeborene ist, die sich den Schein eines wirklichen Geschehens nur leiht? In der Tat bildet das Epos nicht einfach die da seiende Totalität einer Volkswirklichkeit ab, sondern begründet sie allererst: es erzählt von ihrem Ursprung und stellt auf anschauliche Weise dar, was diese Wirklichkeit legitimiert. Die epische Wirklichkeit ist daher dichter und in gewisser Weise auch wirklicher als die Wirklichkeit, denn sie formt das, was in der Folge dann als wirklich gilt. Die Sache, die im Epos zum Wort verwandelt wird, wäre demnach von grundsätzlich anderer Art als die historische Faktizität.

Viel eher hat das Epos etwas mit den Ursprungslegenden archaischer Völker gemein. In ihm wird von einem Beginn erzählt, von einem längst vergangenen Geschehen, mit dem alles anhebt bis hin zum Gegenwärtigen, nur daß dieser Ursprung nicht mehr wie von den Mythen in der Natur, sondern in der Geschichte aufgefunden wird. Was das Epos erzählt, ist die nachträgliche Vorgeschichte eines Kollektivs. Es stellt dasjenige einmalige Ereignis beziehungsweise: die Gruppe von Ereignissen dar, von denen her eine Zeitreihe ihren Ausgang nahm. Mit dem Ereignis, von dem im Epos berichtet wird, beginnt sozusagen eine neue Zeitrechnung. Zwar fand, wovon das Epos erzählt, in ferner Vergangenheit statt – niemand ist mehr da, der sich seiner erinnerte. Es ist aber nicht vergangen, sondern bleibt durch Tradierung dem Volk, das in ihm auf sein Werden reflektiert, stets gegenwärtig. Solange die auf ihm begründete Gemeinschaft besteht, bleibt auch der Ursprung, von dem das Epos berichtet, faktisch präsent. Die epische Vergangenheit hat daher nichts mit der grammatischen gemein, und auf gar keinen Fall ist sie der eines Aussagesatzes vergleichbar. Vielmehr verliert das epische Präteritum in dem Maße die Funktion, die Vergangenheit zu bezeichnen, in dem es das Erzählte zeitlos macht. Das Epos berichtet von der fernen Vergangenheit in einer Weise, als würde sie sich eben erst ereignen. Das Vergangene läuft in der Erzählzeit wieder und immer wieder ab. Das Geschehen, von dem das Epos berichtet, wird zur Figur, es bildet einen symbolischen Kern, an dem als an ihr affektives Zentrum Gesellschaft sich kristallisiert. Und die Einübung in diese Figur ist gleichbedeutend mit dem Prozeß der Vergesellschaftung.

Gegenstand des Epos ist daher immer ein Allgemeines, und die Heroen sind im Grunde genommen nur dazu da, dies Allgemeine zu differenzieren. Es sind keine Individuen im strengen Sinn, sondern das Besondere, durch das das Allgemeine – nach Hegel der „Volksgeist" –sinnfällig hindurchscheint. Es sind Figuren oder Typen, in denen sich kollektive Tendenzen inkarnieren, weshalb sie im Epos auch nur mit einem einzigen Merkmal genannt werden; in ihm treten auf: der „völkerweidende Atreus", der „helmumflatterte Hektor", „Achill, der mutige Renner", „der Völkerfürst Agamemnon" und die „männerbetörende Helena", um nur einige zu nennen. Noch die Götter – „der schwarzbewölkte Zeus" – werden mit nur einem Epitheton ornans bei jenem Charakteristikum genannt, an dem sie untrüglich für die Hörer der Gesänge erkennbar waren. Und doch besitzen die Helden allein das Privileg, sich durch das, was sie tun oder nicht tun, allmählich zu individualisieren. Erst im Tod werden sie einander tatsächlich gleichgemacht in der stereotypen Formel: „Und er entsank dem Geschirr und ewige Nacht umhüllt ihn." Deutlich wird, daß das Epos Wirklichkeit nicht einfach abbildet, und noch weniger Menschen darstellt, die es in realistischer Manier porträtierte.

Seine Helden sind eher Übermenschen, es sind die Stiftergestalten der jeweiligen Gesellschaft. Schließlich kommt es gar nicht darauf an, ob sich das im Epos erzählte Geschehen tatsächlich so abgespielt hat – der Trojanische Krieg, der Auszug aus Ägypten und der Durchzug durch das Rote Meer fanden wahrscheinlich gar nicht statt. Wesentlich ist, daß das, was vom Epos als vergangenes Geschehen berichtet wird, Ursprung und Werden des gegenwärtigen Weltzustandes erklärt. Das Epos erzählt von einem Ursprung, der auf ein bestimmtes Volk bezogen ist und die Entstehung seines Gemeinwesens auf ergreifende Weise heroisiert. Daher kennt das Epos im Grunde genommen auch nur die beiden Seiten eines hochentwickelten Götterapparates und der Heroen. Menschen kommen in ihm noch nicht vor, wenn man einmal von dem Sänger absieht, dem eigentlich alles genau vorgeschrieben ist – er kennt die Einzelheiten der Handlung, und er weiß auch um ihren Ausgang –, der sich aber ab und zu selber zu Worte meldet und seinen Anteil am Werk vor allem in den Metaphern bekundet, von denen die Helden wie ihre Taten zur Kenntlichkeit bezeichnet werden. In den Gleichnissen stellt sich der Epiker auf den Boden seiner eigenen Zeit, in ihnen bricht seine Alltagserfahrung ins Epos ein und nur in ihnen tauchen auch Menschen niederer Stände auf.

Das heißt aber auch, daß die Masse niemals Gegenstand des Epos ist, daß es in ihm nicht um ihre Darstellung geht. Das Epos singt zwar von den Achaiern, die auszogen, die Troer zu vernichten. „...dicht wie der Fliegen unzählbar wimmelnde Scharen/Rastlos durch das Gehege des ländlichen Hirten umherziehn/Im anmutigsten Lenz, wann Milch von der Butter herabtrieft:/So unzählbar standen die hauptumlockten Achaier/Gegen die Troer im Felde, sie auszutilgen verlangend“ [7] (II, 469-473). Aber auch im Epos ist die Masse nur der Grund, vor dem sich die Heroen erheben. Sie taucht zwar immer wieder auf, und die Metaphern, die Homer einführt, sie zu bezeichnen, lassen die *Ilias* als eine wahre Enzyklopädie der Massensymbole im Sinne Elias Canettis erscheinen: „Heran nun stürzten die Völker./Wie wenn Scharen der Bienen daher ziehn dichten Gewimmels/Aus dem gehöhlten Fels, in beständigem Schwarm sich erneuernd-/Jetzt in Trauben gedrängt umfliegen sie Blumen des Lenzes,/Andere hier unzählbar entflogen sie, andere dorthin“ (I, 87 - 91). Beide Metaphern sprechen von den Heeren, die gegen Troja ins Feld geführt werden. Beide schildern die Heere im Aufmarsch, vor dem Kampf. In beiden werden diese Völker mit Insekten verglichen, die nur in großen Schwärmen auftreten und allein schon durch ihre Zahl gefährlich werden. Durch die Metapher wird vor allem ihre Manovrierbereitschaft betont: sie sind alle eines Sinns, sie erfüllen ihren Dienst, und sie ordnen sich jedwedem Befehl unter. Daß man sie mit Insekten vergleicht, läßt für ihr Schicksal das Schlimmste befürchten.

Es gibt Metaphern, die die Masse vor allem durch den Lärm, den sie schlägt, vergegenwärtigen. „Weit nun hallte der Kreis und es dröhnete drunten der Boden/Als sich das Volk hinsetzt und Getös war“ (II, 95 - 96). Ein anderes Mal wird die Massenerregung auf einer Versammlung dem Brüllen des Meeres verglichen. „Rege nun war die Versammlung wie schwellende Wogen des Meeres/Auf der ikarischen Flut, wann hoch sie der Ost und der Südwind/Aufstürmt, schnell dem Gewölk des Donnerers Zeus sich entstürzend“ (II, 144 - 148). Die Masse ist beides: sie ist der Wind, der die Ähren hinabbeugt, und das Korn, das schließlich zu Boden fällt, sie ist der Orkan und die Wellen, die er aufpeitscht, der Sturm wie der Regen, in dem er sich entlädt. Und natürlich kann auch das Massensymbol des Feuers bei Homer nicht fehlen. Es wird immer wieder und, von geringfügigen Variationen abgesehen, jedesmal mit demselben Eingangsvers genannt: „Wie wenn vertilgendes Feuer in nie gehauene Waldung/Fällt, dann wirbelnd der Sturm es umherträgt und bis zur Wurzel/Stämm' und Gezweig' hin sinken, gerafft von des Feuersorkans Wut./ Also vor Atreus' Sohn Agamemnon sanken die Häupter“ (XI, 155 -158). Auch in diesen Versen ist die Masse doppelt, ja sogar dreifach anwesend: einmal tätig als Feuer, das durch den Sturm verstärkt wird, und dann als Wald, der verbrannt wird, also als Opfer. Die Masse ist das undifferenzierte Gewimmel auf dem Schlachtfeld, nur dazu da, schon im nächsten Augenblick als Schlachtopfer dargebracht zu werden oder für seine Helden den Sieg zu erfechten: „Gleich den Blättern des Waldes an Zahl und dem Sande des Meeres/Ziehn sie daher im Gefilde, die Stadt ringsum zu bestürmen“ (II, 800 - 801). Allerdings wissen wir von den Achaiern und Troern mehr durch ihre Helden als durch solche Gleichnisse. Die Repräsentanten der feindlichen Völker sind die eigentlichen Träger des Allgemeinen, und wo es um ihre Beziehung zur gegnerischen Masse geht, werden sie im Epos als wahre Bestien dargestellt: Wie Raubtiere über eine friedlich grasende Herde von Schafen oder Rindern fallen sie über die fremden Völker her. Das nimmt sich dann so aus: „Stets durchs Gefild her stürzten die Flüchtlinge, scheu wie die Rinder/Welche der Löwe verscheucht in dämmender Stunde des Melkens/Alle zugleich ...“ (V, 135 -138). Oder: „Aber es flog Diomedes zurück in das Vordergetümmel. Hatt' er zuvor im Herzen geglüht, mit den Troern zu kämpfen/Jetzo ergriff ihn dreimal entflammterer Mut, wie den Löwen/Welchen der Hirt im Felde, die wolligen Schafe bewachend, streifte, doch nicht erschoß“ (XI, 172 -174). Immer ist es der Blick des Raubtiers, mit dem die Masse gesehen wird, nie ist es umgekehrt. Der Blick, der auf sie fällt, kommt stets von sehr weit draußen und wie von oben her, nie ist es ihr eigener. Nur der Sänger, der sich im Epos ausführlich selbst darstellt, wagt es in seinen Metaphern bisweilen, die Perspektive umzukehren und richtigzustellen.

III.

Ziemlich gleichzeitig zu den erwähnten Versuchen der avancierten Malerei, die Bewegung ins zweidimensionale Bild zu holen– 1912/13 nämlich –,schickt sich in Berlin der Psychiater und Armenarzt Dr. Alfred Döblin an, die Form des bürgerlichen Romans, diese moderne Ersatzform des antiken Epos, zu sprengen. Noch bevor Georg Lukács seine sich als normativ verstehende *Theorie des Romans* formuliert und die These von der Unmöglichkeit eines modernen Epos lanciert, wurde sie durch das ganz und gar neuartige Werk von Alfred Döblin widerlegt. Bis dahin aber schien der Roman für die Darstellung der Masse gänzlich ungeeignet. Was nämlich den bürgerlichen Roman charakterisiert, ist, daß er unauflösbar an den Eigenwert des Individuums gebunden ist. Der Roman hat laut Lukács die moderne Entfremdung des Menschen von der Gemeinschaft zu seiner geschichtsphilosophischen Bedingung. In seinem Mittelpunkt steht nicht mehr der in die Gemeinschaft eingebundene Held, der sein Ziel, was immer er tut, niemals verfehlt, sondern das der Außenwelt wie sich selbst fremd gewordene, isolierte Subjekt, das sich, ständig vom Scheitern bedroht, auf die

Suche nach Selbsterkenntnis und nach einer sozialen Stellung begibt. Im Roman wird daher wesentlich eine Entwicklung dargestellt, die kausal verknüpfend und kontinuierlich fortschreitend ein ganzes Leben oder doch einen beträchtlichen Ausschnitt daraus umfaßt. Er hat die innere Form eines Prozesses, der in die äußere Form einer Biographie gekleidet ist. Alles wird begründet und entweder aus dem Charakter des Helden oder dem sozialen Milieu erklärt, so daß sich die gestaltende Gesinnung als Psychologie des Romanhelden erfüllt. Zwar bleibt der Roman zur Darstellung einer extensiven Lebenstotalität verpflichtet. Da diese jedoch anders als in der Antike anschaulich nicht mehr gegeben ist, muß sie in der Moderne die Form einer Forderung, eines bloßen Sein-Sollens annehmen. Und schon um dieser Forderung nach Totalität zu genügen, muß der Autor aus dem Weg seines Helden den Faden spinnen, auf dem eine ganze Welt aufgerollt und an dem sie wieder abgerollt wird. Der Held des Romans kann daher kein beliebiges Individuum, sondern nur der typische Repräsentant eines allgemeinen Ideensystems sein. Die Form der Individualität im Roman muß gut gewählt sein, sie ist das Besondere, durch das immer ein Allgemeines hindurchscheint. Damit aber sind zugleich alle die Bestimmungen genannt, die Döblin für den Roman des 20. Jahrhunderts außer Kraft gesetzt hat.

Mit seinem Roman *Die drei Sprünge des Wang-lun,* und der Paratext fügt hinzu: *Ein chinesischer Roman,* hat er nicht nur – und lange vor Joyce– die Romanform von Grund auf revolutioniert, übrigens bis in die Sprachgestalt hinein, indem er den Fundus von in avantgardistischen Experimenten gewonnenen Sprachmitteln beträchtlich erweiterte. Döblin hat dadurch, daß er versuchte, den Roman auf seine epischen Ursprünge hin zu transzendieren, auch eine neue Gattung, die des *epischen Wortkunstwerks*, geschaffen. Und er hat seit 1913 parallel zu seinem literarischen Schaffen eine Romantheorie skizziert, die zu dem Bedeutendsten gehört, was auf diesem Gebiet jemals gedacht und geschrieben wurde. Unter den theoretischen Schriften der großen Romanciers dieses Jahrhunderts findet sie schwerlich ihresgleichen. Und in seiner Romantheorie wie in seinem erzählerischen Werk hat Döblin deutlich gemacht, daß das Epische nur dadurch zu retten ist, daß es mit den für den bürgerlichen Roman konstitutiven Prinzipien bricht. Mit Verve geht er gegen die Romanpsychologie vor, die ihm zufolge nichts taugt, wenn sie sich nicht auf die Notierung der wirklich ablaufenden seelischen Prozesse beschränkt, und entwickelt in deutlicher Abgrenzung seinen eigenen, von aller Psychologie gereinigten „steinernen Stil".

Der *steinerne Stil* hat Döblin jene Mittel der äußersten Verknappung diktiert, die sich vor allem in Satz- und Wortverkürzungen, in syntaktischen Parallelismen, in der Häufung und Aneinanderreihung bloßer Einzelworte manifestiert. Und es ist dieser Stil der Verknappung, der es ihm erlaubt, Geschehensabläufe enorm zu beschleunigen. Döblin ist zweifellos von den futuristischen *parole in libertà* inspiriert, wenn er in dem Text *An Romanautoren und ihre Kritiker*, dem sogenannten „Berliner Programm" und dem eigentlichen Manifest des Döblinismus schreibt: „Knappheit, Sparsamkeit der Worte ist nötig; frische Wendungen. Von Perioden, die das Nebeneinander des Komplexen wie das Hintereinander rasch zusammenzufassen erlauben, ist umfänglicher Gebrauch zu machen. Rapide Abläufe, Durcheinander in bloßen Stichworten; wie überhaupt an allen Stellen die höchste Exaktheit in suggestiven Wendungen zu erreichen gesucht werden muß. Das Ganze darf nicht erscheinen wie gesprochen, sondern wie vorhanden."[8] Anders als Marinetti geht es ihm allerdings nicht nur darum, „einzig das Meckern, Paffen, Rattern, Heulen, Näseln der irdischen Dinge [zu] imitieren"[9], vielmehr hat Döblin das Anwendungsgebiet der neuen Worttechnik ganz beträchtlich erweitert. Döblin bedient sich der erweiterten *parole in libertà* als eines ausgezeichneten Mittels der äußeren und inneren Dramatisierung. Er wendet sie an, wenn es darum geht, alle Arten von Turbulenzen darzustellen, seien es nun psychische Unruhe- und Verwirrtheitszustände oder soziale Gärungsprozesse, die sich als Volksaufstände entladen. Er greift immer dann auf diese Technik zurück, wenn die Erregung einen solchen Grad erreicht hat, daß sie die strenge Ordnung des Satzes zerbricht, wenn sich die Ereignisse so sehr überstürzen, daß die Überblickbarkeit des Geschehens nicht mehr gewährleistet ist, wenn Handlungsabläufe und Situationen wie überdeterminiert, übermotiviert wirken. Und auch um die ungeheure Vielfalt von gleichzeitig auf das Subjekt einstürzenden Eindrücken – die Flucht der Erscheinungen, die Einträufelungen ins Gehör, die Geruchsbelästigungen, die inneren und äußeren Tastempfindungen – darstellen zu können, läßt Döblin den „Wortfilm" immer wieder abrollen. Er selbst hat dafür den Begriff „Kinostil" geprägt: „In höchster Gedrängtheit und Präzision hat ‚die Fülle der Gesichte' vorüberzuziehen."[10] Daraus allerdings den Schluß zu ziehen, Döblin habe den Film, der damals ja gerade mal seine ersten Gehversuche machte, imitiert, scheint mir insofern voreilig, als die Schnittechnik des Döblinschen Wortfilms den zeitgenössischen Film an Radikalität um ein Vielfaches übertrifft.

Döblins Impetus ist ein authentisch epischer. Er gibt die biographische Form auf und negiert das Entwicklungsprinzip, weil Linearität mit dem Epischen nicht zu vereinbaren ist. Auch mit Handlung hat der moderne Roman, Döblin zufolge, nichts zu tun: „Vereinfachen, Zurechtschlagen und –schneiden auf Handlung hin, ist nicht die Sache des Epikers. Im Roman heißt es schichten, häufen, wälzen, schieben ... Vorwärts ist niemals die Parole des Romans."[11] Das Eigentümliche des Epos liegt vielmehr in der Aneinanderreihung und Verschachtelung unzähliger Szenen, die sich gegenseitig spiegeln oder umkehren, steigern oder brechen, und die alle in sich selber focussiert sind. Die Teile beziehen sich zwar aufeinander, aber sie begründen kein hierarchisches Beziehungsgefüge mehr, da der Epiker sich weigert, zwischen wesentlich und unwesentlich zu unterscheiden. Das verbietet schon die „epische Gerechtigkeit". Die einzelnen Szenen werden nicht nach den Gesetzen der Kausalität miteinander verknüpft, sondern gehorchen dem Prinzip der parataktischen Reihung. Ihre Relation aufeinander ist mithin wesentlich lockerer als in einem entwicklungsorientierten Verlauf und kann bis zu scheinbarer Unabhängigkeit der einzelnen Szenen reichen. An die Stelle einer streng architektonischen Konstruktion, die Totalität simuliert, wo keine mehr gegeben ist, tritt die einfache Juxtaposition, eine Art wucherndes Anlagerungswachstum. Nicht mehr wird scheinbar organisch ein Ganzes aufgebaut, vielmehr werden unzählbare Parallelwelten gezeigt. Und damit fällt auch die schrittweise Fortbewegung entlang einer Linie weg; sie wird durch die sprunghafte Bewegung in vielen gleichzeitigen, aber unvergleichlichen Welten ersetzt.

Die Grenze zum Epischen bricht in dem Maße ein, in dem Döblin – zum erstenmal überhaupt – die Masse zum Gegenstand eines epischen Werks macht. Im bürgerlichen Roman gab es lediglich Ansätze dazu, punktuelle Massendarstellungen, aber erst bei Döblin wird die Masse tatsächlich zum Sujet, und zwar im doppelten Wortsinn, sie ist Thema und Subjekt. Was das moderne epische Wortkunstwerk vom antiken Epos unterscheidet, ist, daß es in ihm nicht mehr um die Volksgemeinschaft geht, die mehr in ihren das Geschehen tragenden Repräsentanten als in der von ihnen dirigierten Masse dargestellt wird, sondern um die Masse, wie sie sich selbst empfindet, und damit um etwas grundsätzlich anderes, als es das im Besonderen aufblitzende Allgemeine ist. Wo die Masse zum literarischen Gegenstand wird, erscheint sie sogar als die einzige Macht, die der Dialektik von Allgemeinem und Besonderem tatsächlich gefährlich werden kann. Und die Masse als Sujet hat Döblins Roman berühmt gemacht. Hier eine der zahlreichen Massenszenen dieses Buchs: „Von den Hügeln her kam das Trappen, das ungleichmäßige Knistern und Knarren, weitausgreifendes Bewegen, das nicht einmal zu atmen schien. Gebleichte Gesichter mit reglosen Zügen, Hände, die im Schwung wie Keulen hin und her schaukelten. Körper, die empfindungslos liefen. Rümpfe, die steif auf Schenkeln saßen, welche wie Pferde ritten. Hinter der langen Linie der Einzelläufer schwammen schwarze Gruppen, Hand an Hand gefaßt. (...) Die ersten Räuber warfen sich mit Steingewicht gegen die Tore. Sie prallten hintereinander auf, drangen ein. Die nächsten an die folgenden Tore. Sie überrannten einander. Das Kreischen ließ nach; die Bergläufer in den Häusern strömten Eiskälte aus und das Grausen von Sterbenden; sie konnten ihre Kiefer nicht öffnen; ihre Augen zwinkerten nicht.“[12]Dargestellt wird hier der Überfall auf ein Dorf durch einen Haufen fast verhungerter, halb erfrorener Außenseiter, die erkannt haben, daß sie nur gemeinsam überleben können oder gar nicht, und aus diesem Urerlebnis weitestgehender Solidarität geht nur wenig später der neue Bund der Wu-wei-Anhänger hervor. Ein anderes Beispiel: „Sie liefen in Haufen von allen Seiten. (...) Dann Keule gegen Keule. Sensen rissen schwertschwingende Hände weg. Spitze Bambuslanzen bohrten sich durch anrennende Leiber. Über Rücken meuchelnder Soldaten wuchteten Balken und Wurzelkloben. Maulaufreißen, Ächzen, Dumpfen, Knallen. Schweißdampf, dünne Blutsäulen, unregelmäßiger Rhythmus von Stille und Gebrüll.“[13] Die Bilanz dieses halbstündigen Blutbades: insgesamt 240 Opfer. Oder: „Eine tobende, blutrünstige, mordlustige Horde, Mäuler, Lungen, Kehlen, Arme, aufgerissene Augen, Pferdegeifer wälzte sich ihnen entgegen; das tausendfache fieberhafte Geheul der Stadt brach erstickend über ihre Schultern. Blitzen von Schwertern, krachende Dreschflegel, langgezogenes Stöhnen der Gespeißten, Beile, die durch die Luft flogen, schon träumende Brüder, Bauern bei der Arbeit, Röcheln, Wiehern, stumme Grimassen, eiserne Hände von Sattel zu Sattel, Schweiß, Staub, nasses Blut vor geblendeten Augen, Pfeile von der Stadt her. An den Fenstern der Häuser, auf den Dächern, an der Stadtlehne willenloses Schluchzen, atemloses Keuchen, Wutausbrüche, Umarmungen, Hinsinken. Dann saß keiner der Mandschuren mehr auf seinem Pferd.“[14]

Döblin hat in seinem Roman einen Massenaufstand dargestellt, dem ein historisches Geschehen zugrundeliegt. Er erzählt die Geschichte einer sich auf die Lehren des Taoismus berufenden Sekte des Wu-wei, die sich in dem unter der Fremdherrschaft der Mandschus leidenden China des 18. Jahrhunderts rasch ausbreitete, bevor ihre Anhänger dann durch die kaiserlichen Truppen bis auf den letzten Mann vernichtet wurden. Auch Wang-lun ist eine historisch verbürgte Gestalt; er ist als der Aufrührer dieser Volksaufstände in die Geschichte Chinas eingegangen, das sich damals übrigens auf dem Höhepunkt seiner Macht befand und seine bislang weiteste Ausdehnung erreicht hatte. Aber die Art, wie Döblin diese Bewegung wieder aufleben läßt, zeigt deutlich, daß er mit seinem „Wang-lun“ nicht nur das Epos einer chinesischen Sekte geschaffen hat, sondern das jeder modernen chiliastisch inspirierten Massenerregung. Die Parallele zu den Wiedertäufern und Bauernkriegen drängt sich während der Lektüre immer wieder auf, wie auch die noch kommenden Revolutionen des 20. Jahrhunderts deutlich vorweggenommen werden.

Sein „Wang-lun“ ist alles andere als ein historischer Roman, und genauso unterscheidet er sich von der exotischen Literatur, weil Döblin mit dem auktorialen Erzähler auch die klassische Perspektive negiert hat. Der Blick, der auf das Geschehen fällt, ist nicht mehr wie im bürgerlichen Roman ein wertender; es ist keiner, der sich selbst, seinen Standpunkt, als Maßstab nimmt, er kommt auch nicht mehr von außen und nicht von oben oder wie vom Ende einer Entwicklungsreihe her. War der Standpunkt des auktorialen Erzählers an eine große Distanz geknüpft – er stand außerhalb des Geschehens, das er von seinem Beginn bis an sein Ende überblickte –,so postuliert Döblin als einer der ersten jenes Pathos der äußersten Nähe, in dem sich die europäischen Avantgarden dann treffen. Der Erzähler geht so nah an Dinge und Phänomene heran, daß jeder Abstand verlorengeht; er mimt, was er zeigt, und begibt sich sozusagen nach innen. Der Erzähler taucht in die Masse ein, er spürt sie am eigenen Körper, und der Blick, den er auf sie wirft, kommt aus ihrer Mitte; es ist der Blick von einem der Vielen, die von ihr willenlos hin und her geworfen werden. Döblin fordert nichts Geringeres als die Selbstauslöschung – Depersonation – des Autors, dieser soll vollkommen hinter dem dargestellten Geschehen verschwinden. „Ich bin nicht ich, sondern die Straße, die Laterne, dies und dies Ereignis; das ist es, was ich *steinernen Stil* nenne.“[15] Blieb die Autorschaft der antiken Epen stets prekär, so projiziert sich das moderne Epos ganz bewußt autorlos.

Alles in diesem ersten experimentellen Roman deutscher Sprache ist mit Masse imprägniert, sogar die Idee des Wu-wei, in dessen Namen sich ein Haufen sozialer Outcasts zu einer solidarischen Gemeinschaft vereinigt. Es sind Lumpen und Bettler, Wegelagerer und Vagabunden, Ratlose und Sonderlinge, kurz: „arme, ausgestoßene Menschen“, die der drückenden Gesetzeslast entflohen sind. Und von ihnen heißt es: „Sie hielten Leiden für eine Fähigkeit, eine Gabe. In den niedrigen Leuten schwang der alte Geist des Volkes; mehr als in den Literaten strömte in den Gestrauchelten, den viel Erfahrenen das tiefe Grundgefühl: ‚Die Welt erobern durch Handeln mißlingt.‘ Die Welt ist von geistiger Art, man soll nicht an ihr rühren. Wer handelt, verliert sie, wer festhält, verliert sie.“[16] Diese Menschen wollen eigentlich nur eins: mit dem Kosmos, dem Tao, verbunden sein, da sie es mit der gegenwärtigen Gesellschaft nicht können. Sie wissen, daß man sie immer weiter verfolgen wird und sehnen sich doch nur danach, ein Grashalm im Winde, eine Welle im Ozean zu sein. Sie wollen im Grunde nichts anderes, als nur Masse sein. Ihr Grundsatz lautet: „Nicht-Handeln, wie das weiße Wasser schwach und folgsam sein, wie das Licht von jedem dünnen Blatt abgleiten.“[17]

Lange gelingt es ihnen allerdings nicht, dieser Regel entsprechend zu leben. Am Anfang steht der Verrat in den eigenen Reihen –eine Gruppe, die durch provozierendes Auftreten die Behörden auf sich aufmerksam macht, spaltet sich ab. Am Ende aber rüstet der gesamte kaiserliche Machtapparat gegen die „Wahrhaft Schwachen“, wie sie sich nennen, auf. Die Ereignisse überstürzen sich, sie überrollen Wang-lun und seine Anhänger, die gezwungen werden, mit ihrem Grundsatz zu brechen und den Krieg schließlich annehmen. „Ein wahrhaft Schwacher kann nur Selbstmörder sein“, heißt es jetzt. Die Einsicht setzt sich durch, daß der Kaiser eine Machtanmaßung und ein Henker, aber kein Schicksal ist: „Wer ist das, 'Kaiser'? Ich kenne Blitze, die Menschen an Flüssen, auf dem Wasser, unter Buchen erschlagen; man kann von einem Bergsturz zerquetscht werden; Überschwemmungen gibt es, Feuer und wilde Tiere, Schlangen. Auch Dämonen. Die können uns alle umbringen. Es gibt kaum Rettung dagegen. Wer ist 'Kaiser'?“[18] Der Kaiser, Khien-lung, ist der eigentliche Gegenspieler Wang-luns, und der führt Krieg gegen Wang-lun, doch zunächst muß sich dieser mit Ma-noh, seinem Gegenspieler in den eigenen Reihen, herumschlagen.

Döblin hat in seinem „Wang-lun“ zwar auch die politische Macht dargestellt, und die Darstellung des chinesischen Kaiserhofs in all seiner Pracht und Eitelkeit, seinen Intrigen, seinem Irrsinn bietet dafür einen überwältigenden Beleg. Das beherrschende Thema aber ist die Masse. Minutiös und in größter Plastizität wird gezeigt, wie eine Masse, genauer: eine Umkehrmasse, entsteht und wie religiöses Charisma in politische Macht umschlägt. Am Anfang steht der Zusammenschluß relativ weniger, etwa hundert, hundertzwanzig Mann, die eine gemeinsame Erfahrung eint. Getreu den Regeln ihres Bundes zerstreuen sie sich schon bald und wandern getrennt in kleineren Gruppen weiter. Diese Gruppen, die an sich noch keine Masse darstellen, werden in der Folge jedoch zu den Massenkristallen, an die sich immer neue Anhänger anschließen. Obwohl sie nicht predigen und niemanden zu bekehren suchen, wirken sie wie Magnete auf die Menschen, denen sie begegnen. Und da seit langem schon Ungerechtigkeit im Lande herrscht und täglich neue Steuern erhoben werden, wächst ihre Anhängerschaft rapide. Die neu Hinzugekommenen aber wissen nichts von jenem Urerlebnis in den Bergen, sie kennen auch Wang-lun nicht selbst, der, notorisch abwesend, im Bewußtsein der Proselyten allmählich in übermenschliche mythische Dimensionen aufrückt. Und je größer ihre Zahl wird, um so nachdrücklicher manifestiert sich auch das Bedürfnis nach einem Führer. Döblin zeigt, wie die Masse sich ihre Führer selber wählt. „Ganz von selbst wurden ein paar Männer in den Vordergrund geschoben, an die sich die Menge hielt. (...) Jeder empfing seine Rolle.“[19] So vor allem Ma-noh, der als Kontrastfigur zu Wang-lun eingeführt wird. Er ist geschmeichelt, daß sich alle zuerst an ihn wenden, sein als buddhistischer Mönch vielfach gekränkter Stolz – obwohl er alle Sutren genau kannte und sich über Jahrzehnte hinweg täglich in der Meditation übte, war er der Erleuchtung doch nicht näher gekommen – fühlt sich durch das Vertrauen, das ihm auf einmal entgegengebracht wird, überreich entschädigt. Ma-noh erfüllt die Rolle, die Wang-lun zornig ablehnt.

Wang-lun ist ein wacher rebellischer Geist, der seismografisch jedes soziale Unrecht registriert. Er ist listig und gewandt, groß und bärenstark. Seine unüberwindliche Neigung zu Narrenstreichen verführt ihn früh schon dazu, jeden übers Ohr zu hauen, der sich das gefallen läßt, was ihm nicht eben die Sympathien seiner Mitmenschen einträgt. Nichts weist Wang-lun als einen kommenden Helden aus; im Gegenteil, er wird als Schelm, als Anti-Held eingeführt. Durch seine spielerische Art, Menschen zu behandeln, gelingt es ihm allerdings, sich praktisch in jeder Gesellschaft Achtung zu verschaffen. Wang-lun ist ein Spaßmacher und Possenreißer, dessen Scherze nur selten verstanden werden, und er besitzt die Gabe, Geschichten zu erzählen, was ihn als die Inkarnation des Epikers selber erscheinen läßt. Wang-lun ist ein Meisterverwandler, und als solcher tummelt er sich in der Masse: sie ist sein Publikum, der Adressat seiner Späße und Geschichten, sein Lebenselement, und er braucht sie, um sich gegebenenfalls in ihr zu verstecken. Aber Wang-lun bindet die Masse nicht an sich, und er versteht es, sich ihr zu entziehen. Als man ihn zum Führer machen will, reagiert er mit einem Wutanfall: „Mich haben sie verlockt, in ihre Mitte geschlossen, bezaubert. (...) Sie sollen mich wieder gehen lassen."[20] Wang-lun entflieht sogar seiner eigenen Gruppe und nimmt, fern des Geschehens, eine neue Existenz an. Aber dann kann er es nicht ertragen, wie die „Wahrhaft Schwachen" ohne jede Gegenwehr einfach abgeschlachtet werden. Im schmerzhaft-klaren Bewußtsein der Aussichtslosigkeit organisiert er den bewaffneten Widerstand.

Ganz anders Ma-noh, ein kleiner, geduckter Mann, der niemanden offen ansehen kann. Ma-noh ist mißtrauisch, in sich verschlossen und wortkarg. Im Unterschied zu Wang-lun verwandelt er sich nicht, sondern ist durch eine unheimliche Starrheit charakterisiert. Allerdings beherrscht er die Kunst der Verstellung und tut alles, um sich mit einem Geheimnis zu umgeben; er belauscht die anderen, lauert ihnen auf, gibt aber nichts von sich selbst preis. Ma-noh ist ein geschickter Demagoge; er versteht es, die Masse in Erregung zu versetzen und in einem Zustand zu halten, in dem sie nach Entladung lechzt. Er widerruft, was er als Buddhist gepredigt hat, bricht auch mit den Regeln der „Wahrhaft Schwachen" und inauguriert eine neue Lehre, die sich zunächst permissiv gebärdet, ihm dadurch jedoch die Massen erst recht ausliefert. „Es sprengte seine Brust mit Ellenbogen von innen, schwoll von den Eingeweiden über das Herz, das still stand, in tollem Takt wuchtete, Glocken dröhnte, Gericht posaunte, ... kam langsam, die Ohren voll Hymnen zu sich."[21] Konsequent unterwirft er sie seinem Willen. Immer weiter dehnt er die Grenzen seiner Macht aus, bis er sich schließlich zum Priesterkönig eines kleinen eroberten Gebietes ausrufen läßt. „Ma-nohs Härte in dieser Zeit wuchs. Von dem Augenblick an, da er Priesterkönig war, umgab ihn eine Strenge, die an Grausamkeit grenzte. (...) Ma-noh verwandelte sich nicht, sondern fand sich in dem Augenblick wieder, da nur noch sein Wort galt."[22] Er steht über der Masse, die er „leise, scharf haßte". „Nun war er der Herrscher dieses Landes, dessen Bewohner er verachtete, deren Berührung ihn anwiderte."[23] Und er zögert nicht, Schicksal für diese Masse –„seine Menschen" – zu spielen. Er lockt sie mit dem „Westlichen Paradies" und führt sie auf dem kürzesten Weg in den Tod. Ma-noh „saß geblendet und schwitzte aus allen Poren in einer Art Rausch. Zu denken vermochte er nicht. Die Blendung verließ ihn nicht."[24]

IV.

Das Erstaunliche an Döblins „Tatsachenphantasie" ist, wie nahe sie den Erkenntnissen Canettis in *Masse und Macht* steht. Sogar Parallelen zur *Blendung* tun sich auf, und ich denke dabei nicht nur an das China-Motiv. Wie Peter Kien China nur in seiner Bibliothek und nur in den illustren Repräsentanten des chinesischen Geistes erfährt, hat auch Döblin sein profundes Wissen über China nur aus Büchern. Während sich Kien aber mit Kon-fu-tse verbündet, lernen die Anhänger des Wu-wei in ihm ihren größten Feind erkennen. Döblins China des 18. Jahrhunderts ist zudem keine bloße Kulisse, sondern lebendig und anschaulich gegenwärtig. Oskar Loerke bemerkt dazu: „Der Geschmack der chinesischen Landschaften und chinesischer Menschen ist so stark, daß wir die Frage vergessen, (...) ob wohl alles mit der Wirklichkeit übereinstimme. Hier könnten Tu-fu und Li-tai-pe ihren Alltag und ihren Sonntag haben, in diesen Ebenen und Bergen voll Schönheit und Stärke, in dieser Luft voll trockener Dämonen, Geister und Gespenster, die man wie Haustiere verehrt, ja, die man weiß wie Bäume, Steine und Wege."[25] Wie Canetti geht Döblin von der spontanen führerlosen Masse aus; auch er hat ihre Wandlungsfähigkeit betont und den Akzent auf ihre Dynamik gelegt. Döblin zeigt, wie Masse entsteht, wie sie zerfällt und welche Bedeutung das Wachstum für ihr Selbstgefühl besitzt. Er beschreibt Vorgänge der Stockung und der Entladung und spürt der Frage nach, wann der Zusammenhalt nur noch durch die Wahl eines Führers aufrechterhalten werden kann. Sogar die permissive Masse hat Döblin dargestellt und deutlich gemacht, daß sie am leichtesten von einem Führer vereinnahmt wird. Döblin hat mit anderen Worten am Paradigma des autokratischen Chinas ein Problem dargestellt, das sich dem Jahrhundert erst noch stellen sollte, er hat das Jahrhundert damit an der Gurgel gepackt. Sein Roman scheint Canettis *Masse und Macht* auf anschauliche Weise die Kategorien angeboten zu haben. Zwar hat Canetti meines Wissens Döblin nie in seinen Schriften erwähnt, doch scheint es wenig wahrscheinlich, daß er, der sich 1928/29 in Berlin aufhielt und dort in den einschlägigen literarischen Kreisen verkehrte, Döblin nicht gekannt haben sollte. Wie dem auch sei, Brecht vor allem, vielleicht aber auch Kafka, könnten hier als Vermittler fungiert haben.

Anmerkungen

1 Hermann Fränkel, *Dichtung und Philosophie des frühen Griechentums*, New York/Frankfurt am Main 1951, S. 19

2 Georg Wilhelm Friedrich Hegel, *Ästhetik*, mit einem einführenden Essay von Georg Lukács, Berlin Ost) 1955, S. 937

3 Ebd., S. 934

4 Ebd., S. 940

5 Ebd.

6 Ebd., S. 941

7 Ich zitiere nach der Übersetzung von Heinrich Voß.

8 Alfred Döblin, „An Romanautoren und ihre Kritiker. Berliner Programm", in: *Schriften zu Ästhetik, Poetik und Literatur*, hg. v. Erich Kleinschmidt, Olten/Freiburg im Breisgau 1989, S. 122

9 Alfred Döblin, „Futuristische Worttechnik. Offener Brief an Marinetti", in: *Schriften zu Ästhetik, Poetik und Literatur*,a.a.O., S. 115

10 Alfred Döblin, a.a.O., S.121

11 Alfred Döblin, „Bemerkungen zum Roman", a.a.O., S. 124. Döblin fährt fort: „Die Vereinfachung des Romans auf jene fortschreitende eine Handlung hin hängt mit der zunehmenden, raffiniert gezüchteten Leseunfähigkeit des Publikums zusammen. Zeit ist genug da, aber sie werden völlig ruiniert durch die Zeitungen. Ungeduld ist das Maß aller ihrer Dinge, Spannung das A und Z des Buches. Anderthalb Stunden Folter, man spuckt aus, das Buch hat seine Pflicht getan. Was nicht spannt, ist langweilig; das ist die unverhüllte, naive Schamlosigkeit: Defekte als Vorzüge demonstrieren, Forderungen daran knüpfen. In die gleiche Kerbe wie die Zeitung schlägt der Film. Es ist das völlige Debakel des Romans. Mögen sich die besseren Autoren nicht bluffen lassen. Das Publikum ist frech, der gewöhnliche Verleger gehört zum Publikum."

12 Alfred Döblin, *Die drei Sprünge des Wang-lun. Chinesischer Roman*, Olten/Freiburg im Breisgau 1960, S. 56 f.

[13] Ebd., S. 181
[14] Ebd., S. 230
[15] Alfred Döblin, „An Romanautoren und ihre Kritiker", a.a.O., S. 122
[16] Alfred Döblin, *Die drei Sprünge des Wang-lun*, a.a.O., S. 44
[17] Ebd., S. 80
[18] Ebd., S. 410
[19] Ebd., S. 104
[20] Ebd., S. 66
[21] Ebd., S. 143
[22] Ebd., S. 217f.
[23] Ebd., S. 219
[24] Ebd., S. 210
[25] Oskar Loerke, „Vier Bücher vom Schicksal", in: *Die neue Rundschau*, 27. Jg., Heft 5, Mai 1916, S. 703

DAS GENAUE GEGENBILD DES MACHTHABERS: CANETTIS KUNST DES KAMPFES[1]

Christoph Menke

Der Titel, den die Veranstalter dieser Tagung gegeben haben, stellt, in seinem zweiten Teil und unter Bezug auf eine Selbstdeutung Canettis, die Frage, „wie man das Jahrhundert an der Gurgel packt“. In einem Kampf – und darum handelt es sich hier – ist der Griff an die Gurgel des anderen, an die Gurgel des Gegners, ein besonderer, der Griff, der einem zuerst Abstand und dann die Oberhand verschafft. Wem der Griff an die Gurgel des Gegners gelingt, verschafft sich Distanz, er – fast immer, in all den Szenen, in denen wir das nicht erlebt, aber gesehen haben, ist es ein „er“ –, er befreit sich durch diesen Griff aus einer bedrohlichen Lage, einer Lage, in der ihm der andere bedrohlich nahe gekommen ist, in der ihm der andere so zusetzte, daß er kurz vor der Niederlage zu stehen schien. Aber der Griff, der den anderen an der Gurgel packt, ist nicht nur der, der einen befreit – der einem Luft verschafft. Er nimmt auch dem Gegner die Luft, er nimmt ihm seine Luft. Der Griff, der den anderen an der Gurgel packt, ist der entscheidende Griff – der Griff, der den Kampf kippen läßt. Denn die Gurgel ist nicht irgendeine, sie ist eine besondere Stelle; eine besonders ausgesetzte und verwundbare, eine besonders exponierte und fragile Stelle; eine Stelle, an der man auf keinen Fall gepackt werden möchte. Die Gurgel ist die Stelle zwischen Kopf und Körper, an der die Kreisläufe des Lebens, die Kreisläufe der Luft und des Blutes, nur knapp unter der Oberfläche fast ungeschützt pulsieren. Die verwundbare Stelle, die Achilles an seiner Ferse und Siegfried zwischen seinen Schultern trug – sie ist für uns alle die Gurgel. Wer hier zupackt, zwischen Kopf und Körper, hat beides, Kopf und Körper, im Griff. Das macht den Griff an die Gurgel des anderen zu dem entscheidenden Augenblick in einem Kampf. Deshalb kommt alles darauf an, wem dieser Griff zuerst gelingt; auch hier ist der Zeitpunkt, das Timing alles. Im Griff an die Gurgel schwingt die Erwartung des Triumphes mit.

Aber brechen wir unsere kleine Kampfszene nicht zu früh ab. Mit dem Griff an die Gurgel des Gegners ist der Kampf noch keineswegs beendet. Der Griff, der die Entscheidung herbeiführen, der sie erzwingen soll, der den Sieg über den Gegner bringen soll, ist stets auch der Augenblick der größten Gefahr. Wer den Gegner an der Gurgel packt, bietet sich selbst, seine eigene Gurgel dem Gegner zum Griff, zum Zugriff und Zupacken an. Der Griff an die Gurgel tritt – in all jenen Szenen, in denen wir das nicht erlebt, aber gesehen haben – fast immer doppelt auf, als ein Doppelgriff: mein Griff an die Gurgel des Gegners und der des Gegners an *meine* Gurgel. Statt den Kampf ein für allemal zu entscheiden, bedeutet der Griff an die Gurgel des Gegners den Eintritt in eine neue Phase des Kampfes – eine neue Phase, die zugleich eine letzte ist. Eine letzte jedoch nicht, weil sie den Kampf beendet, sondern weil sie selbst nicht endet: Mit dem Griff an die Gurgel des Gegners tritt der Kampf in seine letzte Phase, die seiner Unentscheidbarkeit. Beide Gegner haben den anderen, beide Gegner haben *sich* an ihrer entscheidenden Stelle gepackt, beide ringen miteinander, in einem Krampf verzerrter Gesichter, auf Armeslänge voneinander entfernt und doch untrennbar, unentscheidbar.

Herstellung eines Abstands, der einem die Luft verschafft, die er dem anderen nimmt; momentaner Gewinn der Oberhand im Erfassen und Ergreifen der entscheidend verwundbaren Stelle des anderen; unauflösbare Verstrickung mit dem Gegner, der mir die Luft abdrückt wie ich ihm – das sind drei Bestimmungen auch in dem schier endlosen und aussichtslosen Kampf, den Canetti in *Masse und Macht*, in seinem schier endlosen und aussichtslosen Schreiben von *Masse und Macht* – „35 Jahre meines Lebens, davon 20 ganz"–, über Jahrzehnte mit seinem, unserem Jahrhundert geführt hat. Nein, nicht mit dem Jahrhundert, sondern mit seiner alles überragenden Figur: der Figur des Machthabers, der in diesem Jahrhundert „zu diesen monströsen Proportionen angewachsen ist"[2]. *Masse und Macht* ist Canettis Kampf mit dem Machthaber. In *Masse und Macht* studiert Canetti seinen Gegner; er sucht die Gurgel, er sucht die Stelle, an der der Machthaber sich packen läßt; an der sich der Machthaber zu packen lohnt, weil es die Stelle ist, an der die Kreisläufe seines Lebens pulsieren; an der sie sich exponieren, an der sie sich packen und schließlich vielleicht sogar abdrücken lassen. Aber die schier end- und aussichtslose Erstreckung des Schreibens von *Masse und Macht* hat seinen Grund vielleicht nicht nur hierin, in den überaus großen, schier unüberwindlichen Schwierigkeiten, die Stelle zu finden, an der sich der Gegner, der in diesem Jahrhundert zu diesen monströsen Proportionen angewachsene Machthaber entscheidend packen läßt. (Welche Theorie, welche Diagnose unserer Kultur und Gesellschaft könnte schon von sich behaupten, das geleistet zu haben?) Ja, vielleicht verhält es sich sogar umgekehrt. Vielleicht verhält es sich so, daß das schier End- und Aussichtslose des Schreibens von *Masse und Macht* seinen eigentlichen Grund darin hat, daß Canetti bei seiner Suche nach der Stelle, an der er den Machthaber packen und ihm die Luft abdrücken kann, erfolgreich war. Denn wenn es zutrifft, was die kleine Beschreibung eines Kampfes uns gezeigt hat, dann ist dieser Moment, in dem die Entscheidung, in dem der Triumph so nahe zu liegen scheint, daß er jetzt gleich eintreten wird, jetzt gleich eintreten *muß* – dann ist dieser Moment, der die Oberhand verschaffen soll, zugleich derjenige, der den Kampf in einen Zustand unbeendbarer, weil unentscheidbarer Gleichheit umkippen läßt; in einen Zustand, in dem die Gegner unlösbar ineinander verkrallt sind.

Es ist wichtig, diese Vermutung – denn mehr als eine Vermutung ist es bisher noch nicht – von vornherein richtig zu verstehen: Diese Nähe bis zur Unlösbarkeit, dieses Sichaussetzen bis zur Unentscheidbarkeit ist nicht eine Schwäche, sondern die größte, die bewunderungswürdigste Stärke Canettis. Oder es ist diejenige Schwäche, der sich aussetzen zu können, die sich *leisten* zu können, die größte Stärke darstellt und erfordert. Sich in die Gefahr dieser Nähe zum Gegner zu bringen – weil man den Gegner nur an seiner Gurgel packen kann, indem man ihm die eigene darbietet – verlangt, was man etwas altmodisch Tapferkeit nennen könnte. Es verlangt Tapferkeit, aber es verlangt auch noch eine andere Tugend des Kämpfers: es verlangt List. Denn in einem, in einem allerdings entscheidenden Zug unterscheidet sich Canettis Situation von der des eingangs beschriebenen Kampfes. Dort haben wir gesehen, wie der Griff an die Gurgel des anderen, der den Sieg zu bringen scheint, die eigene Gurgel dem Griff des anderen aussetzt und den Kampf ins Endlose verlängert. In dem Kampf, den Canetti in *Masse und Macht* mit den Monstern der Macht führt, ist es anders, umgekehrt: Canetti setzt sich, er setzt seine Gurgel dem Griff des Machthabers aus, weil das der Preis dafür ist, dessen Gurgel packen und so den Kampf, wenn schon nicht gewinnen, dann doch wenigstens unentschieden gestalten zu können. Canetti ist – so sagt er es selbst – in *Masse und Macht* auf der Suche nach einer Figur, nach einem Verhalten, das das „genaue

Gegenbild der Machthaber"[3] darstellt. Das „genaue Gegenbild" zu etwas ist aber immer zweierlei zugleich: das Entgegengesetzte, das „Gegen-", und ein „Bild", eine (überdies: „genaue") Verdoppelung und Wiederholung. Das Gegenbild ist auch das Spiegelbild. Man kann das Gegenbild der Machthaber nur zeichnen, in seinem Schreiben und in seinem Leben zeichnen – das heißt: man kann das Gegenbild der Machthaber nur *sein*, wenn man sich zu dessen Spiegelbild macht; wenn man sich in eine Situation der Gleichheit zu ihm bringt, die zugleich wirklich und täuschend ist. „Wirklich und täuschend zugleich": denn Canetti wiederholt den Machthaber, um ihn zu „durchschauen" und ihm „beizukommen";[4] Canetti macht sich zum Spiegelbild des Machthabers, um sein „genaues", sein wahres *und wirksames* Gegenbild sein zu können.

Der entscheidende Zug in dieser Herstellung des Gegenbildes, des Spiegel – als Gegenbildes zum Machthaber, ist das Verhältnis zur Masse: das Verhältnis *zur* Masse, nicht nur die Erkenntnis über die Masse. Oder: die für den Kampf mit dem Machthaber entscheidende Frage ist, wie man sich zur Masse *verhalten* muß, um sowohl sie wie die Macht richtig zu erkennen. Denn beides hängt zusammen: das Verhältnis zur Masse und die Ausübung der Macht. Und zwar hängt beides – das Verhältnis zur Masse und die Ausübung der Macht – auf beiden Seiten, auf beiden Seiten des Kampfes miteinander zusammen: auf der des Machthabers und auf der seines Gegenbilds. Der Kampf, der die Kämpfer scheidet und, in einer Spiegelung, miteinander verbindet, ist nicht einer zwischen einer Position der Macht und einer anderen der Machtlosigkeit, gar der Ohnmacht. (Denn wie soll es zwischen Macht und Ohnmacht einen Kampf geben können?) Der Kampf ist vielmehr einer zwischen zwei Verhältnissen von Macht und Masse. Den Machthaber beschreibt Canetti als eine Figur, die sich die Masse zum eigenen Überleben schafft. Sein Grundtrieb ist zu überleben. Das unterscheidet ihn nicht von uns, im Gegenteil: das wollen wir alle, und wir wollen es zuerst und vor allem: wir wollen es zuletzt noch. Dies, was wir wollen – überleben –, können wir aber nicht. Das heißt: wir können es nicht schlechthin, nicht absolut. Wir können es nur relativ: nur im Bezug auf andere. Wir brauchen die anderen, um zu überleben. Erst die Art, wie sie die anderen dazu brauchen oder gebrauchen, unterscheidet den Machthaber und sein Gegenbild. Der Machthaber versteht sein eigenes Überleben als ein Überleben der anderen – im objektiven Sinn: Der Machthaber will die anderen überleben. Deshalb macht er sie zur Masse: zur Masse der (potentiell) Toten. „Der Mensch will töten, um andere zu überleben."[5] Sich zum Gegenbild des Machthabers zu machen, kann nicht heißen, den Willen, die „Sucht" und die „Leidenschaft" des Überlebens und den darin immer enthaltenen Willen zur Macht aufzugeben; das kann und soll keiner. Das braucht aber auch keiner. Denn es gibt einen anderen Weg, durch die anderen zu überleben: im Gedächtnis der anderen. Freiwillig aber gedenken die anderen keines Toten; darüber hat sich Canetti keinerlei Illusionen gemacht. (Wie er überhaupt frei von allen Illusionen, vor allem den Illusionen über den guten Willen oder die guten Absichten oder die gute Natur der Menschen war.) Man muß die anderen zwingen, mit *Macht* zwingen, eines Menschen, nach seinem Tode, zu gedenken. Eine Weise, die Weise, die Canetti – im Blick auf Stendhal – beschreibt und die er selbst praktiziert hat, ist die, daß man etwas schreibt und hinterläßt, das die anderen lesen. Das die anderen lesen *müssen*. Warum müssen? Weil, so Canetti, was man geschrieben hat, etwas ist, worauf sie nicht verzichten wollen: weil es ihnen eine „Speise" bietet, von der sie sich „nähren" können.[6] Also muß man in seine Bücher, durch die man zu überleben hofft, soviel wie möglich von dem hineinpacken, was die anderen lesen wollen; dann hat man eine Chance, im Lesen der anderen zu überleben.

Wie er an Stendhal beschreibt, will Canetti durch sein Schreiben überleben und zum Gegenbild des Machthabers werden. Und zwar nicht, oder doch: nicht allein und nicht einmal vor allem, durch das, was er schreibt. Sondern durch die Form der Praxis, die Form des Verhaltens, die sein Schreiben selbst ist. Aber nicht, so haben wir gesehen, weil sein Schreiben keine Machtausübung wäre – das ganz Andere oder ein Jenseits der Macht. Canettis illusionsloser Blick sieht in seinem Schreiben vielmehr nichts als eine Überlebensstrategie: eine Strategie der Macht, die es ihm erlaubt, durch die anderen zu überleben, weil sie die anderen dazu nötigt, ihn zu lesen. In dem Einsatz von Macht zur Sicherung des eigenen Überlebens durch die anderen liegt, worin das Bild des Schreibers als Gegenbild des Machthabers zugleich sein Spiegelbild ist. Als Spiegelbild aber zugleich auch sein Gegenbild. Denn alle Elemente in der Figur des Machthabers bilden sich auch in der des Schreibers ab, aber vertauscht, aber verkehrt – und dadurch entgegengesetzt. Den Machthaber konstituiert, was Canetti als einen Kreislauf, als eine Spirale wechselseitiger Steigerung von Masse und Macht beschrieben hat. Ebenso entscheidend für das Funktionieren wie den Zusammenhang, den *Steigerungs*zusammenhang von Masse und Macht ist aber, daß sie getrennt bleiben: Der Machthaber steigert seine Macht, indem er die anderen zur Masse macht, die er überleben kann – im Extrem daher: zur Masse der Toten. Ein Kreislauf, ein Zusammenwirken von Masse und Macht findet nach Canettis Beschreibung auch im Schreiben statt. Das aber ist kein Kreislauf einer wechselseitig monströser Steigerung. Und zwar deshalb nicht, weil er in ein und demselben Subjekt abläuft – weil er im Schreiben so vollzogen wird, daß er, dieser Kreislauf, es, das Subjekt wie das Schreiben, selbst bildet. Denn im Schreiben, das auch eine Machtausübung und -technik ist, werden nicht die anderen zur Masse gemacht, die ich überleben kann, sondern ich werde selbst in meinem Schreiben – wie Canetti merkwürdig und treffend sagt – „zu Masse", um in den anderen zu überleben. Der Schriftsteller ist das „Gegen*bild*" des Machthabers, weil er der gleichen „Sucht" folgt wie der Machthaber – der Sucht zu überleben – und weil er aus den gleichen Elementen – Machtausübung und Massenbildung – zusammengesetzt ist wie der Machthaber. Aber der Schriftsteller ist das „*Gegen*bild" des Machthabers, weil er diese Elemente nicht in einen Kreislauf wechselseitiger, monströser, tödlicher Steigerung, sondern in einen Gegenkreislauf wechselseitiger, moderierender, lebbarer Ausgleichung versetzt.

Alles in dieser Kampfeslist, die den Machthaber aus größter Nähe und in größter Gefahr zu bekämpfen versucht, kommt darauf an, das „Zu-Masse-Werden" nicht als ein potentiell tödliches Schicksal den anderen aufzuerlegen, sondern selbst zu vollziehen – sich ihm selbst zu unterziehen, es an und in sich selbst zu erfahren. Darin, in dieser Einstellung und *Haltung* gegenüber der Masse sieht Canetti, zurecht, den größten und tiefsten Unterschied zwischen seinem Verständnis der Masse und dem aller anderen, Le Bons und Freuds vor allem. Was ihnen mangelt, ist – so Canetti – „die *Anerkennung* des Phänomens", zu der allein gelangt, wer der Masse einmal – wie Canetti selbst nach dem Bericht seiner Autobiographie mehrfach – „ohne Widerstand verfallen" und so zu ihrer Kenntnis „von *innen*" heraus gelangt ist.[7] Und zwar liegt die Bedeutung dieser Erfahrung, der Erfahrung des Verfallenseins an die Masse, der Erfahrung, wie es in der Masse ist, darin, daß man dann, danach, die Masse auch in sich selbst zu erkennen, ja das Zu-Masse-Werden auch in sich selbst auszuüben vermag. Denn die Erfahrung der Masse ist eine, in der „der einzelne Mensch selbst (...) das Gefühl [hat], daß er (...) die Grenzen seiner Person überschreitet".[8] Das bezeichnet die eigentümliche „Freiheit" in der Masse, die, wie alle Freiheit, vor allem Freiheit von Furcht (und Scham), nach Canetti: von der „Berührungsfurcht" zwischen den Menschen ist: „Alle Abstände, die die Menschen um sich geschaffen haben, sind von dieser Berührungsfurcht diktiert. (...) Es ist die *Masse* allein, in der der Mensch von dieser Berührungsfurcht erlöst werden kann. Sie ist die einzige Situation, in der diese Furcht in ihr Gegenteil umschlägt."[9]

Die einzige Situation, könnte man sagen, in der die Berührungsfurcht *von selbst* in ihr Gegenteil, die Freiheit, umschlägt. Die Erfahrung der Freiheit des Zu-Masse-Werdens kann darüber hinaus aber zu einer *Kunst* werden. Und die Kunst des Schreibens, durch die der Schriftsteller sich zum Gegenbild des Machthabers formt, ist eine solche Kunst, sich selbst zur Masse zu machen; in sich selbst das Zu-Masse-Werden zu vollziehen; oder, wie Canetti auch sagt, „Masse in mir" herzustellen.[10] Denn das Schreiben beruht auf einem „Mehrwerden der Person" und einer „Steigerung der Erlebnismöglichkeiten",[11] die, wie in der Erfahrung der Masse, die durch Furcht gezogenen Grenzen des Subjekts sprengen.

Die Kunst des Schreibens ist eine Kunst des (Selbst-) Zu-Masse-Werdens, denn die Kunst des Schreibens beruht – so Canetti – auf der Kunst der Verwandlung, der Kunst des *Sich*-Verwandelns. Und die Kunst der Verwandlung ist die Kunst der Überwindung der „Berührungsfurcht" im Sichversetzen in das „Eigenleben" des Gegenübers. Canetti selbst verfährt im Schreiben von *Masse und Macht* wie die von ihm beschriebene Figur des *Tricksters*, des „Meister-" und „Meistverwandlers", „der jede Gestalt annehmen kann, wann immer es ihm beliebt..."[12] Zwar wird die „Begabung des Menschen zu Verwandlungen"[13] durch Verbote, durch politische Hierarchien, soziale Abgrenzungen und geschlechtliche Unterscheidungen an ihrer uneingeschränkten Entfaltung gehindert. Aber wie *Masse und Macht* zeigt, gibt es für jene Verwandlungsfähigkeit keine *prinzipiellen* Grenzen. So beruht Canettis Buch auf einer Ausdehnung der Verwandlungsfähigkeit und -lust, die alle Grenzen übersteigt, die gewöhnlich die Bereiche und Weisen der Erkenntnis voneinander trennen. Das gilt zunächst für die Grenzen zwischen den räumlich, zeitlich und kulturell verschiedenen Gestalten menschlichen Lebens, deren verwandelnde Überschreitung Canettis eigentümliche Umgangsweise mit all den historio- und ethnographischen Texten begründet: Sie gelten ihm nicht als Berichte, aus denen er Informationen gewinnt, sondern dienen ihm als Materialien, aus denen er durch Verwandlung Figuren bildet. Auffälliger und zugleich eindrücklicher ist jedoch, daß Canettis Verwandlungskunst in *Masse und Macht* nicht nur die Binnen-, sondern auch die *Außen*grenzen menschlichen Lebens überwindet. So gilt sein Sich-Verwandeln dem „Eigenleben" der Tiere auf der Flucht oder beim Spiel, der Dinge und Prozesse der Natur, der einzelnen Körperglieder ebenso wie der Formen der Vergesellschaftung. Canettis Verwandlungskunst kennt keine Grenzen zwischen dem Menschlichen, seinen natürlichen Elementen und seinen gesellschaftlichen Einheiten. *Masse und Macht* zu schreiben hieß für Canetti, die Verwandlungen, die er durchlaufen und die Erfahrungen mit sich und der Welt, die er in diesen Verwandlungen gemacht hatte, zu dokumentieren; es hieß, seine Überwindung der Berührungsfurcht gegenüber den und dem anderen in der Verwandlung *in* den anderen, in *die* anderen zu dokumentieren; es hieß, sein eigenes Zu-Masse-Werden aufzuschreiben.

Aber: Es gibt kein Zu-Masse-Werden, kein Zu-Masse-Werden als *Kunst*, das nicht auch und zugleich Machtausübung ist. Denn es gibt keine Kunst des Schreibens, die nicht der „Sucht zu überleben" folgt, die nicht den anderen zu zwingen, zu nötigen versucht, mich in ihm überleben zu lassen. Und ebenso gibt es auch keine Kunst der Verwandlung, die nur die Grenzen der Person in der Versetzung in den, die oder das andere überschreitet, die reine Abwesenheit von Furcht, die reine Freiheit wäre. Wie ich oben schon sagte: Canettis Beschreibungen sind illusionslos, und das gilt auch, vielleicht sogar am meisten, für die Beschreibung seiner selbst. So ist die Kunst der Verwandlung, eingeschlossen seine eigene, nicht nur „das Beste", „wozu der Mensch imstande ist"[14], sondern auch die „Fähigkeit des Menschen ..., die ihm so viel Macht über alle übrigen Geschöpfe gegeben hat"[15]. Verwandlungen, auch Canettis eigene, dienen immer auch „der Steigerung seiner eigenen Macht"[16] – der Macht über das, worein man sich verwandelt; der Macht über die, vor denen man sich verwandelt. Das zeigt sich am deutlichsten, wenn die Verwandlung – wie Canetti sagt – in „beschränkter" Form vollzogen wird, in der Form der „Verstellung". Hier erweist sich die Verwandlung als eine Machttechnik – eine Technik, die auch vom Machthaber genutzt wird. Allerdings – wie gesagt – nur in „beschränkter" Form:

„Die Verstellung, dieser beschränkte Aspekt der Verwandlung, ist als einziger dem Machthaber bis zum heutigen Tage geläufig. Weiter *kann* sich der Machthaber gar nicht verwandeln. Er bleibt er selbst, solange er sich seiner feindlichen inneren Gesinnung bewußt ist. Er ist auf Verwandlungen beschränkt, die diesen inneren Kern, seine eigentliche Gestalt, immer und vollkommen intakt halten. Er mag es für günstig erachten, manchmal den Schrecken, der sich von seiner wahren Gestalt verbreitet, zu verbergen. Er kann sich verschiedener Masken dazu bedienen. Er wird sie immer nur zeitweilig anlegen; und nie werden sie an seiner inneren Gestalt, die seine Natur ist, das geringste verändern."[17]

Somit gilt: Verwandlung, *auch* Verwandlung ist nicht „einfach" das Andere der Macht, sie ist selbst eine Form der Machtausübung. Die Verwandlung ist in sich selbst zweideutig oder gedoppelt: Sie ist die Kunst des Zu-Masse-Werdens *und* eine Technik der Macht. Die Verwandlung ist der Prozeß (die Verwandlung ist *ein* Prozeß), in dem Zu-Masse-Werden und Machtausübung zugleich anwesend sind und vollzogen werden. Damit ist die Verwandlung, die Weise der Verwandlung eines der Kampffelder zwischen dem Machthaber und dem Schriftsteller, der seinen Kreislauf zu unterbrechen, der ihm im Griff an die Gurgel die Luft abzudrücken versucht. Beide brauchen die Verwandlung; beide verwandeln sich. Aber beider Verwandlungen, beider Weisen, sich zu verwandeln, stehen zugleich im schärfsten Gegensatz. Canetti bekämpft den Machthaber und errichtet in der Figur des Schriftstellers dessen „Gegenbild", indem er ihm die Verwandlung entreißt, indem er die Verwandlung aus ihrer „beschränkten" Form in den Händen und zu Diensten des Machthabers befreit – indem er die Verwandlung verwandelt.

Die Verwandlung verwandeln und dem Machthaber entreißen bedeutet, sie zu entschränken. Im Dienste des Machthabers beruht die Verwandlung auf einer „extreme[n] Trennung von Innerem und Äußerem, die verschiedener gar nicht sein könnten"[18]. Die Verwandlung, die eine Machtausübung ist, ist die auf das Äußere beschränkte Verwandlung: diejenige, die das Innere des Sichverwandelnden unberührt läßt, es *nicht* verwandelt. Wie der Machthaber nur die anderen zur Masse macht (die er sterben lassen und daher überleben kann), so verwandelt er sich auch nur für und vor den anderen, niemals aber in sich selbst. Der

Schriftsteller dagegen setzt *sich*, sich selbst in seinem Inneren, der Verwandlung aus. Verwandlung ist hier nicht – oder: nicht nur – Verstellung gegenüber den anderen, sondern ein Versuchen, ein Experimentieren mit sich selbst. Das zeigt sich an den Figuren oder Masken, die die Verwandlung als ihr Ergebnis hervorbringt. Die andere Figur oder die Figur des anderen, in die der Machthaber sich verwandelt, ist eindeutig – sie *muß* eindeutig sein, um täuschen zu können. Vor allem muß sie vergessen machen, daß sie Figur oder Maske ist; sie muß als die Sache oder Person selbst erscheinen. Demgegenüber sind die Figuren, die der Schriftsteller hervorbringt, gerade weil es Figuren seiner selbst sind, keine täuschenden, keine verstellenden Figuren. Sondern Figuren, die – wie nach Canetti die „erste und älteste Figur", die Figur an ihrem „Ursprung" – die Verwandlung *in* sich selbst bewahren und enthalten. Die Figuren des Schriftstellers enthalten die Verwandlung in sich selbst; „im Gegensatz zu dem, was wir uns heute als Figur vorstellen", drücken sie „den *Vorgang* einer Verwandlung zugleich mit deren *Ergebnis*"[19] aus. Die Figur, die durch die Verwandlungen des Schriftstellers hervorgebracht wird, ist eine sich in ihrem Herstellungsprozeß zeigende Figur: eine Figur, die nicht starr ist und fertig, sondern die ihr eigenes Werden, und damit auch Vergehen, enthält.

Eine solche Figur nennt Canetti eine „freie Figur"[20]; das Sich-Verwandeln des Schriftstellers, und die Figuren, die es hervorbringt, sind frei. Und zwar sind sie frei genau in dem Sinn, in dem Canetti das Zu-Masse-Werden eine Erfahrung der Freiheit genannt hat: Sie sind frei, weil sie die durch Furcht gezogenen Grenzen überwinden – die Grenze zwischen mir und den anderen, die Grenzen zwischen Innen und Außen –, in die der Machthaber eingesperrt ist. Das Sich-Verwandeln in den anderen, nicht um ihn zu täuschen, sondern so, daß eine Figur entsteht, die beides, eine irreduzible Doppelheit, mich *und* den anderen und den niemals endenden Weg vom einen *zum* anderen enthält – ein solches Sich-Verwandeln ist der Vollzug des Zu-Masse-Werdens als Kunst. Und es ist zugleich, was der Schriftsteller tun muß, um diejenigen „Werke" zu schreiben, die ihn überleben lassen. Denn das ist der Grund, warum wir ihn lesen: nicht um seiner selbst willen, um willen seiner „Identität", sondern um seiner Verwandlungen willen – um seiner Fähigkeit willen, sich in die anderen zu verwandeln, Figuren der und des anderen (die immer auch Figuren seiner selbst sind) zu bilden und aufzuschreiben. Das ist die Weise, wie der Schriftsteller – im Gegensatz zum Machthaber – in seinem Werk überlebt. „[D]ieses Werk" – so beschreibt Canetti den Impuls des Schreibens – „muß da sein, und damit es da ist, muß es das größte und reinste Maß von Leben enthalten. Nicht nur hat man es verschmäht, zu töten, man hat alle, die mit einem waren, mitgenommen in jene Unsterblichkeit, in der alles wirksam wird, das geringste wie das größte."[21]

Aber vergessen wir über dieser Differenz, diesem Gegensatz von Schriftsteller und Machthaber nicht die Erfahrung des Kampfes, mit der wir begonnen haben. All das, was der Schriftsteller unternimmt und erreicht – sein Sichverwandeln in Freiheit, seine Kunst des Zu-Masse-Werdens, sein Überleben ohne zu töten, in unserem Lesen und Gedenken –, all das ist kein Zustand jenseits des Kampfes; all das sind Züge, Listen, Strategien *im* Kampf des Schriftstellers mit dem Machthaber. Zu diesem Kampf und seinen Gegensätzen gehört eine tiefsitzende, unausräumbare Gleichheit. Der Kampf zwischen dem Machthaber und dem Schriftsteller ist einer *um dasselbe:* – Machthaber wie Schriftsteller sind angetrieben von der „Sucht", der „Leidenschaft zu überleben",und sie führen ihn häufig mit den gleichen Mitteln – den Künsten und Listen der Verwandlung. Beide bestehen aus denselben Elementen: Masse und Macht, den Elementen, aus denen nach Canettis gewaltigem (auch gewalt*tätigem*) Unternehmen alles, jedenfalls alles Menschliche besteht. Der Schriftsteller, wie Canetti ihn entworfen und verkörpert hat, täuscht sich darüber nicht. Ja, der Schriftsteller darf und kann sich darüber – daß er, wie alles, aus Verhältnissen von Masse und Macht zusammengesetzt ist – nicht täuschen, wenn er den Kampf mit dem Machthaber bestehen, wenn er dem Machthaber „beikommen" will. In diesem Kampf hat nur der Enttäuschte eine Chance: derjenige, der sich den Täuschungen über seine grundsätzliche, sozusagen „garantierte" Andersheit gegenüber dem Machthaber entsagt hat. Die Anerkennung der Gleichheit mit dem Machthaber – dessen, worin wir alle dem Machthaber gleichen – ist die Voraussetzung dafür, im Kampf mit ihm bestehen zu können. Eine Voraussetzung, aber wiederum keine Garantie. Sondern eine Voraussetzung und eine Gefahr. Die Gefahr nämlich, in eben dem Moment selbst an der Gurgel gepackt zu werden, selbst die Luft abgedrückt zu bekommen, da man die exponierte und verwundbare Stelle des Machthabers gefunden und den entscheidenden Griff angesetzt hat. Dieser Gefahr hat sich Canetti in *Masse und Macht* wie kaum ein anderer ausgesetzt. Nur deshalb hat er sie bestanden.

Anmerkungen

1 Der Vortrag nimmt Motive und an einigen Stellen Formulierungen auf aus meinem Essay „Die Kunst des Fallens. Zu Canettis Politik der Erkenntnis", in: Michael Krüger (Hg.), *Einladung zur Verwandlung. Essays zu Elias Canettis „Masse und Macht"*, München/Wien: Hanser 1995, S. 38-67. Ich zitiere Canettis Schriften mit den folgenden Kürzeln: MuM: *Masse und Macht*, Düsseldorf: Claassen, 1960; FiO: *Die Fackel im Ohr. Lebensgeschichte 1921-1931,* München/Wien: Hanser, 1980; DAs: *Das Augenspiel, Lebensgeschichte 1931-1937,* München/Wien: Hanser, 2.rev. Auflage 1994.

2 MuM, S. 527

3 MuM, S. 311

4 MuM, S. 528

5 MuM, S. 278

6 MuM, S. 311

7 FiO, S. 143

8 MuM, S. 15

9 MuM, S. 9f.

10 FiO, S. 143

11 FiO, S. 79

12 MuM, S. 428

13 MuM, S. 429

14 DAs, S. 217

15 MuM, S. 373

16 MuM, S. 385

17 MuM, S. 417

18 MuM, S. 414

19 MuM, S. 419

20 MuM, S. 418

21 MuM, S. 311

VERSCHWINDEN DER MASSE?

Klaus Theweleit

„Nichts fürchtet der Mensch mehr als die Berührung durch Unbekanntes."[1] Dieser (Grund-)Satz zum Komplex *Eigener Körper & Aliens*, mit dem Canettis Buch *Masse und Macht* einsetzt, will nicht nur im Rhythmus einer jener Eröffnungssätze sein, die sich dem Leser vom ersten Moment an als unauslöschlich einprägen – wie der Eröffnungssatz des *Moby Dick* oder der der *Bibel*: „Nenn mich Gott!" –, er will in seiner apodiktischen Gedrängtheit auch gleich den stärksten Affekt mitbenannt haben, um den es bei der Massenbildung geht; denn: „Es ist die Masse allein, in der der Mensch von dieser Berührungsfurcht erlöst werden kann." So die Ouvertüre. „Am Anfang" ist also *die* menschliche Zentralfurcht; Canettis Buch ist das Versprechen ihrer möglichen Lösung: „Es ist die *dichte* Masse, die man dazu braucht, in der Körper an Körper drängt, dicht auch in ihrer seelischen Verfassung, nämlich so, daß man nicht darauf achtet, wer es ist, der einen ‚bedrängt'. Sobald man sich der Masse einmal überlassen hat, fürchtet man ihre Berührung nicht. In ihrem idealen Falle sind sich alle gleich. Keine Verschiedenheit zählt, nicht einmal die der Geschlechter. (...) Es geht dann alles plötzlich wie *innerhalb eines Körpers* vor sich."[2]

Canetti wußte, gegen wen und was er diese Sätze anschrieb, in den 40er und 50er Jahren, als sein Buch entstand: deutsche Horden, die nicht in Form von *Massen,* sondern von *Heerblöcken* Europa überzogen hatten. Diese Blöcke (Heer, Polizei, SS, Verwaltungsbürokraten) hatten versucht, das Gegenteil des *Masse-Werdens* zu praktizieren: Abgrenzungen, Selektion, Liquidation. *Berührung* mit einem Körper wie dem seinen, mit jüdischen Körpern, hatten sie nur gesucht, um diese auszulöschen. Das war die Lösung ihrer *Berührungsfurcht.* Sich mit „dem Jüdischen" in einer Masse zu *einem einzigen Körper* zu verbinden, hätte für den Nazi bedeutet: sich aufzulösen.

Jüdische Massen waren in der Nazirede für alle großen Auflösungen des Jahrhunderts verantwortlich: für die Auflösung der „natürlichen Ordnungen" (russische Revolution), für die Auflösung des Geldwerts (durch Inflationen und „Zinswucher"), für die Auflösung des Werts der Arbeit (durch die *Dolce vita* aus Zinserträgen) und für die Auflösung des eigenen Körpers: durch blutvergiftende Sexualität mit anschließender Zersetzung: massenhafte Fäulnis als sicheres Ergebnis des Umgangs mit jüdischen Körpern, sei es Mann oder Frau.

Die *Krankheit Jude* war für den Nazi nicht zu trennen von der *Krankheit Masse.* Entsprechend schlecht stand der Begriff *Masse* in Deutschland im Kurs, als Canettis Buch erschien. Nach dem Horden- und Block(wart)-Wesen hatten „die Deutschen" das Individuum entdeckt, den wertvollen Einzelmenschen und Allein-Gänger, in den sich das deutsche Personal flugs verwandelt hatte; *Massenmensch* war nach wie vor das Unfeine – hatte aber das Etikett gewechselt; kam jetzt aus Amerika.

Logischerweise, möchte man sagen, blieben die Körper jener, die aufwuchsen, um sich vom Nazi-Leib der Älteren zu unterscheiden, hiervon nicht unberührt. Zwar lernte man, in Schule, Kirche, Elternhaus, daß Masse abzulehnen sei, undeutsch, plebejisch, barbarisch, unkultiviert, aber Kopf und Körper liefen, als sich die Gelegenheit ergab in den Sechzigern, nicht nur vorbehaltlos auf die Straße und zur Masse über als ihr Teil, sondern als offener Agitator für das Prinzip *Massenbildung;* Canettis Beschreibung des Wegfalls der Berührungsfurcht und Eintritt in einen größeren, freieren Körper erwies sich als exakt. Der bewußte Schritt in die Masse als *Umbau-Formation* war ein entscheidender Schritt *ins Freie;* nur wenige andere Schritte waren folgenreicher fürs eigene Leben.

Sieht man die heute ca. 25jährigen an, findet man eher Differenzen als Ähnlichkeiten. Kaum eine(r) von ihnen würde die Einführung des eigenen Körpers in eine Masse Gleichgesinnter als das *Geburtsmoment* ihrer „eigentlichen" Körperlichkeit angeben; die 30-, 35jährigen ebenfalls nicht, so wenig wie die Jugendlichen von 15 oder 20. Sie haben/hatten andere Erweckungen, es hat Verschiebungen gegeben im Aufbau gesellschaftlicher Körperformen.

In den Jahren nach 1930 waren es *Menschenmassen,* die den Weimarer Staat zum Einsturz brachten. An erster Stelle war es das *Bild* der Millionen Arbeitsloser, das dieser Staat und seine Bürger nicht integrieren konnten, das sie nicht ertrugen. Nicht die politischen Aktionen der Arbeitslosen selber waren dabei für den Zusammenbruch der Republik entscheidend, sondern die dauerhafte Anwesenheit dieser Masse im öffentlichen Auge. Wer an diesem Bild entscheidend etwas ändern würde, würde als Sieger aus „Weimar" hervorgehen, das war deutlich. Es war das *Gegen-Bild* einer in militärische Formationen gegossenen Masse, das Bild einer beruhigten Masse, das Bild einer sich selber und andere unterdrückenden Masse, vom Arbeitsdienst bis zu angetretenem Parteivolk, das die Deutschen wie die Österreicher mehrheitlich entflammte.

Wo sind die 6 Millionen statistisch ausgewiesenen Arbeitslosen der neuen BRD heute im „öffentlichen Auge"? Sie sind in erstaunlichem Maße nicht präsent im Öffentlichen.[3] Kaum jemand wundert das groß: der bekannteste Versuch, darauf zu reagieren, stammt nicht von Politikern oder Arbeitsämtern, sondern vom Film- und Theatermacher oder auch medialen Öffentlichkeitsarbeiter, Christoph Schlingensief. „Wen man nicht sieht, öffentlich, der sieht fern", folgerte Schlingensief – und was sehen 6 Millionen, wenn sie fernsehn? Talkshows. Ein guter Arbeitsloser hat, wenn man ihm Arbeit schon nicht geben kann, Besseres verdient als schlechtes Fernsehn: Talk 2000 entstand als Arbeitslosenfutter, als medialer Beweis ihrer wirklichen Existenz.

„Ich glaube, Arbeitslosen bleibt nichts anderes übrig, als sich selber zum Kunstwerk zu erklären, damit sie überhaupt noch irgendeine Funktion haben."[4] – „Kunstwerk" macht sie nicht sichtbarer als Masse, aber spürbarer als Perlen auf einer 6 Millionen-Kette; oder wahrnehmbarer als Hände einer Aktionskette, die alle im gleichen Moment eine Bierflasche öffnen: im Moment, in dem *die Sendung* beginnt, die Show-Serie, die ihnen ihre besondere Existenzform bestätigt.

Mit dem Schlingensief-Motiv leitet am 10.9.97 Nadja Klinger ein „Schlagloch" zur Arbeitslosigkeit in der taz ein; Titel: *Stürmt die Praxis Bülowbogen* – manchen bekannt als die Fernsehserie, die u.a. den Schauspieler Günter Pfitzmann ins Brot setzt–, so muß er nicht als Kunstwerk-Darsteller zu Hause vorm TV hocken und auf die Show warten, die ihn erlöst.

Wozu kreuzt Klinger auf mit dieser *Fernseh-Serie,* wenn es um Arbeitslose geht? Als Klinger noch, vor ein paar Jahren, in einer anderen Zeit und einer anderen Welt, in ihrer

FDJ-Zeitung arbeitete, und dann die Mauer fiel, und alle wußten, es würde bald Entlassungen geben, traf es zuerst Charlie, den 60jährigen Redaktionsfotografen. Er war vorruhestandsreif, also nicht so dramatisch die Entlassung, jüngere Redakteure traf es bald schwerer.

„Zwar hatten alle Kollegen mit dem Problem der Arbeitslosigkeit gerechnet", schreibt Klinger, „gleichzeitig aber gehofft, in der neuen Gesellschaft zu lernen, wie damit umzugehen ist. Doch da war keine Möglichkeit erkennbar. So protestierten wir aus lauter Hilflosigkeit, obwohl wir längst wußten, daß unsere Zeitung ihre zahllosen Mitarbeiter unter marktwirtschaftlichen Bedingungen nicht halten konnte." Aber wie protestieren, bei Entlassungen, die man irgendwie „einsieht"? Man schämt sich, und weiß nicht wofür. „Schließlich nahm unser Aufstand die Form eines gemeinsamen Wochenendausflugs an; die Redaktion fuhr Kahn, grillte, soff und vergaß Charlie danach schnell."

Die Arbeitslosigkeit, die dann viele traf, stellte sich anders dar, als erwartet; nicht als ein „Loch im Nichts", sondern als eine neue *Tätigkeit.* Die Arbeitslosen erschienen ihr als neue Kategorie Mensch: „Der *Bewilligungsbescheid* öffnete ihnen Türen, verbilligte ihnen das Kino und die Bahnfahrt. Ihren Namen ersetzte die *Stammnummer.* (...) Unsere ehemaligen Kollegen führten fortan ein anderes Leben." Nicht das Leben einer agierenden Masse, auch zu „Kunstwerken" mutieren sie nicht auf der Stelle, aber es geschieht etwas mit ihnen, das Klinger mit dem Wort „institutionalisieren" zu fassen sucht: „Wie viele die Arbeitslosen auch waren, ... sie existierten nicht als Problem, weil sie die Gemüter nicht erregten, man sprach nicht von ihnen, sie waren weder Tagesthema, noch taugten sie für einen Ausblick. Dennoch verlief zwischen unseren ehemaligen Kollegen und uns die Grenze: der Staat hatte ihr Leben auf eine Art institutionalisiert."

Bewilligungsbescheid, Stammnummer, Ausweise usw. schaffen eine Zugehörigkeit zu einem Sozialkörper, der von staatlichen Instituten am Leben erhalten und reguliert wird, von Behörden, die das bezahlen und dabei Zeichen erzeugen, in denen die Arbeitslosen sich erkennen und ertragen; mit anderen Worten: es sieht aus, als würden die Entlassenen registrierte Teile einer Serie von besonderen Menschen, ausgeschlossenen von Arbeitsplätzen zwar, dafür aber ausgestattet mit exakt definierten Zugehörigkeitsnormen. Diese versehen sie mit einer Art unerwarteter Stabilität – als hätten sie einen neuen Institutionenkörper erhalten, dessen Form das Land ohne weiteres zu „schlucken" in der Lage ist, selbst wenn es sich dabei um 6 Millionen Leute oder mehr „ohne Arbeit" handelt, Leute ohne Arbeit in einer Anzahl, die vor einem halben Jahrhundert dieses Land zum Wanken und zum Wahnsinn brachte, und andere Länder beinah.

7 Jahre sind vergangen seit Charlies Entlassung, da trifft Klinger ihn wieder: ein Spätsommerabend in der Kantine der *Volksbühne.* Sie ist Teil der Zuschauerkulisse von Schlingensiefs Talk 2000 (gezielte Arbeitslosenunterhaltung) – und plötzlich steht Charlie vor ihr, *freut* sich aber gar nicht, sie zu sehen. Er hat keine Zeit, will gleich weiter. Schlingensief hat grade eben eine Nummer mit einem *Heiner Müller-Double* getalkt; ein Teilnehmer ist drauf reingefallen und beweint nun seine Blamage. Eine kleine Pause ist entstanden. Sie fragt Charlie schnell, wie's geht, und was er so macht den ganzen Tag, da steht Schlingensief neben ihnen, Augen auf dem Charlie-Typ, und sagt: „Na, da ist er ja endlich!" Charlie lächelte ins Licht und zischte mir zu: „Ick bin's nich, ick bin det Jünter-Pfitzmann-Double."

Vier von fünf Testpersonen, denen der entlassene Charlie beim Casting vorgestellt wurde, haben sofort „Praxis Bülowbogen!" gerufen. „Und waren begeistert! Sagt Charlie."

Vier von fünf Testpersonen können nicht irren. Wer entlassen ist, kommt zum *Casting.* Multiples finden besser Arbeit als serienlose Originale; etwas Serielles erzeugt den alten Fotografen neu als „Jünter Pfitzmann"-Impersonator für die Arbeitslosenunterhaltung, besser als auf Straßen rumzustehn und Transparente hochzuhalten. Die Story bestärkt einen im Gedanken, da seien Entwicklungen am Werk, die nicht ganz zufällig verhindern, daß so etwas wie *die Masse* im alten Sinn entstehe – in einem Marxschen Sinn oder im Canettischen Sinn –, eine Masse, die in Empörung auf die Straße geht, ihre Forderungen vorträgt, *Befehlsstacheln* aus sich entfernt, wie das bei Canetti heißt, Aktionen in Gang setzt.

Masse, Massenbildung. Was ist das? Ich rekapituliere kurz Cannettis Hauptkriterien: Die *Masse* will immer etwas. Sie hat ein Ziel, hat eine Absicht. Ihr Aufbau zeigt vier Haupteigenschaften: 1. Die Masse will immer wachsen; 2. Innerhalb der Masse herrscht Gleichheit; 3. Die Masse liebt Dichte; 4. Die Masse braucht eine Richtung.

Hauptbindemittel im Innern der Masse ist nicht ein Gedanke, sondern ein Gefühl. Der Haupt*affekt* in der Masse ist die Überwindung der Berührungsfurcht. In der hergestellten Dichte sind alle wie man selbst. Deshalb ist das Ziel der einzelnen in der Masse, ihren schwärzesten Punkt zu finden – den Ort, wo die meisten Menschen beisammen sind.

Wirkliche Massen sind *offene* Massen; sie bestehen, solange sie wachsen. Der Moment, in dem sich alle gleich fühlen, ist der Moment der Entladung. Er erzeugt eine physische Erleichterung, er bewirkt den Wegfall der Distanzen und Hierarchien. Um ihn zu erleben, bildet sich die Masse. Zerstörungslust, Splittern von Glas, Schreie, Grenzen zerstören (Türen, Fenster) gehören zu ihr wie das Atmen. Masse *ist* Grenzüberschreitung. „Der nackten Masse erscheint alles als Bastille", sagt Canetti, „und das Klirren ist der Beifall der Dinge". Schöner Satz. Dann zerfällt sie wieder, aber es haben sich Kerne gebildet in ihr; um diese herum bilden sich später neue Massen. Diese Kerne nennt Canetti *Massenkristalle;* das können einzelne Personen oder Gruppen sein.

Die *offene* Masse ist die eigentliche Masse, sagt Canetti. Sie ist niemals gesättigt, zu *viele* können es gar nicht sein. Der einzelne, der abzufallen droht (zurück ins Haus, ins Individuelle), erscheint als Verräter. Es gibt auch geschlossene Massen, die Kirchen etwa; sie haben es aber „im Grunde auf ein *Abfangen der Masse* abgesehen".[5]

Schaut man sich heutige Massenbildungen an und mißt sie an den Canetti-Kriterien, fällt einem, merkwürdiger- oder bezeichnenderweise, zuerst jene Masse ins Auge, die Canetti die Hetzmasse nennt. Die *Hetzmasse* hat ein klares Ziel: sie will töten; und es ist ihr, durch staatliche Autorität, erlaubt: „Der freigegebene Mord springt für alle Morde ein, die man sich versagen muß, für deren Ausführung man schwere Strafen zu befürchten hätte. Ein gefahrloser, erlaubter, empfohlener und mit vielen anderen geteilter Mord ist für den weitaus größten Teil der Menschen unwiderstehlich. Man muß dazu sagen, daß die Todesdrohung, unter der alle Menschen selber stehen und die in mancherlei Verkleidungen immer wirksam ist, auch wenn sie nicht kontinuierlich ins Auge gefaßt wird, eine *Ablenkung* des Todes auf andere zum Bedürfnis macht. Die Bildung von Hetzmassen kommt diesem Bedürfnis entgegen."[6]

Hetzmassen sind die hervorstechende Massenbildungsformation aller fundamentalistischen Staaten, auch im Bosnienkrieg waren sie zu sehen. Daß sie verschwinden würden, ist nicht zu erwarten: staatlich erlaubter Mord (als ihr Kern) wird in jedem Fall weiterbestehen; kein Staat denkt daran, auf dieses Mittel zur Aufrechterhaltung seiner Schrecklichkeit zu verzichten.

In den westlichen Staaten wird dieser Schrecken allerdings zunehmend anders organisiert als in der Form der *offenen Hetzmasse.* Hetzmasse waren jene Rostocker Leute, die das Hochhaus mit Vietnamesen 1990 anzünden und dann die Feuerwehr behindern durften – sie fühlten die Stimmung des Landes und der Regierung hinter sich. Das wurde dann gebremst; einmal, weil solche Pogrome Deutschland in der Weltöffentlichkeit zu sehr schaden, um ständig in Betrieb gehalten werden zu können; zweitens aber auch, weil in den technischen (hochprofessionalisierten) Gesellschaften des Westens in solchen Fragen arbeitsteilig vorgegangen wird: etwaige Morde an „unliebsamen Personen" gehen an dafür ausgebildete Spezialeinheiten über (für sie bleibt der Affekt: „erlaubtes Töten" auch weiter zentral), aber es geschieht in geheimdienstlich beschränkteren Öffentlichkeiten; eine richtige Masse losjagen, die sich hinterher vielleicht nicht kontrollieren läßt, zählt eher zu den uneleganteren Mitteln, vorbehalten den offenen Despotien und unvermeidlich in bürgerkriegsähnlichen Situationen.

Eine andere Form der *Hetzmasse,* auf die kein Staat gern verzichten würde, trifft sich ebenfalls selten auf der Straße; ist zunehmend an die Bildschirme und Zeitungen verwiesen: die permanenten Meldungen von ausgewiesenen Ausländern, ertappten pakistanischen Rauschgifthändlern, hingerichteten Haschrauchern in Singapur, aber auch die Meldungen von der ganzen Schar wieder nicht eingestellter Lehrer, der Schar der Kurzarbeiter und der Riesenschar der Arbeitslosen, all dieser erlaubte Mord auf Raten wird uns ja nicht vorgesetzt, damit wir informiert sind (in der Informationsgesellschaft), sondern damit wir etwas Lust verspüren im erlahmten Leben, wenigstens die Lust am Sterben anderer, wo die uns zugestandenen Formen des *Überlebens* überwiegend im Lustlosen ankern. Aber auch dies findet mehr und mehr in Isolation statt, in der Isolation der Behausungen oder der Büros, auch die Hetzmasse ist dabei, sich mehr und mehr zu den an *Medien hängenden* und von Medien *kontrollierten* Menschenmengen zu schlagen, die man mit dem unmöglichen Term *unsichtbare Massen* behängen könnte. Offen wird diese Masse nur noch in Ausnahmefällen; das ist ein bedeutendes Indiz für die Zunahme medial organisierter Menschenmengen.

Das Partizipieren an dieser unsichtbaren Masse des verdeckten Mords kann sich auch in der Abgabe des Stimmzettels bei einer Bundestagswahl vollziehen; das Kreuz als Grabeskreuz für einige tausend Asylsuchende.

Für den Bestand der Hetzmasse stellt Canetti fest: „Sie zerfällt und zerstreut sich in einer Art von Flucht. Je gehobener das Opfer war, um so größer ist ihre Angst. Sie kann sich nur beisammenhalten, wenn eine Serie gleicher Ereignisse rasch aufeinanderfolgt."[7]

Interessant, daß in diesem Zusammenhang bei Canetti selber das Wort Serie auftaucht. Ständige Wiederholungen der Serien abgesegneten Tötens in der Hetzmasse sind vonnöten, sie vor dem Zerfall zu bewahren. Zerfällt sie, gibt es mit einem Mal keine Töter mehr, wie in Deutschland gleich nach WK II. Da die notwendigen Wiederholungen als jeweils praktische Tötungsakte in den politischen Verhältnissen heutiger westlicher Demokratien nicht gegeben sind, müßte die Hetzmasse entweder verschwunden sein oder ihre Gestalt gewechselt haben. Ich denke, sie hat ihre Gestalt gewechselt unter genau dem Wort, das Canetti benutzt: Serie; aber die Sicherstellung des Serialen läuft heute anders als vor 60 Jahren, nämlich technisch-medial. Serientode und Serientötungen am Bildschirm sind es, die die Hetzmassen als unsichtbare am Bildschirm lebendig halten.

Eine weitere real existierende Masse bilden Streikende. Eine *Verbotsmasse,* nach Canetti. Ich zögere beim Wort *Masse* in diesem Zusammenhang. In heutigen Streiks herrscht meist eine klare Gewerkschaftskontrolle (von Inschriften auf den Transparenten bis zur Marsch- und Rede-Ordnung). Daß ganze Belegschaften davon abweichen und Streiks oder Kundgebungen in ein erfinderisches Gewimmel verwandeln würden, scheint unwahrscheinlich. Auch diese Masse ist als *offene* eher am Verschwinden. Canetti sah das, wenn er zur Rolle der Organisation schreibt, „sie hat den Charakter der Verbotsmasse reinzuhalten und jede positive Einzelaktion zu verhindern“[8].

Keineswegs jedoch sind Streiks reine Verbotsveranstaltungen; für politische Aktivisten sogar das Gegenteil: die ersehnten Momente der Schulung, Ausbildung, Erzeugung von Solidaritätsgefühlen, „Klassenbewußtsein“. Darin ist keine Spur von „Verbotsmasse“; eher lauter Massenkristalle beim Versuch, *offene Masse* zu werden und den „Beifall der Dinge“ herauszufordern. Solche Massen sehen wir momentan eher nicht.

Organisierte Massen, Massen aus erklärten Mitgliedschaften, seien es die von Parteien, Kirchen oder Gewerkschaften, schienen immer schon nur zu einem Teil als „Massen“ überhaupt anerkennbar oder betrachtbar. Das ist in *Männerphantasien* im einzelnen ausgeführt in einer Kritik von Freuds Aufsatz *Massenpsychologie und Ich-Analyse.* Freuds Aufsatz war Canetti bekannt, als er sein Buch schrieb, er hat ihn aber, aus guten Gründen, nicht „benutzt“. Freuds Untersuchung orientiert sich vorwiegend an zwei großen Massenorganisationen: dem Heer und den Angehörigen von Kirchen; zwei Formationen, die streng genommen nicht Massen bilden, sondern die Form folgsamer bzw. kommandierbarer Blöcke annehmen, institutionell auf Gehorsam ihren Autoritäten gegenüber verpflichtet. Gerade das sind offene Massen nicht. So hat Canetti in einer indirekten Kritik Freuds die Religionen ins Feld geführt als institutionelle Gebilde, die das Gefühl von Massenbildung und die Absicht der Massenbildung aus ihren Angehörigen gezielt auszutreiben versuchen: „Was sie sich wünschen, ist im Gegensatz [zu dieser Masse] eine folgsame *Herde.* Es ist üblich, die Gläubigen als Schafe zu betrachten und für ihren Gehorsam zu loben. Auf die wesentliche Tendenz der Masse, nämlich zu raschem Wachstum, verzichten sie ganz. Sie begnügen sich mit einer zeitweiligen Fiktion von Gleichheit unter den Gläubigen, die aber nie zu streng durchgeführt wird; (...) Das Ziel setzen sie gern in eine sehr weite Ferne, ein Jenseits, in das man gar nicht gleich hineinkommen soll, da man noch lebt, und das man sich durch viel Bemühungen und Unterwerfungen verdienen muß. (...) Das Gefühl ihrer Einheit wird ihnen *dosiert* verabreicht. Von der Richtigkeit dieser Dosierung hängt der Bestand der Kirche ab.“[9]

Für die meisten europäischen Länder dürfte das Geltung haben; für die Länder ohne Krieg. In Ländern mit Krieg (Jugoslawien) oder Bürgerkrieg (Irland, Baskenland) kann sich die Massenberuhigungsstrategie der Kirche(n) erheblich ändern; die Angehörigen sog. Weltreligionen können sogar als veritable Hetzmassen durch die Städte ihrer Länder ziehen; die Kirche wird dann Teil von Kriegsmaschinerien; ihre Angehörigen nähern sich

Angehörigen der Armee(n) an; unter diesem Gesichtspunkt müssen sie dann betrachtet werden.[10]

Das Heer ist, laut Canetti, wegen seiner Kommandostruktur schwerlich eine Masse. Wer auf Befehl handelt, kommt nicht in den Genuß der wichtigsten in der Masse wirkenden Affekte. Canettis Zurückhaltung, die in der Kirche oder dem Heer organisierten Menschenmengen als wirkliche Massen zu betrachten, wurde in den 70ern radikalisiert durch eine Unterscheidung, die Gilles Deleuze und Félix Guattari in ihrem *Anti-Ödipus* vornehmen. Die auf Kommando angetretenen Institutionenleiber des Heeres gelten ihnen, ebenso wie die Herde der Gläubigen, die sich in die Kirchenbänke reiht, als *Gegenformationen* zur Massenbildung. Deleuze/Guattari unterscheiden molekulare und molare Massenbildungen. Massen im Sinne Canettis sind für sie immer molekular, ein Gewimmel aus veränderungswilligen einzelnen, die den Ding-Zustand der Welt durcheinanderwirbeln wollen. Ihr Zusammenschluß ist eher locker, auch wenn sie vorübergehend *einen* Körper bilden. Sie lösen sich wieder auf, wenn es ihnen gelungen ist, eine der Ordnungen des Bestehenden aufzulösen. Moleküle rauschen und wimmeln, sie sind das Gewimmel des Lebendigen par excellence; ihre größte Lust ist es, neue Verbindungen einzugehen und dabei erhebliche Energien freizusetzen. Die molaren Blöcke, Heer, Kirche, die Justiz, „die Gesellschaft" in ihrer (fiktiven) Gesamtheit mag das Gewimmel nicht; sie suchen es zu regulieren, zu kontrollieren und umzuformen zu kommandohafter Ausrichtung.

Eine andere Masse, der Canetti besondere Aufmerksamkeit widmet, ist die Masse der Teufel, Geister oder Dämonen. Ihre Rolle in der Geschichte ist ungeheuer: „In der Religion der alten *Perser* bilden die Dämonen ein besonderes Heer, das unter eigenem Oberbefehl steht. Für die Unzählbarkeit dieser Dämonen findet sich in ihrem heiligen Buche, dem *Zend-Avesta*, folgende Formel: ‚Tausende und aber Tausende von Dämonen, Zehntausende und aber Zehntausende, ihre zahllosen Myriaden.' "[11]

Masse der Dämonen, Masse der Geisterwesen, Masse der Gespenster im Wind, in der Luft – nicht nur bei den alten Persern: „Das *christliche* Mittelalter hat sich über die Zahl der *Teufel* ernsthaft Gedanken gemacht. (...) Aber schon das Evangelium, meint Cäsarius, bezeugt, daß eine Legion von ihnen in einen einzigen Menschen fuhr. Ein böser Priester auf seinem Totenbett sagte zu einer Verwandten, die bei ihm saß: ‚Siehst du jene große Scheune uns gegenüber? Unter ihrem Dache sind so viele Strohhalme, als jetzt Teufel um mich versammelt sind.' (...) Beim Begräbnis einer guten Äbtissin waren mehr Teufel um sie versammelt, als es Blätter an den Bäumen eines großen Waldes gibt. Um einen sterbenden Abt waren ihrer mehr als der Sand an den Ufern des Meeres."[12]

Da sind die kräftigsten Massensymbole versammelt, Strohhalme auf dem Scheunenboden, Blätter an den Bäumen, Sand am Meer – seltsam, daß diese Dämonenmasse im 20. Jhd. eine geringere Rolle spielen soll, wie Canetti sagt; wohin sind die Teufel und Geister entschwunden, in einer Welt, die durchaus alle Sorten neuer Anläufe auf die Belebung von totgeglaubtem Religiösen unternimmt? Denn auch die mittelalterliche Welt sah nicht einfach Gespenster, wo eigentlich „nur Luft" war: wie sollte man z.B. Phänomene wie „Ansteckungen" darstellbar machen, wenn man nichts von Mikroben und Viren wußte, den Vorgang „Ansteckung" (wie bei der Pest) aber sehr wohl als Tatsache geschehen sah? Es lag nahe, kleine Teilchen, die etwas übertragen, zu erfinden und ihnen Körper zu verleihen.

Eine Masse sichtbarer Teufel an der Wand sind ein viel *materielleres* Phänomen als z.B. ein Wort wie „Gottes Wille“, auch wenn nicht *jeder* die Teufel und Dämonen im Dachstuhl sieht, in den Blättern, im Sand der Düne.

Seit jeher gehörte es zu den Fähigkeiten dieser Geschöpfe, ihre Gestalt wechseln zu können. Heute existieren sie nur noch für wenige in der Teufelsform. Für die Mehrheit der von Louis Pasteur, Koch und anderen aufgeklärten Menschen hat das, was für die alten Perser oder die mittelalterlichen Mönche das Heer ihrer Dämonen war, seit Beginn des 20. Jhds. die Gestalt gewechselt und die von Viren und Mikroben angenommen, jetzt wimmeln *deren* Abertausende und Myriaden. Das war nicht ihr letzter Gestaltwandel. Wo zunächst nur biologische Bakterien waren, sind inzwischen auch Viren elektronischer Art.

Sie sind nicht ganz leicht auszumachen, weil sie, soweit sie den alten „Dämonen“ verwandt sind, eine Symbiose einzugehen pflegen mit höchst realen Erscheinungen und Vorkommnissen. So ist es keine Frage, daß die meisten jener amerikanischen Golfkriegs-Soldaten, die über Kopfschmerzen, Schwindel, Antriebslosigkeit klagen, das Opfer wirklicher Vergiftungen sind oder auch des Schocks, den ein elektronischer Raketenkrieg im Nervensystem der reizbareren Soldaten hinterläßt.

Es scheint diese Symptome aber auch als Folge merkwürdiger „Sendungen“ zu geben. Eine Viren-Art, übrig aus der erheblichen Reihe der Radio- und Fernsehsendungen vom Golfkrieg, schwirrt unsichtbar und frei in der Luft herum und wird auch wahrgenommen. Sie befällt deutlich Körper; sie besetzt z.B. den Arsch des Ex-Soldaten Timothy McVeigh, so daß der sich getrieben fand, dieses Oklahoma-Hochhaus in die Luft zu sprengen. Das waren die gesendeten Golfkriegsviren, denen er nicht länger widerstehen konnte, plus dieser Mikrochip im Hintern. Chip, von dem eine ganze Reihe heute lebender Amerikaner behauptet, sie hätte ihn von der Regierung, vom Pentagon, vom CIA heimlich eingebaut bekommen. Als Träger dieses Chips seien sie abhängig von den Sendungen, die jener empfängt.

So ähnlich äußert sich der „Amok“-Todesschütze in Washingtons Capitol im Juli 1998. Bei ihm ist es die heimische Satellitenschüssel, mittels derer ihn die Regierung überwacht. Und er erhält Befehle. Mr. Weston, so sein Name, schoß aus einem 45er Smith & Wesson Colt (phonetisch eine perfekte Erfüllung des Serienzeichens). Bei der „Krankenschwester“, die auf Oscar Lafontaine einstach, 1990, waren die Diktate (wie die Überwachungen) aus dem Fernsehgerät gekommen.

Sollte man diese Reden – neben dem, was sie sonst noch sein mögen – nicht lesen können als eine heutige Version der historischen Rede von den Dämonen, die einen zu Taten zwingen; Dämonen unter den Bedingungen des Medienzeitalters? Was jemand zu tun hat, wird in beiden Fällen vorgeschrieben durch *Sendung.* Daß das ganze historische Dämonenwesen (wie auch Götterwesen) im Lauf dieses Jahrhunderts mehr und mehr von den technischen Medien beerbt worden ist und weiter beerbt wird, zählt zwar nicht zu den zentralen Einsichten herrschender Medienwissenschaften, die Medienpraktiker sind aber weniger zimperlich und verfahren einfach so, als wäre das ein längst (an)erkanntes Gesetz. Nicht also, daß die Dämonen verschwunden wären, sie haben ihren Daseinszustand gewechselt, aus Jenseitigen wurden sie zu medialen, aus transzendentalen zu gesendeten Gespenstern.

So wie die unsichtbare Masse der Bazillen/Viren zu Anfang dieses Jahrhunderts die Teufel beerbt hat (unendliche Mengen auf kleinstem Raum), so wird die Masse der Bazillen/Viren jetzt selber beerbt von den Medien; aber beerbt ist nicht das richtige Wort (Viren sterben ja gerade nicht aus, im Gegenteil: sie greifen über in die Technologien); gegenseitige Befeuerung ist wohl das Wort, das hierher gehört. Die Viren kommen unabweisbar wie das gefunkte Bild, das gefunkte Bild kommt unabweisbar wie die Viren. Die unsichtbaren Massen bedienen sich zunehmend der Lichtgeschwindigkeit, Infektionen aus Gesendetem haben dabei die früheren Gespenster als unsichtbare Masse so gut wie entmachtet.

Beste Belege für die etablierte Dominanz der gesendeten Gespenster finden sich in Elaine Showalters Buch *Hystorien* – das „i“ von history ist durch das „y“ von hysteria ersetzt, ein Mischwort aus Hysterie und *History;* ein Zwitterwort für die Wirklichkeit (un)geschehener Geschichte(n) : „Showalter hat vor allem in den USA sechs große psychogene Syndrome gefunden, die zu den Neunzigern gehören wie Love Parade oder Tamagotchi: das Golfkriegssyndrom, die Multiple Persönlichkeit, die wiedergewonnenen Erinnerungen (vor allem an sexuellen Mißbrauch), ‚Recovered Memory Syndrome‘, den Satanischen Ritualmißbrauch, die Entführung durch Außerirdische und die Chronische Müdigkeit. Zu all diesen Syndromen sind längst Selbsthilfegruppen aus dem Boden geschossen, gibt es Ärzte, Therapeuten und Kliniken, die auf ihre Behandlung spezialisiert, und Journalisten, die durch Reportagen zum Thema bekannt geworden sind. Und wir reden hier nicht von zwanzig Leuten: Von den 697.000 US-Soldaten, die am Golf eingesetzt waren, gaben 60.000 an, unter unklaren Beschwerden zu leiden, die sie auf geheime Experimente ihrer Regierung mit Nervengasen und anderen Chemikalien zurückführen. David Finkelhor, ein Therapeut, der über sexuellen Mißbrauch schreibt, geht von 62% weiblicher Betroffener aus. Mindestens ‚24.000 Kinder in England‘, so wollte die Times kürzlich wissen, litten am Chronischen Müdigkeitssyndrom, und dies sei erst ‚die Spitze des Eisbergs‘.“

So Lau in einer Besprechung von Showalters *Hystorien.*[13] Zahlen und Prozente leuchten uns entgegen als kecke Spitzen von Eisbergen gespenstischer Phänomene, in die die Klinikdampfer und Senderriesen einfahren, um ihre titanische Betriebsamkeit zu entfalten. In das Kuddelmuddel aus knirschendem Eis, Schraubengeräusch und panischem Gepiepse der Versuchsmäuse vom Zwischendeck mischt sich dabei das leise, aber gewichtige Wort „psychogen“. Hat es hier etwas zu suchen?

Es *gibt* ja die Soldaten, bei denen das sog. *Golfkriegssyndrom* reale Folge erlittener Vergiftungen oder Schocks ist; auch die „nacherinnerten“ Vergewaltigungen dürften in etlichen Fällen stattgefunden haben. Und unter dem *Chronischen Müdigkeitssyndrom* leiden Jugendliche ohne alle Anzeichen der Wahrscheinlichkeit einer *psychogenen* Herkunft; ganz real eingestellte junge Leute, die offenbar eine unbekannte Seuche befallen hat.

Freuds beiläufiges Sätzchen, „daß es ein Realitätszeichen nicht gibt im Unbewußten“ – das Produkt 20jähriger harter Arbeit im Eisberg der menschlichen (oder Wiener) Psyche –, gilt aber gerade hier: die Tatsache, daß einige tausend Golfkriegssoldaten an wirklichen Vergiftungen leiden (und nicht an heimlich eingebautem Mikrochip im Arsch), die Tatsache, daß Tausende britischer Teens von einer Müdigkeit befallen sind, die alle Anzeichen einer unaufgeklärten Infektion oder Vergiftung zeigt (und nicht einer hysterischen Einbildung), ändern, ebenso wie die Tatsache nachweislicher Vergewaltigungen, nichts daran, daß beide Stränge in ihrem Anspruch, als „real“ anerkannt zu werden, gleichberechtigt sind, die „nachweisbaren“ wie die „unnachweisbaren“ Kranken.[14] Wirklich, oder auch un-wirklich, sind sie alle beide. Nur ist das Wort „psychogen" völlig fehl am Platz für die Bezeichnung der „eingebildeteren" Linie. Wieso soll „psychogen" sein, was in aller Munde und Ohren ist, weil es, in hoher Frequenz und Intensität, aus allen Medienkanälen kommt? Es sind, zumindest in der Form ihrer medial-serialen Erscheinung, öffentlich-rechtliche (bzw. öffentlich-private) Syndrome, weder psychogen (individuell) noch seuchenhaft (virusmäßig) verursacht.

Mag sein, daß Showalters Buch selber über Strecken seinen eigenen Untertitel vergißt: *Hysterical Epidemics and Modern Media.* Er unterstreicht, daß es jeweils *gesendete* Epidemien sind, elektronisch ausgestrahlte, medial organisierte Epidemien, die zu gewissen „hystorischen" Symptomen führen. Dieser gemeinsame Charakter des *Gesendet-Werdens* ist ihr Realitätszeichen. Dies Zeichen ist ein großer Vorteil den „bloß einfach vergifteten" Leuten gegenüber. Diese verfügen über ein solches Realitätszeichen nicht oder nur in sehr viel schwächerem Maße. Und: die *gesendete* Serie erscheint als *stärkere.*

Die Tatsache, ständig über die Sender zu gehen, verstärkt zwar einerseits hysterische Panikbildungen, andererseits liefert sie einen fundamentalen Stabilisierungseffekt. Das Zertifikat: ich bin Teil einer öffentlich anerkannten mysteriösen Serie, Teil der Chronischen-Müdigkeits-Serie, ich brauche das nicht zu verheimlichen, im Gegenteil, „ich sind viele", „Ich" ist ein *Exponat* dieser Serie, Ich ist ein wandelndes Ausstellungsstück, beruhigt. Es entlastet, indem es der Ausfallserscheinung im Alltag den Touch des Normalen verleiht, gleichzeitig aber aus der Normalität heraushebt: der Kopfschmerz ist ein vollkommen anderer, wenn sechzigtausend andere ihn teilen; sechzigtausend symptom-identische Leute, die von der Senderzentrale alle als Teil des Post-Golf-War-Syndroms bestätigt werden. Das gewünschte Realitätszeichen vom eigenen Leidenszustand ist also das *gesendete Serienzeichen.* Die Leute mit der Äther-Ätiologie partizipieren dabei am Realitätscharakter des „wirklicheren" Schmerzes der Vergifteten.

Die Verquickung der gesendeten Syndrome mit bestimmten literarischen, musikalischen oder filmischen Genres, die Showalter feststellt, ist daher nicht verwunderlich, sondern zwingend. Viele der „hysterical epidemics" „sind heute genau mit einem bestimmten literarischen Genre verklammert – die Multiple Persönlichkeit mit der Beichte, der Satanische Ritualmißbrauch mit der Horrorgeschichte, die Entführung durch Außerirdische mit Science Fiction", schreibt die Literaturwissenschaftlerin.[15]

Horcht man in hiesige Psychiatrien hinein, hört man, daß es zunehmend Jugendliche gibt, die in ständigem Kontakt zu Außerirdischen stehen, die einen zweiten, einen Ghost, ständig neben sich haben, oder die über „schwarze Messen" und ähnliches in Kontakt zu einem Über-Geist stehen. Die Tendenz bei behandelnden Psychologen und Ärzten ist, ihnen das nicht auszureden – es wäre zwecklos –, sondern den Geist zu „erziehen"; also seine zerstörerischen Anteile unter Kontrolle zu bekommen und den Jugendlichen zu helfen, „dem Geist zu begegnen".

Die Jugendlichen aus dieser noch relativ anonymen Menge der Geisterträger werden, über kurz oder lang, zu ihrer öffentlichen Erscheinung zu kommen suchen, in der Art eines *Christopher Street Day* oder etwas Ähnlichem; sie suchen noch ihr gültiges und verbindliches Serienzeichen; es ist erst ansatzweise entwickelt, bei einigen in einer spezifischen Sorte schwarzer Kleidung.

Die Zugehörigen solcher Syndrom-Serien, wie Showalter sie beschreibt, müssen nicht zusammenkommen, um als Serien-Teile anerkannt zu werden; sie brauchen sich untereinander nicht zu kennen, sie brauchen sich nicht auf irgendeiner Straße oder einem Platz zu einer konkreten Masse materialisieren, um zu gelten; das unterscheidet ihre Formationsart fundamental von jeder Massenbildung. Aber sie *können* unter bestimmten Umständen zu Massen werden.

Showalter berichtet, daß amerikanische Frauen, die sich zur Serie der frühkindlich sexuell Mißbrauchten zählen, regelmäßig *survival meetings* abhalten, Überlebenden-Treffen. Mit zwei Effekten: einem nach innen, der ein Masseneffekt ist: wir bilden einen einzigen großen Körper des „Vergewaltigtseins“, und einen nach außen, der mit Gesehen*werden* zu tun hat: es gibt uns noch, wir haben überlebt! Das TV-Outing, das Aufgenommen- und Gesendetwerden avanciert zum ultimativen gültigen Existenzbeweis. Wichtiger als ein „Heilen“ ist dabei der Serien-Status: Ich (allein) bin nicht(s), aber: 5 Millionen Vergewaltigte können nicht irren.

Man kann Marshall McLuhans Satz, jedes neue technische Medium ist eine Erweiterung des menschlichen Körpers, von hier aus vielleicht umkehren: menschliche Körper sind, in ihrer seriellen Existenzform, Anhängsel und Erweiterungen technischer Medien. Und: die serielle Existenzform nimmt zu gegenüber der des Menschen als Massen-Teils.

Ebenso kann Karl Kraus' Satz, die Psychoanalyse sei Teil jener Krankheit, die sie zu heilen sucht, für die Medien erweitert werden: sie sind sogar die *Urheber* der Krankheiten, die sie (nicht) heilen wollen.

Wer heute auf einem Nichtverschwinden der Masse beharrt, könnte sich vielleicht am ehesten an Canettis *Umkehrungsmasse* halten. In der Umkehrungsmasse geht es um eine Befreiung von Befehlsstacheln, mit denen man sich durch eine lange Unterwerfung unter eine Herrschaft vollgeladen hatte. Die Umkehrungsmasse unternimmt den Aufstand nach langem Zögern, langem Warten, langem Erdulden. Erfolgt ihr Ausbruch eruptiv, wird sie zur „revolutionären Masse“, erfolgt er moderat, bietet die Umkehrungsmasse z.B. das Bild, das wir sahen im Untergang der DDR.

Was ist mit den Massen, die sich zeigten beim Mauerfall 1989 (und zwei Jahre später beim Zusammenbruch des sowjet. Großreichs)? 1989 – ein sinniges Datum; ich habe zwar niemanden derer, die am Einsturz der Mauer beteiligt waren, sagen hören, sie begingen damit den 200. Jahrestag der Großen Französischen Revolution: aber sagen hätten sie es können. Das waren die 200 Jahre der Masse; der Masse als politisches Movens der Geschichte (was sie bis dahin nie so gewesen war). Von der Bastille bis zum Fall der Berliner Mauer – selbst Napoleon kann man sehen als Kaiser bestimmter Massen, nicht als bloß aristokratischen Herrscher vom Zuschnitt der Ludwigs, Karls und Friedrichs, Franz Josefs usw. der Jahrhunderte vorher; über die bürgerlichen Massen, die Arbeitermassen der industr. Revolution, zum ersten großen Massenkrieg, dem 1. Weltkrieg, dann über die sozialistischen wie die faschistischen Massen der 20er bis 40er Jahre, bis zu den revolutionären Massen der sog. Volkskriege kolonialisierter Länder, zu den Massen der westlichen Demokratien, stets lag das geschichtliche Bewegungsmoment bei ihnen: in ständiger Decodierung der Herrschafts*regeln* und Deterritorialisierung der Herrschaft selbst; sei es durch mehr oder weniger spontan aufständische Massen oder auch militärisch organisierte Massen, vor denen die Herrschaft jeweils wich; so wie sich, in ständiger Recodierung und Reterritorialisierung, auch moderne Diktatoren – nach dem historischen Sturz der Monarchien – auf mobilisierte Massen stützen mußten und konnten. *Man kann z.B. beobachten, wie sich vom 10. bis zum 14. Jhd. die Decodierungsfaktoren und die Deterritorialisierungsgeschwindigkeiten beschleunigt haben: die Massen der letzten Eindringlinge, die von Norden, Osten und Süden kamen; militärische Massen, die zu plündernden Banden wurden; kirchliche Massen, die mit Ungläubigen und Häretikern zu kämpfen hatten und sich immer deterritorialisiertere Ziele setzten; Bauernmassen, die die Besitztümer der Grundherren verließen; Massen von Grundbesitzern, die ihrerseits Ausbeutungsmöglichkeiten finden mußten, die weniger territorial als die Leibeigenschaft waren; städtische Massen, die sich vom Umland trennten und in den Städten immer weniger territorialisierte Arbeitsmittel fanden; Massen von Frauen, die sich vom alten Leidenschafts- und Ehe-Code lösten; Geldmassen, die nicht mehr angehäuft wurden, sondern in große Handelskreisläufe flossen.* Schreibt Mille Plateaux.

Das alles scheint für die Zirkulationsbewegungen des massenbildenden Körpers heute nicht mehr so zu stimmen. Nehmen wir z.B. den von 1989. Wenn wir nach den Modifikationen suchen, stoßen wir erneut auf die Rolle technischer Medien. Wieder gibt es das Phänomen einer (mindestens) doppelten Realität. Leute sind nach Westen geflüchtet aus Not, aus Verzweiflung, mit größtem Risiko für Leib und Leben, aus eigener Entscheidung. Die umfangreiche Fluchtbewegung aus der DDR über Ungarn ist aber auch beschrieben worden als eine in starkem Maße vom Westfernsehen stimulierte Bewegung. Vermutlich haben beide Versionen ihr „Recht". Das West-TV filmte den Strom und sendete ihn jeden Tag, womit die nächsten Flüchtenden, ob sie wollten oder nicht, Teil der *Serie* der Weiterflüchtenden wurden, und einige von ihnen *wollten* das auch. Diejenigen, die sie in Prag und dann in Österreich empfingen, wurden ebenso Teil der Serie der westlichen Begrüßungskomitees. Einen Art „Beweis" dafür kann man darin sehen, daß der Strom sich deutlich ausdünnte, als das West-TV aufhörte, sein Strömen permanent zu übertragen; er hörte zwar nicht auf, aber er änderte seine Richtung; der Druck richtete sich weg vom „Loch in der Mauer" auf die Mauer selber und deren Beseitigung (die Kameras standen schon da und „warteten"). Eine Weile lang waren die Akteure der DDR-Flucht (neben dem, was sie sonst noch alles waren) klar Serienwesen einer höchst erfolgreichen West-TV-Serie; dann wurden sie wieder abgesetzt als solche und anders funktionalisiert.

Die *Westflucht* nach dem Fall des Eisernen Vorhangs und dem Aufgeben der Sowjetunion ist eins der berüchtigten weiten Felder; nicht alle der „im Osten" agierenden Massen von 1990f. sind über denselben Kamm zu scheren: bulgarische, rumänische, kroatische, lettische, albanische, aber es gibt doch einen sehr instruktiven Film von Harun Farocki, der die Rolle des rumänischen Fernsehens beim Sturz und der Hinrichtung der Ceaucescus zeigt: von diesem Film aus muß man sagen: die rumänischen Massen agierten eher als Anhängsel der TV-Ereignisse, als daß es umgekehrt gewesen wäre; ein sehr gespenstischer Eindruck: die Kameraleute als Brenn- oder Kernelemente des Aufstands. So wie die Ereignisse sich im Sog ihrer Anwesenheit ereignen, muß man, dem Film nach, annehmen, daß jeder zweite oder dritte von ihnen für einen Geheimdienst arbeitete oder in Kontakt mit einer ähnlichen Informations- und Befehlszentrale stand; anders kann man sich nicht vorstellen, wie sie jeweils dahingekommen wären, wo sie sich aufhielten, nämlich im Zentrum der Ereignisse. Diese rumänische Revolution schien von den Bildern, die die technischen Medien lieferten, nicht nur nicht abtrennbar, sie schien vielmehr den Kameras zu *folgen* und ereignete sich folgerichtig genau an den Orten, wo diese standen. Wo die Masse zur *Umkehrungsmasse* wurde, hatten die Kameras (zuvor) schon die Verhältnisse umgekehrt. Das ging bis zur Hinrichtung des Ceaucescu-Ehepaares: eine Inszenierung für das TV-Auge; nicht *Massen,* die „die Diktatoren hinrichteten".

Die dt. Massen, die um 1990 tätig waren: was ist aus ihnen – soweit es sich um *Umkehrmassen* im Canettischen Sinn gehandelt haben sollte – geworden, wo sind sie geblieben in den Jahren danach? Revolutionäre oder halb-revolutionäre Massen pflegen nicht, besonders nach erfolgreicher Revolte nicht, im Erdboden zu verschwinden. Diese irgendwie doch. Ein sehr großer Teil der über das SED-Regime siegreichen Ostdeutschen fand sich ein Jahr später materialisiert zu CDU-Wählern; auch etliche der sog. Bürgerrechtler suchten ihre Wege zu den Christdemokraten West, also in Kohls revolutionäre Mauersturz-Partei. War alles, was sie loswerden wollten, das Bündel SED- und Stasi-Stacheln, mit dem sie angefüllt waren, und das sie jetzt als umgekehrt und hinausbefördert ansehen können durch „freien Ausgang" und sechs Jahre Knast gegen Egon Krenz?

Daß jeder zweite Teilnehmer mancher Demonstrationen 1989 angeblich oder wirklich in irgendeinem Stasikontakt stand oder selbst zur Stasi gehörte, könnte auf andere Weise dies merkwürdige Verebben plausibel machen; scheinbare Massenteile wären Teile von Spitzel-Serien gewesen. Aber ist die Prozentzahl nicht etwas hoch angesetzt, vielleicht?

Neue *Massen* hätten – jedenfalls theoretisch – all jene Ex-DDRler bilden können, die nicht so vermögend waren, sich einen Benz oder Land Rover anzueignen, auch nach 1:1-Umtausch nicht – die Mehrzahl also. All die, die sich von der sog. Wende überfahren fühlen und den Verlauf des Aufstands als eine Art Mißverständnis ansehen. Niedriglöhne, Arbeitslosigkeit, Kurzarbeit, steigende Mieten plus westlicherseits zurückgeraubte Häuser und Grundbesitz gäben Anlaß genug; es gibt eine riesige Menge von Beiseitegeschobenen, die aber nicht auftaucht im öffentlichen Auge. Daß sie es nicht tut, könnte auf eine gewisse Kenntnis des Charakters der Westler zurückgehn: die Westmenschen wären bitterböse über solche Demonstration von „Undankbarkeit". Schließlich haben sie, als Angehörige der überlegenen Serie(n) West, denen drüben schon 40 Jahre lang vorgelebt, wie man mit „DDR-Regimes" umspringt.

Bleibt die Diagnose, große Teile der Ostleute seien mehr oder weniger übergelaufen ins Reich der West-Fernwehbilder – keine beliebte Diagnose; aber der Run auf die Schüsseln, Autos und Videokameras hat stattgefunden; niemand wird sagen können, er habe nicht. Und tatsächlich größer geworden ist der reale Anteil Ost am Fernsehparadies, mit ein, zwei eigenen Stationen in den Neuen Ländern, die alte Freunde wie Katrin Krabbe und Katarina Witt tatsächlich freundlicher präsentieren und anders als Boris, Franz und Lothar den Schrecklichen auf SATT West. *Ist* es das TV, das die Leute in dieser Hinsicht ruhigstellt bzw. sie in etwas anderes verwandelt als in Angehörige von Massen?

Wo sich welche bilde(te)n im Osten, etwa in Gestalt kloppender Skins – auf ihre Weise ebenfalls verstehbar als potentielle *Umkehrmasse* gegen die Freiheitsversprechen des Arbeiter- und Bauernstaats –, nehmen sie eher die Form von Gangs oder Blöcken an; wo im Westen das Serielle von Hip Hop-Tribes oder ähnlichen Gruppierungen das Bild bestimmt.

Aus der Sicht der Mikropolitik wird eine Gesellschaft durch ihre Fluchtlinien definiert, die molekular sind. Immer fließt oder flüchtet etwas, das den binären Organisationen entflieht, dem Resonanzapparat, der Übercodierungsmaschine entgeht – was man mit „Sittenwandel" erklärt, Jugendliche, Frauen, Verrückte etc. Wo sind sie momentan, die Fluchtlinien von Kindern, Frauen, Verrückten, die – angeblich – *immer* da sind und Stile und Sitten wandeln? („Ihr könnt uns mal“, hör ich sie sagen. „Die Gesellschaft für euch aufmischen?“ „Fickt euch selber!“)

Was die Kinder anbetrifft, sie stecken (jedenfalls die männlichen Schuhträger) überwiegend in Vereins- oder Nationentrikots mit einer Rückennummer 10 ... oder einer 9 ... oder auch einer 7 – die Farbe und die Nummern wechseln; aber „das Kind als Serien-Wesen“ ist fest etabliert. (Das fing an mit der Serie der Oshkosh-Hosen, in die sie alle gesteckt wurden ab Mitte der 70er. Diese Serie wiederum war mitentscheidend für die Entstehung der Serie der alleinerziehenden Mütter; auch sie ein großes Medien-Thema; und alles andere als „psychogen“.)

Sehen wir uns einige heutige augenfällige Massen an, Westmassen, Techno-Discos, Love Parades, die Massen auf Fußballplätzen, die Trauermassen an der Diana Avenue, und überlegen, wieweit ihre Struktur mit Canettis Masse-Kriterien zu tun hat.

Für die *Love Parade* ist zu sehen, daß nur Punkt 2 zutrifft: eine Gleichheit der Versammelten ist da; aber die DJ's sind etwas drüber; gehören insofern nicht zur Masse. Punkt 1 stimmt bedingt (Wachstum); aber die *Parade* findet auch weiter statt, wenn sie kleiner wird; Punkt 3: „größte Dichte“ gehört nicht unbedingt zu ihren Zielen, ein gewisser Abstand zwischen den Teilnehmern (Tanzraum; elbow room) ist unabdingbar. Punkt 4 trifft gar nicht zu: eine Richtung im Sinne von Absicht, Ziel, Anliegen hat die *Love Parade* nicht. Jedenfalls nicht in einem direkten Sinn: eine *Ansteckung* soll vielleicht von ihr ausgehen. Das Massenbildungsprinzip wäre mehr oder weniger medial (virushaft) gebrochen.

Was passiert da, wenn sich drei, zwei, eine Million junger Leute versammeln und über die Boulevards der größten Stadt tanzen, derer sie habhaft werden können? Diese Ansammlung ist zusammengehalten dadurch, daß überall dieselbe oder eine ähnliche *Musik* zu hören ist; es gibt auch Läden für eine bestimmte Art passender Klamotten. Nicht gleiche Kleidung, aber „angemessene“. Darüber hinaus scheint sie kein Ziel zu haben; sie will, daß in allen Ohren Ähnliches klingt und daß alle dazu auf der Straße sind; das Ganze soll sich bewegen – „Parade“ –, aber ob es im Kreis läuft oder geradeaus, irgendwohin oder nirgendwohin, ist relativ gleichgültig. Die Gleichheit untereinander wird hergestellt durch die Bereitstellung einer äußeren Quelle, an der alle in gleichem Maße hängen.

SOUND + FUN. Sound und Fun sollen solange dauern wie irgend aushaltbar. Auseinander wird gegangen, weil das Weekend vorbei ist und weil man es nicht länger aushielte, aus Erschöpfung also.

Wieweit der DJ als Kommandeur über dem Ganzen schwebt, muß ich nicht entscheiden. Wäre es so, könnte man sagen, da seien viele Teilmassen mit jeweils einem Führungs-DJ versammelt; das würde gewissen Zügen von Kirchen ähneln und der Tanz mehr einem Ritual als einer offenen Massenbildung.Aber musikalische Zentren sind deutlich, die Kerne der Lastwagen mit den Tonträgern. Solche Zentren in Massen haben nach den Überlegungen der *Mille Plateaux* den Sinn, vorhandene „Strömungsquanten, so gut es geht, in Linien-Segmente zu übersetzen“. Solche Segmente sind in der einen oder andern Weise steuerbar (totalisierbar); wie weit in der *Love Parade* von solchen Steuerungsmöglichkeiten Gebrauch gemacht wird (Karneval?), kann ich nicht beurteilen; aber sie sind da.

Marshall McLuhan ist nach wie vor der Autor, den man kontaktieren muß, um in diesem Feld zu Erkenntnissen zu kommen; seltsam bekannter und seltsam ungenutzter Denker des Medialen und damit auch Seriellen, in Deutschland ähnlich ungenutzt wie die Arsenale der Mille Plateaux. Die meisten Theoretiker der Moderne wären durch D/G & McLuhan zu erweitern, so auch Elias Canetti.

McLuhans *Understanding Media* gibt's seit den 60ern – sein erstes Buch, *The Mechanical Bride. Folklore of Industrial Man,* New York 1951, erst seit 1996 auf deutsch: *Die mechanische Braut. Volkskultur des industriellen Menschen.*[16] In *The Mechanical Bride* zitiert McLuhan eine Äußerung von Cecil B. DeMille. Sie stammt vom März 1943 – da sitzt Canetti an *Masse und Macht.* DeMille erregt sich über Schauspielerinnen, die ihm in Hollywood beim Casting vorgestellt werden – sie erscheinen ihm sämtlich als serielle Wesen, Multiples eines Typs, den es gar nicht gibt, der aber allgegenwärtig scheint, übereinstimmend in Augen, Lippen, Mund und Haar: „Der Ärger ist, daß alle gleich aussehen, gerade so, als wären sie wie Silberdollars von einer Münzpräge ausgestanzt worden. (...) Viele von ihnen haben ein ganz eigenes, individuelles Aussehen, wenn sie ankommen. Aber auf diese Art treten sie dann nicht auf.“ [17]

DeMilles Vorschlag, die Hollywoodschönheit „mit Nummer statt mit Namen zu versehen“, liegt nicht weit von der Arbeitslosen-Stamm-Nr. Das Self-Styling der Schauspielerinnen auf der Kippe zwischen Vertrag oder nicht Vertrag ist ein Kampf um Arbeit. Sie glauben, ihn als Serienteile besser zu überstehn; und als Serienphänomen werden sie von DeMille gesehen, 1943 schon; aber, in automatischer Anwendung der gängigen negativen Bewertung von Automatenproblemen, mißfällt Cecil B. dies. McLuhan teilt diese Bewertung nicht, wie man gleich sieht; er hat etwas anderes im Sinn mit der Diskussion solcher Beobachtungen: „Die Methode der ‚Glorifizierung des amerikanischen Mädchens' à la Ziegfeld bestand darin, sie in einer Linie aufzureihen und sie dann kunstgerecht in einen dynamischen Blütenwirbel aufzulösen. Hinter der Auflösung der Linie stand und steht die choreographische Absicht, eine riesige Blume zu formen, die sich in verführerischer Weise öffnet und schließt.“[18] Das wurde als „Ornament der Masse“ u.a. von Kracauer beschrieben; aber Mc Luhan geht es weder um die Masse noch ums Ornament, wenn er feststellt: „die ‚Reihe' selbst mit ihren glatten, reibungslos funktionierenden Bewegungsschablonen ist von noch grundlegenderer Bedeutung“, die Reihe selbst, in der Frauen wie aufgezogen „eine Serie von Tapsern, Beinwürfen und Schlenkern durchspielen“. McLuhan war nicht der einzige Amerikaner, der solchen Erscheinungen mit dem Thermometer zu Leibe rückte statt mit dem (europäischen) Bedeutungsmesser: *„Some like it cold“* soll Ring Lardner gesagt haben beim Anblick eines Revueballetts – während Massenphänomene *heiße* sind. Die „Kälte“, die Lardner/McLuhan am Werk sehen, ist keine des Gefühls oder der beteiligten Körper, sondern ihrer *elektrischen* Organisation: „... es gibt eine gewisse Verwandtschaft zwischen dem Dynamo der abstrakten Macht, der ‚die Reihen' in Bewegung setzt, und dem Dynamo abstrakter Finanzen und Technik, der die Leidenschaften der ermüdeten Geschäftsleute bewegt, die mit abgöttischer Verehrung vor jenen Reihen sitzen. ‚Die Reihe' ist nicht auf gleiche Weise sinnlich oder sexy wie die Berufstänzerin eines Varietés.“ [19]

Das ist, weil der Körper der Reihen und Serien (so „heiß“ er als individueller sein mag) aus dem Arsenal der hergestellten Dinge kommt, die bekanntlich abkühlen müssen, bevor sie in die Regale gelangen oder zu ihrem sonstigen geregelten Gebrauch: „‚Die Revue', schreibt

Gilbert Seldes in The Seven Lively Arts, ‚entspricht jenen Luxuszügen, die immer auf die Minute pünktlich sind, den Millionen von Ersatzteilen, die immer passen, der Entspannung des Handels, wenn die Preise stabil sind; aus dem Orchestergraben mag Jazz oder symphonische Musik erklingen, darunter liegt der wahre Ton der Parade, das gleichmäßige, unvergängliche Schnurren des Dynamos.' " [20]

Da ist das Wort: *Parade;* von den amerikanischen „Parades" hat auch die *Love Parade* ihren Namen, allerdings geht es bei der Love P. nicht um die Demonstration visueller Einförmigkeit; im Gegenteil, es ist die Show farbigster Vielfalt. Ihr Serielles ist verdeckter, hat aber, wie das Serielle der Revue-Tänzerinnen, mit dem Dynamo zu tun: dem Dynamo, der die Plattenteller treibt und die anderen Musikmaschinen – nach ihrem Rhythmus formen sich die Körper der Tanzenden zu Zugehörigkeits-Serien.

Die äußere Erscheinungsform des Seriellen ist demnach nicht immer die Uniformität; bzw.: es gibt andere Uniformitäten als die optischen und die der gleichen Bewegungsabläufe. Entscheidend für McLuhans Betrachtung des Phänomens war zweierlei: seine Begründung im Elektrischen und die Wegnahme des negativen Vorzeichens in der Beurteilung; McLuhan sah, als einer der ersten, die Attraktivität der seriellen Gleichheit, z.B. für Fragen der Liebeswahl: „Deswegen ist eine Antwort auf die Frage der Anzeige: ‚Was macht ein Mädel zu einer guten Nummer?' einfach: ‚Aussehen wie eine Reihe anderer Mädels.' Auf die Frage ‚Welcher Kniff gibt ihr den Pfiff?' lautet die Antwort: ‚Ein austauschbares Teil sein.' Genau wie Erfolg und Menschenkenntnis aus Rezepten und Formeln bestehen, die jeden auf das gleiche Maß reduzieren, verlangen wir im Einklang mit diesem Prinzip offenbar, daß eine Liebes-Göttin wie die andere aussieht."[21]

Das ist veröffentlicht Anfang der 50er Jahre, geschrieben vielleicht schon Ende der 30er, eine sehr *moderne,* eine präzis prä-warholsche Wahrnehmung, für deren Ausdruck McLuhan allerdings die passenden Wörter fehlen, wie es häufig der Fall ist in medialen Umbruchszeiten. Die sich anschließende „Erklärung" des Phänomens mischt die scharfe Wahrnehmung der Erscheinung mit der Begrifflichkeit eines marktgängigen Grob-Freudismus: „Vielleicht liegt der Anstoß zu diesem widersprüchlichen Prozeß in dem heftigen Verlangen nach einem Machtschauer, der von der Identität mit einer riesigen anonymen Masse ausgelöst wird. Das Verlangen nach intensiver Individualität und Beachtung verschmilzt mit dem entgegengesetzten Extrem von Sicherheit und Uniformität: Dabei berauscht man sich an Zahlen und entlastet sich von persönlicher Verantwortung. Massen sind berauschend. Statistiken und Produktionstabellen sind Teil der dithyrambischen Poesie des industriellen Menschen. Telefonnummern von Mädchen, die tolle Nummern sind, sanfte Nummern, heiße Nummern, raffinierte Nummern, die gestylte, stromlinienförmige, künstliche Blondinen sind, erweisen sich als abstrakt und erregend zugleich. Mädchen haben berauschende ‚dates', wenn sie wiedererkennbare Teile einer riesigen Maschine sind. In Gesellschaft mit diesen Nummern gesehen zu werden bedeutet, daß man auf allen Zylindern schnurrt. Jedes Interesse an sich selbst ist nebensächlich." [22]

Das Umschaltmoment zwischen Begriffen wie „Masse" und „Reihe/Serie" ist hier gut zu fassen. McLuhan benutzt sie alle, ohne sich zwischen ihnen zu entscheiden, d.h., ohne bewußt zu registrieren, daß sie womöglich etwas voneinander Verschiedenes bezeichnen könnten. „Masse" im Canettischen Sinn ist nichts von dem, was er hier beschreibt; aber er ist sich nicht so sicher darin, das Wort „Masse" deshalb wegzulassen und sich an die Reihen und Serien zu halten, von denen er tatsächlich spricht. Dadurch kommt dieser leicht kulturkritisch-konservative Unterton in den Text, der ihm überhaupt nicht entspricht: die Wahrnehmung, daß die serielle Uniformität etwas *Liebenswertes* erhält gegenüber der Singularität des (meist eingebildeten) Individuellen, ist alles andere als „konservative Kulturkritik"; ist sogar deren Gegenteil.

Aber beides miteinander vermischt: der *Machtschauer, der von der Identität mit einer riesigen anonymen Masse ausgelöst wird,* liest sich wie ein Anklang an Le Bon oder Ortega; ebenso, daß das Lust-Erlebnis des Masse-Werdens darin bestehen soll, daß der/die Einzelnen als *wiedererkennbare Teile einer riesigen Maschine* sich erleben. Aber der Satz: *Statistiken und Produktionstabellen sind Teil der dithyrambischen Poesie des industriellen Menschen,* kommt aus der Gegenrichtung, ist Up to date-Wahrnehmung von 1951, ebenso wie die Erkenntnis, daß die Künstlichkeit des Seriellen *abstrakt und erregend zugleich* sei. Das Kühle der Serie macht einen neuen (heißen!) Affekt. So schreibt McLuhan „Masse", wo im Grunde „Serie" gedacht ist.

Die Verschiebung, die stattgefunden hätte, wäre also eineVerschiebung von Massenphänomenen auf Serienphänomene, die im Kern technisch-medial organisiert sind.

„Alle Medien massieren uns gehörig durch. Sie sind dermaßen durchgreifend in ihren persönlichen, politischen, ökonomischen, ästhetischen, psychologischen, moralischen, ethischen und sozialen Auswirkungen, daß sie keinen Teil von uns unberührt, unbeeinflußt, unverändert lassen", wird McLuhan später schreiben. Mit anderen Worten: was Massen zustande bringen an Körperverwandlung, das bringen auch Medien zustande. Die Massage, von der McLuhan spricht, hat zwei gegensätzliche Enden; ich rekapituliere kurz: auf der einen Seite weitet sie aus, auf der andern betäubt sie. Medien (technische Erweiterungen des menschlichen Körpers) funktionieren sowohl als Betäubungs- wie als Wachstumshelfer – anästhesierend und belebend zugleich.

Neue Technologien verstärken Fähigkeiten des Körpers, insbesondere des Nervensystems, derart intensiv und überfallsartig, daß das Nervensystem seine Sicherungen einschaltet: es reagiert mit einer Blockierung der eigenen Wahrnehmung. Daß die Eisenbahn ihre Fahrgäste mit Tempo 40 direkt in die Hölle befördern würde, glaubten zumindest all jene, die sich weigerten, sie zu besteigen, ein nicht geringer Teil der Mitfahrenden aber auch.[23]

Schwindelgefühle, Ohnmachten, Alpträume, aber auch rauschhafte Gefühle und eine wahrnehmbare Steigerung des Denk- und Wahrnehmungstempos waren bei der Eisenbahn nicht weniger die Folge-Effekte als 300 Jahre früher die Schwindel des Bücherlesens, das durch die Einführung des Buchdrucks möglich geworden war.

Die heutige Haltung zum Lesen beschreibt die mediale Blindheit, in der diese Diskussion immer noch geführt wird, vielleicht am besten. Keiner der (Moral-)Leute heute, die alle Übel der (jugendlichen) Welt zwanghaft dem Fernsehn zuschreiben, insbesondere seine Tendenz zur „Erzeugung von Gewaltbereitschaft", will wahrhaben, daß genau dieselbe Argumentation historisch an *jedem* neuen technischen Medium entwickelt worden ist, am Kino, am Grammophon, an Schlagern, Jazz und Rockmusik, an der Eisenbahn, an „den Maschinen" überhaupt, aber auch – und davon will niemand wissen – am *Lesen:* die erste europäische Figur, die infolge ihres übermäßigen Medienkonsums alle Sorten Realitäten miteinander verwechselt, ist nicht das ungeschützte Fernsehkind vorm Schirm 1997, sondern Cervantes

Bücherleser Don Quijote. Cervantes bescheinigt seinem Helden sozusagen Klinikreife; „verrückt geworden" vom unentwegten Gebrauch des Buch-Mediums. Sein Hirn, buchstabenverwirrt, sähe lauter Dinge, die es nicht gäbe, außer für ihn selber. Was heute als *Heilmittel* gegen die Fernsehsucht hilflos in die Debatte geschmissen wird, galt im Jahr 1610 in Spanien (um 1300 in Florenz oder um 1800 in Weimar) selbst als Verführungsmedium – zumindest als Faktum könnten die Medienverteufler dies in ihren Speicher tun und zwei Sekunden überlegen, eh sie in medialen Zusammenhängen ihre vollautomatisierten Reflexe laufen lassen.

Betäubung: sieht man sich an, was in den 70/80ern über Computer geredet, geschrieben, ausgedacht, behauptet worden ist, wird das Urteil: *Rede von Betäubten* keinen Widerspruch finden. Inzwischen hat „die Menschheit" umgeschaltet; der grundlose Kopfschmerz kommt nicht mehr für jeden aus Computermonitoren, er kommt eher aus dem All: die UFOs sind Modellbilder kommender *neuer Medien;* in den ALIENS spielt sich antizipierend ab, wo die neuen „Betäubungen" zu erwarten sein werden: im bio-technischen Eingriff in die DNS-Ketten und die Verschaltung des Menschen mit „mensch-fremden" Technologien.

Computer heute ist *alte* Technologie; wer nicht im Internet die benötigten Wirklichkeitsbeweise entdeckt hat, ist nur halb geboren: die *Erweiterung* zum *Ganzmenschen* durch Computer ist so eindrucksvoll wie möglich zur gültigen Daseinsformel avanciert. Die Spanne zwischen Betäubungs- und Belebungseffekt betrug 20 - 25 Jahre.

Medien und Körper sind in dieser Wahrnehmung nicht voneinander trennbar. Das Einschalten eines Mediums schaltet beide zusammen. Von daher ist heute eine Definition der Person (des sog. „Subjekts") von einer philosophischen oder psychologischen Grundlage aus nicht möglich, weil man den Körper unabhängig von Medientechnologien nicht denken kann (es sei denn, man kastriert ihn um diese Dimension).[24]

Die Verbindung mit einem Medium führt für McLuhan jeweils zu einer Umwandlung der Wahrnehmungsweise der beteiligten Menschen, oft zu einer weitgehenden *Verwandlung* ihrer gesamten Struktur. Damit landet McLuhan genau beim zentralen Canetti-Begriff der Verwandlung – der bei Canetti allerdings so merkwürdig unbestimmt („immateriell") oder auch literarisch bleibt. Er gewinnt erheblich an Klarheit, wenn man die Verschaltung von Körpern mit Medien – Erweiterung / Betäubung – sieht und ernst nimmt. Dies ergibt eine materielle Basis für den Vorgang, den Canetti Verwandlung nennt: Körperumbauten via Technologien, die die Sinne sensationieren, neu spannen und aufladen: „zu sich kommen lassen".

Daß menschliche Körper dabei Anhängsel und Erweiterungen technischer Medien werden, stimmt vor allem für die, die als *Serienwesen* aus Medien-Strahlungen neu hervorgehen.

Als Menschen einer Serie erscheinen z.B. die Leute im Konzert, die alle ihr Feuerzeug hochhalten für ihren Star: Glieder einer Fan-Serie in stummer Leuchtschrift. Der Beifall der Masse ist demgegenüber ein amorpher Lärm, der den Beitrag des einzelnen verschluckt. Die Feuerzeugflamme aber hält jeden einzelnen sichtbar; das Feuerzeug-Meer verschluckt ihn/sie nicht; Masse ist umgeschlagen in eine Serie aus lauter gleichleuchtenden Zuschauern/Hörern, zwischen denen eine gewisse *Distanz* besteht, und sei es eine von Zentimetern.

Serienwesen waren die drei Millionen Londoner, serialisierte Medienwesen, die sich zum

Leichenbegängnis von Princess Diana auf der Straße einfanden, jeder mit einer Rose in der Hand – Blume aus Warhol-Serie. Hingehen, wenn *alle* hingehen; die Blume hinwerfen, dabei aufgenommen werden, gesendet werden. Aufgenommen werden in die Markenserie der Gesendeten beim höchsten erreichbaren Anlaß. Dies war der größte erreichbare Serieneffekt im Europa der letzten Jahre. Die Stelle des Anlasses – hier: der Betrauerten – muß dabei möglichst leer sein. So können keine Unterschiede *der Nähe* zur Betrauerten entstehen. So kann das Serienzeichen sprießen. Diese ideale Nullstelle ist Diana genau gewesen.

Das *Diana burial* – Milliarden Leute verwandeln sich von einer Minute auf die nächste in pure Medienanhängsel – ist anders als durch den Bezug auf Gesendetes überhaupt nicht zu begreifen (oder nur mit Willkür-Operationen). Dies Begräbnis war ihre Form der *Love Parade*, der Beitritt zu einer *live!* gesendeten und sich wie ein Waldbrand weiterfressenden Serie auflebender Leute. Auch Leute, denen man eine gewisse Immunität zugetraut hatte gegen solche Beitritte, holten sich ihren Anteil *Daseinsnachweis* durch demonstratives Mit-Kannibalisieren an der Letalität des großen Medienstars: als Shareholder einer Überlebens-Aktie.

Wir haben heute große Mengen mediengespeister Leute in der Psychoposition des Überlebenden in den großen Medienstaaten Europas, in Japan, in Amerika. Sie organisieren sich nicht in Massen, sondern in Reihen, Ketten, Serien. Ihnen gegenüber befindet sich eine zunehmende Masse von Nicht-Überlebenden, von an Seuchen, Hunger und Kriegen sterbenden Menschen in der übrigen Welt. Sie erheben sich weiter in Form von Massen, wo sie sich erheben. Die „Masse" muß dabei heute mit der politischen Bürde fertig werden, die sie sich aufgeladen hat oder hat aufladen lassen: fast immer ließ sie sich (nach den ersten Entladungsakten) in die Form von Blöcken gießen, die dann als Blöcke Führern folgten; jedenfalls war das bisher meist so in der Geschichte; Serie hat durchaus auch etwas von einer *Entlastung* hinsichtlich der Dichte und Schwere politischer Gruppengewichte. Aus einer Kette z.B. kann man sich lösen; sie reißt an dieser Stelle oder schließt sich wieder. Aus einer *Masse*, die dabei ist, zu ihrer Entladung *einen einzigen Körper* zu bilden, nur schwer; und aus dem *Block* sich zu lösen, ist strengstens verboten. Der Block straft mit Tod.

Die mediale Weltserie der Überlebenden feiert ein ganz spezielles Überleben: eins gegenüber denen, die besonders sichtbar waren und daher unsterblich schienen – wie Mediensterne unsterblich sind, solange sie scheinen, dann aber doch in einem Grab verschwinden.

Hier hat eine Spaltung stattgefunden, die mit Elvis einsetzte und sich durchgesetzt hat: Elvis stirbt, aber unzweifelhaft lebt Elvis. Die technischen Medien und die Endlos-Serien verkaufter Platten haben eine neue Form des medialen Untoten geschaffen: den glänzenden Machthaber der Popstaaten, der als Person stirbt wie andere Menschen auch, der als Star-Satellit aber bleibt, Satellit auf einer Umlaufbahn. Star, demgegenüber wir weiterleben; wir sind aber auch seine Toten, die Leichenberge vor seinem Palast, nur daß wir inzwischen die historische Erlaubnis haben, diese Toten darstellen zu dürfen in Gestalt von Fans. Wir sind seine Überlebenden und seine angerichtete Masse von Toten zugleich. Tote insofern, als wir auf ein eigenes Leben in *seiner* Kategorie verzichten.

Die Serien der verkauften Klangträger aber haben etwas Konservierendes. So wie die Cola-Flasche nicht *sterben* kann, kann es die Campbells-Dose nicht, und auch Diana nicht, serialisiert in nun schon vier verschiedenen Briefmarken der englischen Post; jedes Lecken der Rückseite und Aufpappen auf den Umschlag: ein Akt serialisierter Überlebens-Garantie-Partizipation. Masse und Überlebender sind aber bei Canetti die schärfsten Gegensätze. Die heutigen *Serien aus Überlebenden* sind demnach genau *Massen* im Canetti-Sinne nicht.

Die tote Diana ist Teil der medialen Gebetszeile: *Our Daily Dead give us today* – Unsern täglich Tod gib uns heute; Tod der anderen. Das Fernsehn überträgt – I said this before – Überlebensbazillen und macht damit Serien aus denen, die (unsterblich) infiziert sind.

Die wachsende Serie der Überlebenden sitzt seit WW II, unsichtbar, vor den Bildschirmen und frißt in sich hinein nicht nur Crackers, Bier und Nüsse – Serienzeichen, die der Medienclown Guildo mit seinen Nußecken nur unzureichend ironisiert –, sondern Tod. Bei Toden wie dem der *Princess* machen sie sich sichtbar und feiern am Straßenrand, vor aller Augen, ihr eigenes Noch-Da-Sein, im Kleid der Trauernden, ihres Lieblingskostüms.

Diese Serie ist ständig im Wachsen. Bei weiteren passenden Anlässen – Tod Kohls oder Harald Juhnkes in einem Hyper-Mercedes – werden sie sich in angemessener Menge zeigen und die Gehwege vollheulen ; da Harald & Helmut als Königinnen des Herzens nicht ganz durchgehen werden, wird der Rekordpegel der Ü-Ansammlungen, den Diana gesetzt hat, aber weder erreicht noch überschritten werden; auch diesen Guiness-Buch-Eintrag hat Great Britain jetzt zurück. Sein Siegel: die *1 rote Rose,* mit der alle Serialisten ankamen. Beim Tod Elizabeths werden sie mit weißen Rosen schmeißen, bei Kohl werden es 1 Million Tierteile sein, die auf die Miete fliegen, bei Juhnke 2 Millionen Flaschen Moskovskaja oder was sonst die Zeichenbörse auswerfen wird. Eine *gemischte* Emotion: sie *feiern* ihre Trauer.

Gut möglich, daß die Techno-Tänzer auf ihren Tanz-Böden einen ähnlichen Toten-Tanz des seriellen Weiterlebens einüben; die Feier des verlöschenden Masse-Individuums, im Dunkeln keuchend, angeblitzt und befeuert von Licht-Garben, serielle Teile einer betörenden Klangmacht, gekoppelt an serielle Körperabläufe.

„Lassen wir sie ihren Tango machen", schrieb Benn in den 30er Jahren angesichts einer Jugend, deren Verschwinden in den kommenden Kriegen er als wahrscheinlich ansah. In den 60ern formulierte Bob Dylan:

But I mean no harm nor put fault
On anyone that lives in a vault
But it's alright, Ma, if I can't please him –

Das waren die eher einzelnen; verbunden durch *das Loch,* in dem sie saßen: die Serie oder Kette jener „in einer Falle". Auf der anderen Seite der Straße, entfernt von ihnen, aber nicht unfreundlich, Dylan: als Teil der Masse derer, die nicht in der Falle saßen, die sich auf Straßen und in Konzerten trafen.

Satz der 90er? Was von Rainald Goetz vielleicht: *Irgendwo schleppt sich zu jeder Stunde ein von einem solchen Wochenende im Exzeß brutal Zerstörter auf den ganz normalen täglichen Menschenstraßen endfertig dahin. Heimlich hält er Ausschau nach einer Zeitung, um zu erfahren, welcher Tag heute ist. Und er liest da die Worte: „Komm her, Sternschnuppe!"* Sternschnuppen sind Serienwesen. Sie haben keinen Kalender. Was zählt, ist die Rhythmenfolge verausgabender Tage.

Fußballplatz: die *stockende Masse.* Sie heißt so, weil sie zunächst wartet; sie findet sich besonders in Musik- und Sportarenen. Sie ist dort gleichzeitig eine geschlossene Masse; abgeschlossen von der Stadt; exterritorial, und eingeschlossen in der Arena. Die Entladung, die sie erwartet, muß also „nach innen" geschehen. Ihr Wachstum ist begrenzt (Fassungsvermögen der Stadien). Dort wartet sie auf den Moment des Aufschreis, eine Masse, die auf ihre Entladung hinlebt. Der Massenprozeß bei ihr beginnt nicht mit Gleichheit, sondern mit Dichte: „Die Gleichheit wird hier zum hauptsächlichen Ziel der Masse, in das sie schließlich mündet; jeder gemeinsame Schrei, jede gemeinsame Äußerung drückt diese Gleichheit dann gültig aus."[25]

Also Torschrei. Im Westen boomt ungeheuer: Fußball. Seit wann? Seit die Redaktion „ran" des Senders SAT 1, die Übertragungen der Champions League im Sender RTL und die Spiele in voller Länge im Sender *Premiere* die Präsenz von Fußball auf den Bildschirmen vervielfacht haben – entgegen allen Prognosen altertümlicher, d.h. unmedialer Leute, die eine Übersättigung des Publikums prophezeiten und einen Rückgang der Zuschauerzahlen; das Gegenteil ist der Fall: was dauernd auf dem Schirm ist, wollen die Leute auch im Stadion sehen. Aber – und das ist hier entscheidend – es sind nicht unbedingt dieselben Leute, die das Fußballspektakel vor Ort erleben wollen; hier finden Verschiebungen statt. Als einer der ersten hat sie Nick Hornby erfaßt, in seinem Fußballbuch *Fever Pitch* (inzwischen als Film im Kino gelaufen). Hornby erinnert sich an die Massenbewegungen im Londoner Stadion *Highbury* als Teil seines jugendlichen Körperaufbaus: *Immer wenn auf unserer Seite knapp daneben geschossen wurde, taumelte die Menge nach vorne. Ich wurde gezwungenermaßen sieben oder acht Stufen die Tribüne heruntergespült, und wenn ich mich umsah, schien meine Einkaufstasche, in der sich mein Programm und mein DAILY EXPRESS befanden und die ich zu meinen Füßen abgestellt hatte, Meilen entfernt, so wie ein Handtuch am Strand, während du in wildbewegter See bist. (...) Nach meiner anfänglichen Besorgnis wuchsen mir die Bewegungen auf der Tribüne ans Herz, die Art, wie ich in Richtung Spielfeld geschleudert wurde. Und ich liebte die Anonymität: Ich wurde letztlich doch nicht entlarvt.*

Als Intellektueller nämlich, der eigentlich dort nicht hingehörte: zwischen die proletarischen Massen der Nordtribüne (erfunden hat Massen dieser Größe vor gut einem Jahrhundert die Stadt Glasgow mit den konkurrierenden Stadien der Celtics und der Rangers). Mir ist Gleiches im Volksparkstadion Hamburg passiert, als angereister Schüler aus Flensburg bei Europapokalspielen des HSV Anfang der 60er, Burnley, Barcelona. Die hereindrängende Masse quetschte die jugendlichen Leichtgewichte zwischen Schulterblättern und Brustkörben umstandslos ein, trug sie die Stufen hinunter ohne jegliche Bodenberührung, und setzte sie wieder ab, wo sich die Masse entdichtete und verteilte; und man hatte nicht einmal Angst dabei – die Angst vor den späteren Stadionunglücken –, sondern genoß den Einschluß in den Massenkörper; einer von knapp siebzigtausend, die das Stadion damals noch faßte.

Heute gibt es keine Nordtribüne mehr. Der Taylor-Report sprach die Empfehlung aus, daß Fußballstadien, nach Hillsborough, nur noch Sitzplätze haben sollten, und die Fußballclubs haben sich alle entschieden, dieser Empfehlung zu folgen. Im März 1973 habe ich in Highbury mit dreiundsechzigtausend anderen Menschen ein Wiederholungsspiel im FA-Cup gegen Chelsea verfolgt; Zuschauerzahlen dieser Größenordnung sind nicht mehr möglich, in Highbury oder irgendeinem anderen englischen Stadion außer Wembley. Sogar noch 1988, dem Jahr von Hillsborough, hatte Arsenal in einer Woche zweimal fünfundfünfzigtausend Zuschauer, und das zweite Spiel, das Halbfinale des Littlewood-Cups gegen Everton, ist aus heutiger Sicht wohl die letzte Partie, die in meiner Erinnerung das Erlebnis Fußball wirklich verkörpert: Flutlicht, stürmischer Regen und ein gewaltiges, rollendes Tosen das gesamte Spiel hindurch. Also, ja, selbstverständlich ist es traurig, denn auch wenn die Fußballzuschauer möglicherweise allem zum Trotz eine neue elektrifizierende Atmosphäre schaffen können, werden sie nie mehr in der Lage sein, die alte wiederaufleben zu lassen, die riesige Menschenmassen benötigte und eine Umgebung, in der sich Massen zu einem riesigen, reagierenden Körper formieren konnten.

Hornbys alte Arsenal-Masse, die *einen einzigen* riesigen Körper bildet, entspricht genau der Canettischen Definition; auch der „Beifall der Dinge" ist hörbar vorhanden, gesteigert zum Beifall der Elemente: tosender Regen vermischt sich mit dem Wogen und Tosen der Masse. Es waren solche Momente, die den Körper des Fans form(t)en; die Verwandlung in jenes völlig verantwortungslose, nur dem Spiel hingegebene Wesen, von dem Nick Hornby schreibt, es – er selber – werde auf dem Fußballplatz immer 11 Jahre alt sein und bleiben. Aber: *Die großen Clubs scheinen von ihrer Fanbasis die Nase voll zu haben, und wer kann ihnen das in gewisser Hinsicht verdenken? Junge Männer aus der Arbeiter- und unteren Mittelschicht bringen eine Ansammlung komplizierter und gelegentlich bedrückender Probleme mit sich, und Vorstandsmitglieder und Präsidenten könnten natürlich argumentieren, daß diese Leute ihre Chance hatten und sie vergeigt haben und daß Mittelschichtfamilien – die neue Zuschauerzielgruppe – sich nicht nur benehmen können, sondern dafür auch noch viel mehr bezahlen werden.*

Der Fehler der Rechnung, wenn sie einen hat, könnte höchstens darin liegen, daß durch die *middle class* zwar mehr Geld ins Stadion kommt, aber die Atmosphäre, für die die Leute in den teuren VIP-Logen *auch* ihr Geld bezahlen, verschwindet. Die Logenbesitzer zahlen nicht bloß für das Spiel, sondern für das Erleben jener Masse, die sie selber, zu fein, zu isoliert, zu unemotional, nicht bilden können, glaubt Hornby. Dem Schrei der Masse gilt ebenso ihr gelöstes *Ticket* wie der Kunst der Rasenakteure. Und was ist, wenn die neuen Stadien das Entstehen dieser Masse architektonisch nicht mehr zulassen?

Witzigerweise ist das Buch *Fever Pitch* aber selbst eine Folge der Entwicklung, die Nick Hornby hier beklagt; das alte, tosende Proletenpublikum hätte sein Buch nicht gekauft; weil es dies gar nicht wahrgenommen hätte; die neue, mehr zahlende, nicht so schreiende und dafür sitzende Schicht der Stadien sieht nicht nur wie alle fern, sondern *liest* auch, ab und zu.

Diese beruhigtere Nicht-Masse ist nicht allein durchs mehr Geld bestimmt, sie ist medienorientierter als die abgelöste Masse der Prolls, die sich nach Spielschluß auch gerne schlug mit dem Gegner; Anlässe, denen der junge Mittelstandsfan immer auszuweichen suchte; Hornby hetzt zwar nicht, wie die „anständigen" Zeitungen gern tun, gegen die kloppenden Fans, er hat eine gewisse Symphatie, er versteht das, er versteht die Leiden der mitreisenden Anhänger, ihre prinzipielle „Aussätzigkeit", und auch, daß zu ihr ein Schlag aufs Maul ab und zu dazugehört(e) – aber Teil von ihnen ist er nicht; er hat eine andere Sorte Nähe und auch Distanz zum Spiel; und er zeigt sich selbst dabei als eine Art vollkommener medialer Speicher: jedes Kapitel seines Buchs ist mit dem Ergebnis eines bestimmten Spiels überschrieben; sein ganzes bewußtes Leben erzählt er unter tatsächlichen Ergebnissen seiner Mannschaft, es ist Arsenal London; von Trennung der Eltern bis zu eigener Heirat ist alles unter solch einem Fußballergebnis versammelt; und er betont, daß er kein einziges Ergebnis habe nachschlagen müssen; alles war so im Kopf; dieser Rhythmus seines

Massewerdens am Samstag oder Mittwoch strukturierte sein Leben; man kann auch sagen: füllte sein Leben an; denn als *gefülltes* erscheint es durchaus.

Eine eindrucksvolle Demonstration der Unterteilung der Zuschauer in falsche Serie/richtige Serie gab es 1997 im Münchner Olympiastadion, als Besiktas Istanbul im UEFA-Cup dort gastierte, und damit auch zehntausende türkischer Fans. In einer konzertierten Aktion erstaunlichen Ausmaßes hielten Tausende von Bayern-Fans ALDI-Tüten hoch und den Türken entgegen, als Zeichen und Beweis der falschen Serienzugehörigkeit der Besiktas-Fans: ihr seid noch nicht angekommen bei der „Serie Mensch", bei der Serienzugehörigkeit „Kaufhaus des Westens".

Der türkische Autor Imran Ayata beschreibt die Reaktionen auf diesen Vorfall in den türkischen Medien und die der Fans in seiner Frankfurter türkischen Stammkneipe, in *Sabri Abis Männercafé*, vorm Fernseher:

Gemeinsam geärgert haben sich die Café-Besucher, als Bayern-Fans beim Spiel ihres Vereins gegen Besiktas Istanbul im September des vergangenen Jahres in der Südkurve kollektiv Aldi-Tüten hochhielten. „Die Schweine kaufen doch öfters dort ein als wir", hieß es. Unterstützung erhielten sie von der türkischen Tagespresse, die ebenfalls diesen Vorfall zum Anlaß nahm, gegen die rassistische Beleidigung (gemeint war: Aldi = Türke) der türkischen Bevölkerung zu wettern. Einzig einige Subkanaken aus meinem Bekanntenkreis konnten das ganze Theater nicht verstehen, weil sie bekennende Aldi-Kunden sind.

Den veranstaltenden Bayern höchst peinlich – offizielle Entschuldigung des Vereins. „Manager Hoeneß geißelt Rassismus als unbayernhaft" – aber ist Rassismus hier das richtige Wort? Ich frage mich eher mit den Subkanaken und bekennenden Aldi-Kunden des Zitats, was denn das so Verwerfliche an der Tüten-Demo war. Zeigten die Tütenhalter sich nicht tatsächlich als ebensolche Aldi-Kunden wie die türkischen Fans? Und ist es nicht Zeichen von unerwartet zunehmender Fan-Intelligenz, die Wahrnehmung tatsächlicher Unterschiede zwischen Bayern- und Besiktas-Anhang in einem (gar nicht so blöden) Serienzeichen auszudrücken als im sonst gebrüllten „Türken raus!", „Ali hau ab!" oder im Ausstoßen buschmäßiger „Urlaute" beim Anblick etwas farbigerer Spieler? Mir sind die orange-blauen Tütenfahnen eher ein Indiz, wie sehr sich der Übergang von Massen- zu Serien-Phänomenen in den Köpfen zumindest großer Teile der jüngeren Bevölkerung vollzogen hat.[26] Hetzmasse im Canettischen Sinn waren diese Bayern-Fans jedenfalls nicht; die Zuordnung „falsche Serie" vermeidet zumindest den primitivsten Ethno-Kontext.

Original/Reproduktion, Kunstwerk & technische Reproduzierbarkeit, die „europäischen" Fragen: spätestens mit der 45er Single in Teenagerhand löste sich das Problem auf und ist mit der kühlen CD, der Verkörperung des Seriellen selber, vollends verschwunden. Der theoretische Unterschied zwischen „originalem Masterpiece" und „industrieller Reproduktion" existiert nicht mehr. Jede Platte ist so gut und echt wie die andere, technisch sind heute die „Reproduktionen" sogar *besser* als die Originalbänder. Und Digitalisierung ist sowohl Urheber wie technisch perfekter Ausdruck von Serialität.

Benjamins Wahrnehmung wurde auch dadurch unterlaufen oder ins Absurde geführt, daß die *Aura* eines Kunstgegenstands – Ausdruck seiner Einzigkeit – heute besonders dann entsteht, wenn es diesen Gegenstand millionenhaft gibt. Je mehr *„copies sold"*, desto größer die Aura; das Wort dafür lautet heute zwar anders, Kult; der lebt aber nicht vom Einzelstück, sondern von seinem Vorkommen in hoher Frequenz. Die Cola-Dosen, die die Schul-Teens in ihren Zimmern als „die Kunst“ auf den Regalen versammeln, beziehen ihre Attraktion, ihren Reiz, ihre Schönheit in der Tat aus der Tatsache, daß es sie nicht nur einmal gibt, sondern milliardenhaft. Dies Dosen-Outfit, dieser Cola-Song, voll gelungen, sie werden mit jedem Tag besser, mit jeder Dose besser, die irgendwo auf den fünf Kontinenten die Abfüllstation verläßt.

Die Campbells-Dose: eins der ersten Markenzeichen, „brand“, das eine nationale Ausbreitung erreicht, *thus keeping the country together.* „Serie“ in Amerika ist identitätsstiftend. Sie stiftet allerdings kein Subjekt, bloß einen amerikanischen Körper. *Der Westen verdinglicht Personen und verpersönlicht Dinge. (...) Markennamen sind Kernzellen westlicher Identität mit Revieranspruch. (...) Formen, die abgeleitet sind von dem westlichen, dem abweisenden, undurchdringlichen Individuum.* Schreibt Camille Paglia.

Die USA sind gemacht aus einer Sternserie, aus 50 Sternen und 500 Marken . Auflage unendlich; amerikanische Identitätsversicherungen; Brandzeichen im amerikanischen Fleisch. Warhols Dosen brennen dies Brandzeichen fest zu einem Bild (oder Serienzeichen). Die Dose selbst ist Industrieblech mit gekochtem Kuh-Inhalt, plus Markendesign. Von diesem (altamerikanisch) geht der Schritt zu Malerei und Farbe, zu Druck und Zeichen, zum modernen, artistischen „zweidimensionalen“ Körper; eine Körperrevolution. Der Körper des Seriellen ist kein gefüllter, er ist flach, er ist schön, er ist leer.

Und wurde gebaut in Amerika; dem Land, das die Serien nicht erfunden, aber durchgesetzt hat. Der *Pol Leere* saugt sich nicht voll mit einer äußeren Macht oder Substanz, er füllt sich vielmehr mit Gegenständen, mit Gegenständen medial erzeugter Serien. Die Verwandlung der entleertesten Dinge (Pepsi-Kronkorken) in so etwas wie personale Abzeichen eines leer bleibenden Selbst, entbinden dies Selbst im Falle Warhol zumindest von der Füllung durch Aufblähen. Im Seriellen braucht man nicht *grandios* zu werden; und an der eigenen Grandiosität nicht zu platzen. Der sog. „narzißtische“ Typ – der immer „grandios“ werden *muß* – hat die Leeren/Lehren des Seriellen nicht verstanden; ihm bleibt *Last Exit* Depressivität.

Ich sehe gut, warum die Teens ihre Regale mit leeren Schweppes- & Coladosen füllen: das bunte Blech verneint und leugnet jede elterliche wie lehrerliche Autorität/Subjektivität, die in die Jugendlichenkörper eindringen will. Sie wollen *Lustserien,* endlos und geschlechtlich unbestimmt wie die Kronendeckel der Flaschen, der Flaschen, die unentwegt von den Bändern laufen, eine so gut wie die andere, keine Königsflasche dabei. Jede ist es. Und jede ersetzt (ohne Rest) die andere, das Regal (das Königliche, von „rex“) ist auch eine heimliche *Hall of Fame*; im richtigen Serienzeichen ist man nicht irgendwie „unten“, sondern genau am richtigen Platz.

Die in der Serie Formatierten suchen nicht die größte körperliche Dichte. Ihre Dichte ist schon da, sie liegt im Serienzeichen. Das Zeichen selber *ist* die Verdichtung, im artistischen wie im affektiven Sinn (verdichtetes Design, libidinös besetzt). Die Verschmelzung in diesem Zeichen ist eleganter als die Körperverschmelzung der Masse. Es ist eine Verschmelzung, die sich niemanden einverleiben muß. Selbst im Stadion nicht. Die im verdichteten Zeichen färben ein Stadion in Oranje, in Bleu oder brasilianisch Blaugelb, wobei sie selbst auf Lücke stehn.
Das Serielle ist dabei ursprünglich genau so ein Ding der Straße, wie es die Masse war; man sieht es am verläßlichsten Serienzeichen, dem Schuh-Werk. Der Schuh werkt und wirkt: los-

gehend von van Goghs Mini-Serie mit Schuhbildern[27] zum Vater von Georges Méliès, der Schuhmacher war, zum Vater von Sidney Bechet, Schuhmacher ebenfalls. Am Anfang des Malens von Serien, am Anfang des Kinos und am Anfang des Jazz schlurfen, springen, tanzen Schuh-Abbildner oder Schuhmacher-Söhne. Am Anfang des Seriellen als Kunstform schuht Andy Warhol, erster großer Maler von Schuh-Serien; bis dann ein Schuhmacher selbst aus den Kulissen tritt: Philip Knight, luftgepolsterter Ritter des Nike-Universums, mit den Brüdern Dassler nicht der erste, aber der durchschlagendste große Welt-Schuh-Serialist.

Auf lautlosen Sohlen biegt um die Ecken des Thriller-Kinos der Serien-Killer; *Massenmörder* ist nicht mehr: das Wort ist für die Cäsars, Hitlers, Stalins reserviert. Der *Serienkiller* ist ein Künstler demgegenüber: nicht die Menge der angerichteten Toten definiert ihn, sondern die Erkennbarkeit seiner Handschrift beim Töten: sein Serienzeichen.

Deshalb können die Filme darauf verzichten, ihn mit einer Psychologie auszustatten (schlimme Kindheit, fremdgehende Mutter, prügelnder Vater etc.); lediglich an einer Unsicherheit der Serienzuordnung bezüglich seiner *Sexualität* knüpfen die Filme regelmäßig an. Der Serienkiller ist sich nicht sicher, ob er zur Serie Frau oder zur Serie Mann gehört, zur Serie Mensch oder zur Serie Tier. Zur Serie Liebhaber oder zur Serie Fleischfresser. Mit jedem neuen Mord sucht er seiner Serien-Identität näherzukommen. Die Filme verzichten inzwischen sogar darauf, „den Täter" am Ende der Klasse der Hinter-Gitter-Gebrachten zuzuordnen. So sehr hat das Serielle den am Individuellen/an der Masse haftenden Begriff der „Moral" außer Kraft gesetzt. Und macht damit seine Witze: die einzige Person, die in McNaughtons Film *Henry* vom gleichnamigen Serienkiller verschont wird, ist eine Frau, die nachts ihre Promenadenmischung ausführt. Auf die Frage des Killers nach dem Namen des Hunds lautet ihre Antwort: „It's a Heinz fifty-seven." Das Marken-/Serienzeichen „Heinz 57" der Ketchupflaschen und Gurkenkonserven erweist sich als Lebensretter: *diese* Frau mit *diesem* Hund bleibt am Leben (der Hund, der ist wie alle andern, könnte *Henry* selber sein).

Eine andere große Masse, die die Geschichte kennt, nimmt rapide ab in den letzten zwei Jahrzehnten: die männlichen Samenzellen. Es pflegten, seit man solche mikroskopischen Massen zu zählen gelernt hatte, 2 Millionen zu sein pro männlichem Samenerguß. Eine Zelle davon lief den anderen davon und kam an beim Ei; die anderen 1.999.999 starben. „Befruchtung durch Überlebenden" hat Canetti das genannt. Heute sind viele Männer in diesem Sinn unfruchtbar. Sie produzieren nur etwa 600.000 Samenzellen pro Erguß, und das reicht nicht.

Das Feld betritt die Serie der Viagra-Werfer. Serienzeichen: progressive Unfruchtbarkeit bei heftigster Erektivität. Das Kondom hat eh schon seine Funktion gewechselt; es verhindert nicht mehr in erster Linie Babies, sondern Ansteckung. Die Menschheit zerfällt auch hier in zwei Serien: Virus-Träger und Nicht-Virus-Träger.

Biochemie und genetische Biologie hielten Schritt – oder gingen sie voran? Das erste aller Reagenzglaskinder, mit dem perfekten Seriennamen Louise Brown, feiert im Juli 1998 den 20. Geburtstag; als Serientäter unter den In-Vitro-Fertilisatoren fiel ein amerikanischer Arzt auf, der, wo immer es ging, sein eigenes eingefrorenes Sperma zum Einsatz kommen ließ: Vater einer Serie heimlicher Kinder, von der niemand weiß – nur, daß ich Rumpelstilzchen heiß.

Und: seit der Einführung der In-Vitro-Fertilisation werden zunehmend Mehrlinge geboren. Nach den Zahlen des National Center for Health Statistics in den USA kamen 1996 fünfmal mehr Zwillinge zur Welt als vor 24 Jahren. Das mütterliche Welt-Ei hat den Serienbraten gerochen und bleibt auf der Höhe der Kunst.

Anerkannt als Mittel zur Füllung der serialen Leere ist allein eines: die Arbeit. Arbeit füllt Leere, beim Artisten, beim Serienkiller oder allen andern Serientätern: die rhythmische Wiederkehr der Vorgänge, an denen sie hängen, ist unabdingbar. Unentwegtes Produzieren schafft täglich neue Serien von Welten oder die alten verläßlich neu.

Inzwischen sieht es so aus, als ob auch Arbeitslosigkeit die Leere füllt (wie das geht, ist noch das Geheimnis der Arbeitslosen). Es gibt aber zahlreiche Stimmen, die Schlingensiefs (halb-ironisches) Programm der „Arbeit für alle“ als überholt auffassen: als obszön, als Tranquilizer für Alt-Anarchisten und übereilte Jungspunde. Man soll *richtige* Drogen essen: die Füllung der Leere durch Serien des Nichts(tuns). Am Ende schlägt der Büchner von *Leonce und Lena* schließlich doch den Karl Marx als Utopist.

Auf die Frage, ob er dies Jahr klüger sei als voriges Jahr, antwortete Warhol „Ja“. Was er denn jetzt mehr habe?: „Ein ganzes Jahr mehr Nichts-Erfahrung.“ Leere + Leere in Serie macht: Zuwachs. Zuwachs an Dauer. Und Dauer plus Dauer in haltbaren Zeichen machten: die Ausschaltung des Todes. Der Rennfahrer Michael Schuhmacher beweist momentan, daß wöchentliche Serien von Crashs nicht mehr zum Tode führen, auch nicht bei Tempo 250. (Gewinnen tut der, dessen Auto die besten Schuhe hat bzw. fährt.)

Als höchste Stufe des Serien-Zen erscheint: der Durchbruch des Seriellen zur Trance – ein Eintauchen in den eigenen Bewußtseinsstrom: *reality gap* – wie Jonas Mekas das genannt hat: das *Loch* im Wirklichen, oder die Lücke, der Abgrund, durch den der Serielle zu seinem „neuen Körper“ kommt. Dieser Vorgang, physisch einer von Trancen & Schwindeln, ersetzt, scheint es, die Neugeburt im Körper der Masse.

Masse war, so rabiat sie erscheinen konnte, auf Sinngebung aus. Die „Ent-Individualisierung“, die dem Menschen der Masse immer vorgeworfen worden ist (während er gierig auf die Entfaltung seiner Individualität aus war), könnte für die Menschen des Seriellen Tatsache werden. Sie sind – im Prinzip – entwickelt genug, um auf die Verführungsrede mit der „Substanz“ nicht mehr hereinzufallen. In seiner Ersetzung des Substantiellen durch immergleiche Zeichen lag Warhols Avantgardismus in Bezug aufs Serielle: die unbewegten Züge, die Perücken, der immergleiche Anzug, die immergleiche Extravaganz, Modernität als Körperform, als Tempo, als Fähigkeit zu diverser Verkettung.

Ketten: von Gertrude Steins *a rose is a rose is a rose,* zu Andy Warhols *a can is a can is a can,* zu Bob Dylans *I can make it* (in America), zum Satz *Ich bin nicht, aber ich kann es* – der theoretischen Definition des Serialisten.[28] *Natürlich* ist jedes Zeichen bei Warhol, die Dose, die Flaschen, die Briefmarken, Marilyns Lippen, die Geldscheine, die Kühe, die Kissen, *übercodiert*; tausendfach übercodiert; ihre Formation zur segmentierten Linie, einer molaren Ordnungsformation, die sonst das Schicksal der Übercodierungen ist, passiert aber nicht. Übercodiert sind also nur die *Zeichen,* nicht ihr möglicher Sinn; sie haben keinen. Canettis Beschreibungen der Verhaltensweisen von Massen sind damit nicht außer Kraft, wo Massen agieren (d.i. zunehmend in Ländern der nicht oder nur geringfügig industrialisierten Welt), werden sie sich den Affekten der Massenbildung gemäß verhalten.

Wie für alle Theoretiker, die die „Masse“ nicht von vornherein abschätzig beurteilen, sind „Masse“ und „Individuum“ für Canetti nichts Entgegengesetztes; im Gegenteil, eine bestimmte Sorte glückhafter Massenprozesse läßt das Individuum gerade wachsen, erstarken; Vorgänge wie die Weitergabe von Befehlsstacheln, das Ablegen der Berührungsfurcht, die Erfahrung von Solidarität in einer politischen Masse, das Erlebnis des enthusiastischen Denkens einer gleichgerichteten freiheitlichen Masse, all dies kommt Entwicklungsschüben im einzelnen Individuum gleich; Masse versus Individuum – das war der alte, abgegriffene Gegensatz des kulturkonservativen Denkens, auch des „elitären“; und auch des faschistischen: man muß im Bewußtsein behalten, daß Hitler immer verächtlich von „der Masse“ sprach, der trägen Masse, der stumpfen Masse, der Masse der Durchschnittlichen, der seine eigenen Formationen – Elite, Herrenrasse, Auserwählte – gegenüberstanden; das macht deutlich, daß die Leute, die vor Hitler angetreten waren, nicht *Masse* waren im Canettischen Sinn der *offenen Masse,* sondern sich als Beherrscher und Formgeber der Menschengruppen verstanden, in die sie sich begaben.

Heute gibt es Formationen der vielen oder von Vielheiten, die sich nach anderen Regeln bauen und nach anderen Regeln wachsen, denn um eine Mischung aus Organischem, Menschlichem und Technischem, Geräthaftem handelt es sich.

Stark im Schwinden in ihrer Bedeutung ist auch eine Masse, die nach Canetti für viele Kulturen der Welt lange Zeit die entscheidende Masse überhaupt war: die Masse der (unmedialen) Toten. Das liegt einmal daran, daß die Menge der aktuell Lebenden die Zahl aller Toten der Geschichte zusammen inzwischen überholt hat, und daran, daß die aktuelle Gegenwart dazu tendiert, alle anderen Zeiten sich einzuverleiben; und zwar durch die medialen Verdoppelungen und Vervielfachungen des Gegenwärtigen, die wir erleben auf allen Kanälen. Die Toten liegen *begraben* auf Friedhöfen, in einer anderen, unwirklichen Welt: „Für die meisten von uns sind die Heere der Toten ein leerer Aberglaube geworden. Doch gilt es als edle und keineswegs müßige Bemühung, die Masse der Ungeborenen vorauszufühlen, ihnen wohlzuwollen und ein besseres und gerechteres Leben für sie vorzubereiten. In der allgemeinen Bangigkeit um die Zukunft der Erde ist dieses Gefühl für die Ungeborenen von der größten Bedeutung. Es könnte sein, daß der Abscheu vor ihrer Verstümmelung , der Gedanke daran, wie sie aussehen möchten, wenn wir heute unsere neuartigen Kriege führen, mehr als alle privaten Ängste um uns selbst zur Abschaffung dieser Kriege und des Krieges überhaupt führen.“[29]

Da ist eher frommer Wunsch am Werk, ablesbar an den unschärferen Formulierungen: – wie sie aussehen *möchten!* Möchten sie? Warum nicht würden? Und welche Kriege werden *abgeschafft?* Ist es nicht vielmehr so, daß ein Nach-uns-die-Sintflut-Denken immer unverstellter sein Lächeln zeigt. Auch diese unsichtbare Masse also (die Ungeborenen) ist zunehmend zur Bedeutungslosigkeit verurteilt.

McLuhan sah, gleichzeitig mit Canetti, dem Jahrhundert von einer andern Stelle aus dabei zu, wie es sich abbildet. Dabei stellt sich heraus: Menschen (wie Medien) funktionieren nicht unterhalb der Zahl Zwei: ein Apparat, der etwas aufnimmt, eine Sache, die aufgenommen wird: es entsteht etwas Drittes, etwas Neues, das vorher nicht da war. Bild- oder Tonstück, verbreitbar, sendbar. Ein Produkt, wie in einer Fabrik.

Der schlimmste Unfug, den der Journalismus in diesem Jahrhundert angerichtet hat, drückt sich aus in dem Satz: „Wir nehmen bloß auf, was da ist, wir zeigen bloß die Realität!“ – ein folgenschwerer Humbug. Jeder, der aufnimmt, stellt Wirklichkeiten her. Es sind vervielfachte Wirklichkeiten eigener Ordnungen. Ihre Verbreitung ist technisch geregelt und folgt Regeln: eine davon ist die Anordnung nach Serien.

Ein junger Mann und eine junge Frau stehen nebeneinander im Freien, er seitlich, sie frontal zur Kamera. Die Oberkörper sind nackt, die weißen Unterhosen kucken oben raus. Beide sind dürr. Sie verdeckt mit den Händen ihre Brüste. Ein Paar, geboren aus dem Geiste einer Calvin Klein-Kampagne. Es handelt sich um das Cover-Foto der CD „Lamb“ vom britischen Pop-Duo Lamb, das sind Louise Rhodes und Andrew Barlow, sie singt, er spielt. Ihren Geschlechtsunterschied drücken die beiden in den Liner Notes *darin aus, daß er sie „spirited sister“ nennt und sie ihn „cosmic brother“.* Alle inspirierten Schwestern und kosmischen Brüder der Welt drücken ihre beschwingte Serienzugehörigkeit aus durch den gemeinsamen Schriftzug auf dem Bund ihrer Slips.

Kein Jugendlicher heute findet es komisch (er findet es im Gegenteil super), wenn sein Kumpel in Schuhn von Nike, Hose: Levi 501, Slip: Calvin Klein, Geruch: FA Body Splash New York, Haar: Streichholzkopflänge, im Sack ein Ecstasy, im andern einen isotonischen Durstlöscher, zum Treff oder zur Schule erscheint, T-Shirt oder Pulli sind gesetzt nach Einzelgeschmack, auch am Haar ist irgendein kleiner Spezialdreh; Hirn: konkurrenzhaft Michael-Schuhmacher-mäßig, d.h. „hart an der Grenze zur Fairneß“, wie ein aufmerksamer Sportteilschreiber registriert hat. Bei den Mädchen sind es die Plateau-Schuhe an jedem Fuß, Stretchhosen, Träger-Shirts und Push-Up BH's.

Kein junger Mensch um die 17 heute, der/die es versäumen würde, beim Besuch einer der Big Cities of the World sich die Insignien des örtlichen Hard-Rock-Cafés abzuholen; und überall hängt die gleiche halbierte Harley von der Decke. *In hoc signo vinces,* das war der Satz für die, die sich sammelten unterm Kreuz, dann ging er über auf eine Zigarettenmarke, jetzt ist es der Satz für *jedes* Zeichen, das zieht.

100.000 Jugendliche kurz vorm Jahr 2000, ohne einen Pfennig Geld in der Tasche und ohne konkrete Aussicht, in absehbarer Zeit sehr viel mehr davon in der Tasche zu haben, finden überhaupt nichts dabei, auf die Frage, welches Auto sie mal fahren werden, *Carrera 911* oder *Ferrari F 40* zu antworten; *Testa rossa,* was sonst; ihr werdet's erleben. In diesem Zeichen werden wir siegen; und ich bin ziemlich sicher, *irgendwas* in der Richtung werden sie draus machen; wer wird ein Herz von Stein haben und mit dem kritischen Einwand „wovon wirst das denn bezahl'n“ der nachwachsenden Menschheit die Laune verderben. Und jede/r will Designer werden; Erfinder von Serienzeichen. Und sie sind Designer, auch beim Schlangestehn.

Daß die Serienformatierten nicht *ein* Körper werden wollen, wie die Masse, schließt ein, daß die einzelnen untereinander sich durchaus in einer Art Konkurrenz befinden: wer verkörpert die Serie (das Gleiche) am *besten!?* Und auch auf Distanz: Mindestabstände werden eingehalten, wie in der New Yorker Subway; da sind sie schon länger auf dem Seriendrill oder -grill. Größere Serien können sich u.U. erweitern zu Nations: Hip-Hop-Nations,Tribes; aber der Begriff des „Stammes“ mit Stammeszugehörigkeiten täuscht wahrscheinlich, ist vermutlich ungenauer als der der Serie; er suggeriert Verhaltensweisen (Stammes-Codes), die eher nicht vorhanden sind. Der Begriff *Tribe* hat was von einer Ethno-Spielerei, bzw. ist selber seriell im Sinne: „ich“ bin Farbiger, bin Ausgestiegener, bin Aussätziger, gehöre nicht zur Weißen-Rasse-Majority, bin nicht Mainstream, bin andere Serie, unerreichbar von euch, usw.; – die weite Hip-Hop-Hose als Serienzeichen dieses „Stamms“ hat gerade abgedankt.

Ich mache TV an und sehe Campino von den *Toten Hosen* im *Small Talk* mit einer West 3-Moderatorin. Wenn er einen Wunsch erfüllt haben könnte, fragt die Frau in Gelb, was wäre das? Daß alle Menschen Ecstasy nähmen, sagt Campino; damit sie im Bilde wären, wie toll das Zeug ist.

Die Differenz zur alten Drogenrede von Jünger bis Leary könnte größer kaum sein. LSD ist wunderbar, sagte Leary: – im Prinzip für alle, aber nicht unbedingt für jede(n) jederzeit, in jeder *Lage*; eine Kenntnis, ein Aufbau von Erfahrungen wäre nicht schlecht, auch Unterstützung durch Freunde, es ist nicht unbedeutend, *mit wem* man es nimmt; man kann es nicht in jedem Zustand einschmeißen, manche sind auch zu bedroht, zerstörungsanfällig, etc.

Im Serien-Jetzt heißt das bündig: Ecstasy für alle, und die Welt jumpt ins Lot. Das ist „inhaltlich“ vielleicht Blödsinn, vom Seriellen her aber nicht so bodenlos, wie es aussieht. Wenn alle mit dem Sticker *I like Ecstasy* herumlaufen, ist das Zeichen erfüllt, und es herrscht eine Art Frieden.

„Wir sind eine Gesellschaft aus lauter Gesellschaftskritikern“, lese ich dazu in Michael Rutschkys Gedenktext zu Herbert Marcuses 100. Geburtstag. Dieser je einzelne „Gesellschaftskritiker“ ist genau das Gegenstück zum Serien-Täter; er ist das einzelne Individuum der alten Massenbildung, aber herausgelöst aus seiner Masse. Wenn es herausgelöst ist aus dem Prozeß der Massenbildung, ist dies Wesen allein, kritisch, anti-seriell, skeptisch.

Ist es weniger „angepaßt“ als die seriellen Wesen? (Ich beantworte das nicht.) Aber es hat gewiß und immer ein Ziel (im Kopf); die aus der Ecstasy-Serie sind demgegenüber ziel-ungebunden.

Aber: die Seriellen sind die ersten Leute, die der Satz, daß das alles *keinen Sinn hat*, nicht mehr aufregt, die damit völlig einverstanden sind. Das Erfüllen der richtigen Zeichen ist eine Lebensaufgabe; man braucht ein Auge für Design, ein Ohr für die Sound- & ein Organ für die Zeichenwechsel.

Warenzeichen, Serienzeichen und ihre elektronische Verbreitung um die Welt. Man kann die Differenz zwischen Masse und Seriellem nicht beschreiben, ohne auf die Differenz der Medienverkoppelung zu kommen. Wenn das, was ich hier zu entwickeln suche, stimmt: nämlich daß Massenphänomene heute durch Serienphänomene zunehmend ersetzt werden, dann ist das ein Vorgang, der ohne die elektronische Verbreitung seiner Effekte nicht liefe; und also auch nicht zu verstehen ist ohne eine Betrachtung und Analyse dieser elektronischen Effekte. Anders gesagt: ich sehe die Masse/n im Canetti-Sinn heute *technisch* tendenziell abgeschafft, nicht durch politische oder soziale Ausgrenzung.

Vielleicht auch deshalb sind Arbeitslose nicht so einfach in der Lage, heute eine Masse zu bilden, die im Auge der andern auch lebte als Masse. Vielleicht fehlt ihnen so etwas wie das gemeinsame Serienzeichen, unter dessen Label sie ihre Forderungen vorbringen könnten. Mag sein, sie schämen sich, mediengestählt wie sie sind, auf die Straße zu gehen, ohne als

Angehörige einer Positiv-Serie zu erscheinen – ohne die Arbeitslosen-Obergeil-Mütze, das Attacke-Hemd des arbeitslosen Ex-Stürmers mit der Nr. 9 oder etwas anderem, das sie erscheinen ließe als Teil einer Marken-Serie mit Zugehörigkeitsstempel, dem Arbeitslosen-Qualitäts-Emblem auf einem gut sichtbaren Körperteil.

Ich mag das Serielle „im Prinzip" – *„liebe es",* wäre zuviel gesagt; geliebt habe ich das Aufblühn des Individuums in der Masse, in *den* Massen (wo welche verfügbar waren, wo welche sich anboten, das herumsausende Einzelteil aufzunehmen). Aber – das habe ich bald begriffen, vor allen Braun-, Weiß- und Schwarzbüchern – die Masse ist, die Massen sind historisch „entwertet" worden durch ideologische Verschreibungen und ihren aktionistischen Zwangsverband mit der politischen Gewalt: militärisch, polizeilich, stalinistisch, faschistisch; – aber auch die Masse jener deutschen Zwangsdemokraten ist nicht anziehend, die ganz rot anschwillt und böse herumfaucht, wenn sich irgendein unschuldiger Mensch traut, irgendein Phänomen der Kohl-Zeit mit einem Phänomen der Hitler-Zeit in Berührung zu setzen, und sei es auch nur ganz schüchtern und von der Ferne; natürlich hauen sie Abweichendes voll in die Pfanne mit aller Massengerechtigkeit, die sie aufbringen können.

Das Serielle, wie es – nicht als erster, aber als effektivster und als witzigster – Andy Warhol ins Spiel gebracht hat, scheint immuner dagegen. Serialität bei Warhol: das ist Entleerung vom Ideologie-Schrott, vom Partei-Schrott, vom Individual-Schrott – die 800 000 amerikanischen Frauen, die momentan gegen nach-erinnerte Väter-Vergewaltigung vor Gerichten klagen, hätten ihm gefallen: er hätte eine Serie draus gemacht – *Multiples* erlösen, wenn es die *richtigen* sind; wenn es gelänge – und das u.a. war Warhols Ziel –, das Serielle auf den Witz der Gleichheit in der Leere hin aufzulösen; die Leere, in der alles möglich ist, dann wäre man den Ideologien, die „die Masse(n)", wie sie heute auch auftauchen mögen, besetzt halten, entkommen; was umso nötiger wäre, da diese Massen heute auch wieder bewaffnet und an den Tod gekettet auftauchen und massenhaften Tod um sich verbreiten. Das Serielle im Sinne einer Warholschen Leere, eines seriellen Spiels, ist eher „gewaltfrei" dagegen.

Und muß nicht etwa „unpolitisch" sein: wenn im Winter 1997 vierzig Studenten, alle mit nacktem Oberkörper, auf der Straße vorführen, daß ihnen die Regierung das letzte Hemd auszieht, bleiben sie im Bewußtsein der Zuschauer gerade durch ihr Serienzeichen, durch ihr Auftreten als *Multiples.* Im Effekt womöglich eindrücklicher als eine Masse von 4000, die das gleiche auf Transparenten sagte.

Auch Schlingensiefs 6 Millionen Arbeitslose, aufgefordert, in den Wolfgangsee zu steigen, daß dieser um drei Meter steige und Kohls Strandhütte samt Sauna-Inhalt hinwegschwemme, erhalten eine Existenzform im Bewußtsein der anderen, die sie als angetretene Masse auf der Straße schwerlich hätten. Der Unterschied zwischen Massenaktionen und medialen Aktionen ist dem einzigen heute aktiven Vertreter der Theorie der direkten Aktion jedenfalls geläufig.[30] Diese Formationen, wie viele andere der genannten, sind nicht „Masse", sind medial-serial in einem Sinne, der noch kaum erfaßt ist; das Leben in Serien und Serienzeichen ist eine neue Existenzform. Heutige Teen- und Twen-Körper pendeln nicht mehr zwischen den Polen von Individuum und Masse(n).[31]

Daß eine Tendenz bei den Beherrschern/Dirigenten der Kanäle besteht, das Spiel aus dem Seriellen zu nehmen und es in ertragreiche Waren-Serien umzumünzen und einzubauen, ist ein andere Sache. Es gibt überhaupt keine attraktiven Vorgänge in einem kapitalistischen

Land, die man *freihalten* könnte von ihrer eventuellen Marktausbeutung; daß man Serienzeichen aber auch zurückrauben kann aus deren Bereichen und Verfügung, hat nicht zuletzt Warhol gezeigt. Das Campbells-Zeichen gehört nicht einfach der Firma, es gehört jedem wachen Auge auf der Welt; in seinem Zeichen ist auch nicht jede Schweinerei möglich (wie im Zeichen von Texaco); auch Shell bekam schon seine Lektionen.

Warhols (beiläufiger) Leit-Satz: „Jeder sollte eine Maschine sein. Jeder sollte jeden mögen" – aber die Menschen können das (noch) nicht – könnte auch lauten: Jeder sollte ein Zeichen sein. Jeder sollte jeden mögen, oder eine Hülle. Dem im Weg steht bisher der *Inhalt* der Hüllen, der Dosen, der Flaschen, der menschlichen Hautbälge; der ist in fast allen Fällen gespenstisch und befrachtet mit jeder Sorte Ideologie oder Geister-Jagd: der eine Doseninhalt ist zu sauer, der andere zu süß, der dritte zu sprudelig, der vierte hat zuviel Chemie, ist zu braun, zu rot, zu künstlich-gelb, zu salzig, zu sozial, zu mineralisch, zu destilliert, zu ölig, zuviel Eisen, zuviel Nitrat, zuwenig Magnesium, zuviel CO_2: man hört schon, auf der Ebene wird es keine Einigungen und auch keine Vereinigungen geben, das ist alles (un-serielle) Rechthaberei; Ausgleich kann nur erzielt werden über das Outfit: also: zieht euch gut an, sucht andere, die euch gleichen, und versteckt eure „Gedanken", dann kriegt ihr welche geschenkt von Gott: das ist die Tomate auf Andys Suppenportraits.

Ein geklonter Gott, natürlich. Seine (heftig bekämpfte) Existenz läßt die Entsetzensschreie humanistischer Enquete-Kommissionen erneut als das erscheinen, was sie „eigentlich" sind: die Rufe nach dem In-Dividuum als Rufe nach der Unteilbarkeit der „einen Kirche"; die Clowns wollen nicht klonen, sie wollen Religionen. Es gibt aber nur noch Kirchen-Ketten, Gottes-Serien und die Gesänge der *Recording Angels*. Diese laufen auf Scheiben und Rollen.

Den Satz: „Gott ist rund" – er galt für Erde, Sonne, Mond, für Titten, Ärsche, Bälle, Räder, Münzen, Platten und ihre Serien – könnte nur einer widerlegen: der Computer (wenn er sein Inneres nach außen kehrte). In diesem Innern werkt (und schlummert) die Digitalität. Sie bestimmt noch nicht das (äußere) Bild der Reihen und Serien.

Anmerkungen

1 Elias Canetti, *Masse und Macht,* Frankfurt am Main 1981, S. 9. In der Folge MuM.

2 MuM, S. 10

3 Die wenigen zaghaften Aktionen Anfang 1998, im Gefolge der radikaleren französischen Kollegen, haben daran, trotz vieler neu ins Leben gerufener Arbeitsloseninitiativen, nicht sehr viel geändert, erstaunlicherweise; fast ist es, als wären die Beteiligten, erschrocken über den eigenen Mut, wieder zurückgetreten in die Unsichtbarkeit, als hätten sie eine Übertretung begangen. Einer der von Canetti festgestellten Zentraleffekte von Massenbildungen, der zu ihrer *Wiederholung,* ist irgendwie ausgeblieben. Und die Medien, anders als bei den Rostocker Skins, stochern hier nicht mit Aktions-Agenten nach.

4 Interview, taz, 4.9.97

5 MuM, S. 11 bis 26

6 MuM, S. 50

7 MuM, S. 50

8 MuM, S. 60

9 MuM, S. 21f.

10 Canettis Diagnose von der „Zähmung der Masse in den Weltreligionen"gilt z.B. nicht für die aktuelle Situation in Ländern wie dem Iran, Algerien oder Indonesien. In (früher) sog. Drittweltländern

mit wenig ausdifferenzierter Infrastruktur gibt es prinzipiell andere Verbindungen von Massen, Medien und Macht: „Neue technische Medien führen in ‚unterentwickelten' Gesellschaften geradewegs zu politischen Diktaturen, indem sie die vorherrschende Religiosität entweder beerben oder sich mit ihr verbinden. Die Stimme Gottes, die Stimme der Staatsmacht und die Stimme des Mediums fallen in ein und dieselbe zusammen" und bilden dann bevorzugt Massen zur Stützung des Staats. (Vgl. K.T., *Buch der Könige. Bd. 2y; Recording Angels' Mysteries*, Ffm 1994, den Abschnitt „Führung, Gott, Medien", 394f., dort entwickelt am Beispiel Argentinien/Evita Peron.)

11 MuM, S. 44

12 MuM, S. 44 f.

13 taz, 13. Sept. 97

14 Eindeutig in ihrem Charakter als *Hystorie* erscheint mir nur eine von den sechs genannten, die mit den Außerirdischen: aber wer weiß, wer sich in den USA alles in extraterrestrischer Gestalt den diversen Lewinskys nähert? Was Lloyd de Mause noch vor zehn Jahren als das „I have to kill the President"-Syndrom beschreiben konnte, scheint heute die Gestalt eines „I had sex with the President"-Syndroms angenommen zu haben. Nicht *nur* ein Problem Clintons. Keiner der kommenden Präsidenten-Darsteller wird der Lewinsky-Serie so schnell wieder entkommen. Es spielt keine Rolle, wie viele von ihnen Mr. P. „in Wirklichkeit" besext. Bei Clinton könnte der „Fehler" darin liegen, daß es *zu wenige* waren.

15 Nicht nur in Romanen sind Eigennamen Programm: Miß Show-alter entdeckt, daß Media *Show alterations* die Serien der „hystorical epidemics" hervorbringen, und deren Akteure als beglaubigte Serienteile.

16 Marshal McLuhan, *Die mechanische Braut. Volkskultur des industriellen Menschen*, Amsterdam 1996

17 Ebd., S. 129

18 Ebd., S. 127

19 Ebd., S 128

20 Ebd., S 128

21 Ebd., S 128

22 Ebd., S 128

23 Victor Hugo sah nur noch „gelbe Striche" statt der Sonnenblumen.

24 Oder erfinden – wie Christian Schaeffer mutmaßt – die Techniker wieder einmal Techniken, die der Körper schon kennt? Auch das ist möglich; es geht um ein Wechselverhältnis; das Prinzip: „dem Hummelflug den Hubschrauber absehen", ist nicht überholt von der Mediengeschichte.

25 MuM, S. 27

26 Auch im inzwischen common sense gewordenen Affekt gegen die Tribünensitzer – Sprechchor: „Scheiß-Tri-büne!!" – setzen sich Serien von richtigen Zuschauern ab von der Nicht-Serie falscher Zuschauer.

27 Von Heidegger als wichtig erkannt, aber umgedeutet in Zeichen der Homogenität, in Säulen bäuerlicher Ländlichkeit.

28 Ausgeführt in K.T., *Buch der Könige, Bd.2y: Recording Angels' Mysteries.* Die Überlegungen zu Andy Warhol hier sind eine Kurzfassung des Warhol-Kapitels dort.– Christian Schaeffer erinnert mich daran, daß „Masse"auch in der Physik längst nicht mehr der Begriff ist, der er mal war.

29 MuM, S. 47

30 Es kamen dann nur vierzig. Aber Schlingensief erklärt nach dem Bad, als alles gefilmt ist, Dr. Helmut Kohl folgerichtig für gestorben.

31 Daß es den Grünen z.B. – die die größten Wählerpotentiale bei Jungwählern für sich reklamieren – nicht gelingt, eine „Jugendorganisation" aufzubauen, dürfte hier begründet liegen. Sie „verstehen" den Körperaufbau dieser Jungen so wenig wie jede andere Partei.

NICHTS VORAUSSETZEN, ALLEM MISSTRAUEN

Nach dem System der kollektivistischen Diktatur - die Massendemokratie?

Erika Garics

Nichts voraussetzen – also Voraussetzungslosigkeit. Voraussetzungslosigkeit bezieht sich immer auf Zukunft, sie ist eine Haltung dem Zukünftigen gegenüber, sie kann die Originalität des Denkens bedeuten, sie kann als eine Art Abwehr gegen aufdringliche Vorurteile dienen, sie kann auch eine betonte, bewußte Absonderung von der Massenmeinung (von der Auffassung der Masse) ausdrücken. Sie kann sich als Drang äußern, die Welt, in der man lebt, wirklich und selbst erleben, erfahren zu wollen. Voraussetzungslosigkeit wirkt sich auf die Beziehung zu der Welt, zu den anderen Menschen aus und meldet sich in der Sprache. Canetti hat sich auf diese voraussetzungslose Weise mit dem Phänomen Masse auseinandergesetzt.

Zuerst hatte er „die Masse" in Frankfurt wahrgenommen, wo die Familie die Jahre 1921-1924 verbrachte. Die ersten Erlebnisse der Masse waren eindeutig durch die Tagespolitik geprägt gewesen. Er berichtete darüber in dem zweiten Band seiner Autobiographie *Die Fackel im Ohr*: „Sehr beeindruckt war ich von den ersten Demonstrationen, die ich sah, sie waren nicht selten und waren immer gegen den Krieg gerichtet. (...) Ich hatte anläßlich einer Demonstration gegen die Ermordung Rathenaus auf der Zeil zum erstenmal das Erlebnis der Masse. Da die Folgen, die dieses Erlebnis für mich hatte, sich einige Jahre später in Diskussionen artikulierten, will ich erst dann davon sprechen." [1]

Noch vor der entscheidenden Erfahrung der Masse am 15. Juli 1927 in Wien – sie war ihm als etwas Gefährliches, Furchterregendes, Unzügelbares und vor allem wieder als etwas Politisches erschienen – hatte Canetti schon in der Zeit vom 1. bis 10. August 1925, während einer Wanderung durchs Karwendelgebirge, mit dem systematischen Studium der Masse angefangen. Diese Lebensphase, in der er auf eines der wichtigsten Wirklichkeitsphänomene, eine später wichtig werdende Deutungsmöglichkeit des eigenen Lebens, in gewisser Hinsicht der Geschichte überhaupt, gestoßen war, erklärte er später in seiner Autobiographie folgendermaßen: „In diese Zeit ... setze ich den eigentlichen Beginn meines unabhängigen geistigen Lebens."[2]

Was er aber im Zusammenhang mit einer Vortragsreihe, gehalten von Eugen Müller über die Kunst von Florenz, im September 1920 in Zürich notierte, bezieht sich schon auf *Masse und Macht*, auf das fast drei Jahrzehnte umfassende Lebensprogramm: „Nun wußte ich, daß man ein ganzes Leben an ein oder zwei Werke wenden kann, und Geduld, die ich immer bewundert hatte, bekam für mich etwas Monumentales. Es vergingen keine fünf Jahre danach, und ich hatte das Werk gefunden, an das ich *mein* Leben wenden wollte."[3]

Unter seinen ersten Lektüren war die *Massenpsychologie und Ich-Analyse* von Freud gewesen: „Ein Buch ..., das mir vom ersten Wort an widerstrebte und das mir noch heute, 55 Jahre danach, nicht weniger widerstrebt."[4]

Vorzuwerfen hatte er diesem Buch vielerlei, vor allem eben das Fehlen des Prinzips, das er sich bei Stendhal als Lebensprinzip und Schaffensprinzip geholt hatte, also eben den diesem Referat zum Titel gesetzten Gedanken: „Nichts voraussetzen", alles selbst erfahren, sogar empfinden – „erst erleben, dann beschreiben". „Was ihm aber an eigener Erfahrung fehlte", formuliert Canetti scharf seine Kritik an Freud, „holte er sich in der Beschreibung von Le Bon ..."[5]

„Was auf diese Weise zusammenkam, wirkte selbst auf den ungeschulten Leser von 20 Jahren unbefriedigend und inkongruent. Zwar war ich ohne jede theoretische Erfahrung, aber praktisch kannte ich die Masse von *innen*."[6]

Der Anspruch auf Kenntnis, die von *innen* ausgeht, und eine souveräne Denkart charakterisieren das ganze Werk: Die Erfahrungen der verschiedenen Kulturen und Zeiten, transformiert in Geschichten, haben die Funktion, die Strukturen der verschiedenen Erscheinungsformen der Masse und Macht darzustellen, und zwar allgemeingültig, nicht an eine Epoche gebunden. Beweisende Kraft haben die Geschichten selbst, in denen Canetti den menschlichen Charakter beschreibt und analysiert.

Hinter den einzelnen Essays wird aber die grundsätzliche Frage hörbar: können wir oder eher dürfen wir überhaupt noch in und nach den schrecklichen Ereignissen unseres Jahrhunderts den Glauben an eine Progression aufrechterhalten? Wäre es doch nicht ehrlicher, uns selbst gegenüber, zu versuchen, das Geschehene einfach nur verstehen zu wollen, statt uns davon zu distanzieren? (Die Betonung der Einmaligkeit eines Geschehenen bedeutet nämlich zugleich die Distanzierung davon.)

In Canettis Darstellung erscheint die Macht in jeder Epoche bedrohlich. Allerdings kann der Leser den Eindruck haben, dieses Werk hätte nicht ohne die Erfahrung des Totalitarismus des 20. Jahrhunderts entstehen können, und eben darum kann es als eine mögliche Erklärung unseres Jahrhunderts gelesen werden. Die hier untersuchten Phänomene – Masse, Macht bzw. Überleben und Befehl – gelten immer noch als Schlüssel-begriffe unserer Zeit und können daher als Perspektive in der Betrachtung der heutigen Gesellschaft ihre Gültigkeit bewahren.

Im zweiten Teil meines Referates möchte ich über die heutige ungarische Gesellschaft berichten. Es entzieht sich aber meiner Kompetenz und würde auch den Rahmen eines Referates sprengen, eine in viele Richtungen tief eingehende Darstellung der ungarischen Gesellschaft zu geben. Ich habe einige Erscheinungen, Phänomene herausgegriffen, von denen ich glaube, sie seien aktuell oder gar symptomatisch für den „Zeitgeist" im Ungarn von heute. Als Orientierungspunkte dienten mir dazu die zentralen Begriffe Canettis.

Die ausgewählten Phänomene sind: 1. Die Transformation (der Systemwechsel) selbst. Die Beurteilung davon; 2. Die Lage der Freiheit und der Gerechtigkeit in unserer neuen Demokratie.

ÜBER DIE TRANSFORMATION

Es ist in den letzten Zeiten zu einem Topos in der ungarischen Presse geworden, daß die ungarische Gesellschaft schon achtmal in diesem Jahrhundert eine Transformation oder einen Systemwechsel durchgemacht hat, immer mit völlig verschiedenen politischen Einrichtungen als Ergebnis. Aufzufinden sind noch Mitglieder der Generation, welche alle acht miterleben mußten. Der berühmte ungarische Regisseur István Szabó zählt sich zu dieser Generation. In einem TV-Interview mit Elemér Hankiss, dem Soziologen[7], äußerte er sich über seine persönlichen Erfahrungen. Er sagte, die Gesellschaft hätte mit dem vorangehenden System immer einen Vertrag abgeschlossen – wenn gewisse Tabus unberührt blieben, würde man in Ruhe gelassen. Das Hauptanliegen der Gesellschaft wäre also das Überleben. Die ungarische Gesellschaft wurde in diesem Jahrhundert sozusagen durch eine „Tiefenkorruption" geführt. Die Politiker hätten das Volk belogen, um es zu politisieren, das Volk hingegen hätte die Politiker belogen, indem es vorgab, ihnen zu glauben.

Das Bewerten und das Interpretieren des letzten Systemwechsels in der ungarischen Öffentlichkeit sind nicht einheitlich. Der etwas unerwartet oder mindestens unerwartet schnell gekommene Zusammenbruch der staatssozialistischen Gesellschaft löste eine Euphorie im Kreise der Politiker, der Gesellschaftswissenschaftler, aber auch in der Bevölkerung aus. Jede Schicht in der Gesellschaft versprach sich einen rapiden Systemwechsel, eine bald eintreffende Konsolidierung, einen wirtschaftlichen Aufschwung und sogar einen schnellen Anschluß an Westeuropa.[8]

In der Bewertung der Transformation sieben Jahre später spielt eine wichtige Rolle, daß ihre einzelnen, anfangs parallel laufenden Teilprozesse mit der Zeit auseinanderliefen, wodurch Phasenverschiebungen entstanden, welche sich schließlich auch auf die Art des Ablaufes einzelner Umwandlungsprozesse auswirkten. Das wiederum beeinflußte die Einstellung zur Transformation. Die Einstellung zur bzw. die Bewertung der Transformation ist etwas unterschiedlich von seiten der Gesellschaftswissenschaftler und von seiten der breiten Massen.

Augenfällig, daher dominierend, wirken Umwandlungsprozesse innerhalb des politischen Systems. Radikale Änderungen haben sich in diesem grundsätzlichen Bereich vollzogen, aber mit inneren Widersprüchen. Die Prozesse der Transformation verliefen im Bereich der Makropolitik eindeutig viel schneller als in der Mikropolitik – es ist also ein eindeutiges Zurückbleiben in der Herausbildung von Einrichtungen der Zivilgesellschaft zu beobachten, verglichen mit Strukturänderungen auf dem höchsten Niveau: in der Regierung, im Parlament und in dem Parteiensystem. Die grundlegenden Bedingungen, die Institutionen der Demokratie wurden errichtet. Demokratische Grundrechte, liberale Menschenrechte werden durch den Rechtsstaat garantiert, wie auch die demokratische Anteilnahme des einzelnen an der politischen Willensbildung. Dieser Prozeß sei irreversibel, die Phase des Systemwechsels nähere sich dem Ende – behaupten führende Gesellschaftswissenschaftler, wie János Kornai, János Kis und Attila Ágh.[9]

Die breiten Massen verhalten sich eher etwas skeptisch den Änderungen gegenüber. Für sie ist nämlich eben das Zurückbleiben der Mikropolitik die Selbsterfahrung: Das Funktionieren oder eben Nicht-Funktionieren der Verwaltung und der neuen demokratischen lokalen Selbstverwaltungen. Spürbar sind noch für die breiten Massen gewisse, immer noch bestehende, für die ost-mitteleuropäischen Staatseinrichtungen der näheren Vergangenheit charakteristische Vorstellungen von einem starken Staat, spürbar auch Bestrebungen des Staates , möglichst alles zu kontrollieren, unter eigener Macht zu wissen. Aus dieser Perspektive betrachtet kann man zu der Wahrnehmung kommen, daß die Bedingungen der Demokratie schon vorhanden sind, die Institutionen und Mechanismen aber eher schwach und unzuverlässig funktionieren. Die Einstellung der Bevölkerung zu der neuen Elite ist auch nicht eindeutig positiv. Elitewechsel hieß auch in Ungarn zugleich Generationenwechsel. Die alte Parteinomenklatur, die großen Machthaber des Staatssozialismus sind in der Spitzenpolitik nicht mehr anwesend, bis auf einige Ausnahmen, wie eben die höchste Machtposition, die des Ministerpräsidenten, die von einem ehemaligen Parteifunktionär bekleidet wird, der aber keine politische Karriere in gewöhnlichem Sinne machte. Seine Verwandlung bedeutete, daß er zum Außenminister im Sozialismus ernannt worden war, und auf diesem Posten spielte er später eine entscheidende Rolle im Abbau des Eisernen Vorhangs. Er trat nach der Wende zuerst gemeinsam mit der ersten demokratisch gewählten Regierung, ab 1994 als Ministerpräsident für den Beitritt in die EU und die NATO ein.

Breite Schichten der Bevölkerung meinen, daß der Elitewechsel anders hätte gestaltet werden können, oder gar, daß es keinen Elitewechsel gab. Dieser Eindruck kann durch die vielen Berührungspunkte der wirtschaftlichen und der politischen Eliten entstehen, solange die Unverträglichkeit politischer und wirtschaftlicher Posten nicht gesetzlich geregelt wird.

Es war interessant zu beobachten, wie sich die neue politische Elite als neuer Machthaber am Anfang des Systemwechsels den Machthabern vorangegangener Epochen gegenüber verhielt. Das offenbarte sich symbolhaft im Ritual der Neubegräbnisse ehemaliger – politischer, ideologischer – Machthaber. Es wurde zuerst das feierliche Neubegräbnis von Imre Nagy als etwas betont Wichtiges deklariert. (Imre Nagy war eine symbolische Figur der Revolution von 1956 gewesen, auch Ministerpräsident, seine Gestalt stand für die Gültigkeit absoluter moralischer Werte wie Freiheit, Unabhängigkeit, wofür er sich praktisch aufgeopfert hatte. Er war 1958 hingerichtet worden.) Das Begräbnis als symbolischer Akt verkündete, welche Traditionen hier weitergeführt werden sollen, sogar, daß eben nur diese Machthaber die einzig möglichen, legitimen Machthaber sein können, da sie die Erben der legitimen Macht und der Ideen von 1956 sind, und zugleich war das auch das Moment des Überlebens. Alle bedeutenden Politiker von 1989 – also die Handlungsträger im Systemwandel – hielten eine Festrede am Sarg. „In jedem Leben lassen sich die Toten finden, von denen einer gezehrt hat“[10], meint Canetti über das Moment und die Situation des Überlebens. Das kann außerdem auch als ein Beispiel für die politische Mythologiebildung unseres Jahrhunderts erklärt werden: man versucht, aus den Toten der eigenen Seite politische Schlagkraft zu gewinnen.

Diesem Zeremoniell folgten noch andere: 1991 gab es andere wichtige Neubegräbnisse, das eine des Kardinals Mindszenty. Er war ein Gegner des Liberalismus und Royalist gewesen, dennoch waren fast alle Spitzenpolitiker bei seinem Neubegräbnis anwesend. Das konnte damals interpretiert werden als Vorzeichen dafür, daß die Kirche in der sich in einer Umwälzung befindlichen ungarischen Gesellschaft eine hervorgehobene Rolle spielen sollte. Dagegen war es aber auffallend, daß die Regierung bei dem Neubegräbnis des bekannten ungarischen bürgerlichen Demokraten Oszkár Jászi fast überhaupt nicht vertreten war.

Ein Neubegräbnis hatte auch Béla Bartók, einer der größten Komponisten des 20. Jahrhunderts. Er hatte 1940 Ungarn und auch Europa freiwillig verlassen und die Emigration gewählt, als die für ihn einzig mögliche Form des Protestes gegen den Faschismus und den Zweiten Weltkrieg. „Hier stehen wir mit traurigen Herzen und ... verabschieden uns – für wie lange oder ob vielleicht für immer, weiß man nicht. Schwer, sehr schwer ist der

Abschied. Es ist überhaupt keine Frage mehr, wie es sein soll, es muß so sein“, schreibt er in einem Brief.[11] Sein Neubegräbnis war ein Symbol der Vaterlandsliebe wie auch der Anerkennung der Legitimität des neuen Regimes.

Das Neubegräbnis von Miklós Horthy wurde sogar in den Medien live übertragen. Das war ein Ereignis, das davon zeugte, daß die neuen Machthaber die ambivalente Welt der Horthy-Epoche hochschätzten, anerkannten. Das kann vielleicht auch so interpretiert werden, daß die weiterzuführenden Ansätze der Demokratie für die erste Regierung nach 1989 im Jahre 1945 und nicht im Jahre 1947 zu suchen waren.

EINIGES ÜBER DEN WIRTSCHAFTLICHEN SYSTEMWECHSEL

Nach dem Zusammenbruch des Ostblocks wurde die wirtschaftliche Transformation dieser Länder möglich. Die Richtung dieser Transformation ist einmalig in der Geschichte. Die Theorie einer Transformation aus dem Kapitalismus in den Sozialismus war ausgearbeitet (Marx, Engels), sogar von Lenin verwirklicht worden, und zwar in Rußland, in einem Land, in welchem der Kapitalismus nur schwach entwickelt war. Die sozialistische Staatseinrichtung wurde dann nach dem Zweiten Weltkrieg den ost-mitteleuropäischen Staaten aufgezwungen, welche davor wirtschaftlich etwas unterentwickelt gewesen waren. Während der sozialistischen Herrschaft gab es später eigene Initiativen zur Demokratisierung der Gesellschaft bzw. zur Reformierung der Wirtschaft. (In Ungarn: die Revolution 1956 bzw. der neue wirtschaftliche Mechanismus 1968.) Für den wirtschaftlichen Systemwechsel ergab sich aber die Möglichkeit erst nach dem Zusammenbruch des Sowjetimperiums. Es war für alle Länder charakteristisch, daß es keine Kapitalakkumulation gab. Um die Marktwirtschaft herauszubilden, wurde die Privatisierung zur zentralen Frage, und sie sollte natürlich möglichst schnell vor sich gehen. Privatisierung hieß, Staatsbesitz soll in die Hände eines Besitzers übergehen, und obwohl es ein Widerspruch an sich ist, mußte der Staat selber die „Entstaatlichung“ vollführen. Dies gebar Gegeninteressen. Die Privatisierung wurde auch dadurch erschwert, daß die Produkte der zu privatisierenden Fabriken unverkäuflich waren. Es blieb auch die erhoffte Westhilfe („zweiter Marshall-Plan“) aus. So gelangten diese Staaten – Ungarn inbegriffen – in eine ausgelieferte Lage. Die Privatisierung war/ist von Korruptionsverdacht überschattet und genießt daher eine geringe gesellschaftliche Akzeptanz. Für die breite Masse erscheint auch die massive Arbeitslosigkeit als eine Folge der Privatisierung bzw. der Marktwirtschaft.

Den stärksten Widerstand erweckte neulich in breiten Kreisen der Bevölkerung die Privatisierung des landwirtschaftlich genutzten Bodens. Sie wird von manchen Politikern als „Ausverkauf des Vaterlandes“ angeprangert. Diese Privatisierung ist jetzt übrigens eine der wichtigsten politischen Fragen für Ungarn sowie eine zentrale Frage für die Landwirtschaft. Es ist eine Volksabstimmung für November geplant, und von den drei Fragen sollen sich zwei darauf beziehen.

Der Prozeß der wirtschaftlichen Transformation führt auch zu der Herausbildung einer nationalen Bourgeoisie und des nationalen Kapitals. Nicht selten ist dieser Prozeß von unmoralischen Nebenerscheinungen begleitet. Die wirtschaftliche Elite, die in einzelnen Fällen mit der politischen Elite ident ist, zeigt sich viele Male unfähig (oder will es einfach nicht), sich außer mit den eigenen politischen / ideologischen Streitigkeiten und Interessen auch mit den realen Problemen der Gesellschaft zu beschäftigen. Darum zeigen sich schon jetzt die Merkmale der Entfremdung und der Politikverdrossenheit großer Massen.

EINIGES ÜBER DEN GESELLSCHAFTLICHEN SYSTEMWECHSEL

Der Zusammenbruch des Staatssozialismus – die Epoche der „negativen Modernität": ein Ausdruck von Elemér Hankiss – bedeutet u.a. den Zusammenbruch der Industriegesellschaft in Ost-Mitteleuropa, was weitgehende Auswirkungen auf das Leben der Bewohner hat. Arbeitslosigkeit, der Zwang zur Umschulung oder der Zwang, den Arbeitsplatz zu wechseln, kamen auf, weiters eine Verarmung breiter Massen. Massenhafte Strukturänderungen zeigten sich in zwei spürbare Richtungen: 1. im Übergang der Arbeitskräfte vom staatlichen Sektor in den Privatsektor (Privatisierung); 2. im Übergang von der (Schwer-)Industrie in den Dienstleistungssektor (Änderung der Berufsstruktur).[12]

Diese Änderungen, gemeinsam mit dem niedrigen Lohnniveau und der hohen Inflation, führten zu einem sozialen Abstieg ganzer Gesellschaftsschichten. Etwa zwei Drittel der Bevölkerung zählt sich zu den Verlierern des Systemwechsels. Eine Tendenz zur Verarmung auch der Mittelschicht ist deutlich nachzuweisen. Gewisse Werte mußten auch umgewertet werden, wie z.B. die Arbeit selbst. Arbeitslosigkeit ist auch eine neue Erfahrung. Der Grundwert der Demokratie wurde aber nie ernstlich in Frage gestellt. Dennoch schien für breite Bevölkerungsschichten plötzlich die Sicherheit ein zu großer Preis für die Freiheit zu sein. Das ist eben die Situation, in der die Masse besonders empfänglich für Populismus sowie für nationale oder soziale Demagogie ist. Die Anfälligkeit für diese Angebote wächst auch in Ungarn, unter anderem, da gewisse Schichten von der heutigen Regierungskoalition enttäuscht sind. Es wird aber die Demokratie nicht wirklich gefährdet.

Es gibt noch eine Wirklichkeitsmacht in der heutigen Gesellschaft, welche die Öffentlichkeit gestalten und breite Massen beeinflussen kann – die Medienlandschaft. Sie befindet sich immer noch im Umbruch – es wurde mit dem Mediengesetz sehr lange gezögert. Die Privatisierung der Frequenzen findet eben jetzt statt. Die elektronischen Medien rücken eindeutig in den Vordergrund des Interesses, dem Zeitgeist entsprechend, die Printmedien klagen viel mehr über Geldmangel, Desinteresse. Die Lage des Schriftstellers, des Journalisten, veränderte sich grundsätzlich: Unter den sozialistischen Verhältnissen hatte das Wort des Schriftstellers Gewicht, Kultur war staatlich stark subventioniert. Jetzt, da schon alle frei reden können, ist der Schriftsteller nur eine Stimme unter den vielen anderen. Schriftsteller, Künstler, überhaupt Intelligenzija, suchen jetzt nach einer neuen Position in der Gesellschaft.

FREIHEIT UND GERECHTIGKEIT IN DER NEUEN DEMOKRATIE

Ágnes Heller, die berühmte ungarische Philosophin, unterscheidet in ihrem Buch *Az igazságosságon túl* (Jenseits der Gerechtigkeit) zwischen zwei Begriffen der Gerechtigkeit: die eine Art sei die statische, die andere Art die dynamische Gerechtigkeit. Statische Gerechtigkeit existiere überall in den menschlichen Gesellschaften, da ohne Normen und Regelungen keine Gesellschaft existieren kann. Für die zu der gleichen Gruppe gehörenden Menschen gelten die gleichen Regeln, diese Regeln müssen konsequent und stets von allen

Mitgliedern der Gruppe verwendet werden. Wenn es nicht so passiert, entsteht Ungerechtigkeit. Bedingung der statischen Gerechtigkeit sei, daß jeder Betroffene die Regeln und die Normen kennen muß, nach welchen er beurteilt wird. Dynamische Gerechtigkeit heißt, wenn nicht die Verwendung der Regeln und der Normen als gerecht oder ungerecht beurteilt werde, sondern die Regeln und Normen selber. Gewisse Regeln gelten als gerecht, andere als ungerecht. Wie kommt es aber dazu, daß Regeln, welche lange als gerecht galten, plötzlich delegitimiert werden? Sie können aus der Perspektive zweier Werte ihre Gültigkeit verlieren: aus der Perspektive der Freiheit und aus der Perspektive des Überlebens und des Lebensstandards.

In der Geschichte erscheinen verschiedene politische Gruppen, welche an der Gerechtigkeit verschiedener Normen und Regeln zweifeln, da sie gewissen (meistens den rebellierenden) Gruppen die Freiheitsrechte oder die Lebenschancen entziehen. Die dynamische Gerechtigkeit sei ganz verbreitet in der Moderne – behauptet Ágnes Heller. Es sei aber sehr wichtig, daß das stete In-Frage-Stellen der Regeln und der Normen die Verwendung der statischen Gerechtigkeit nicht gefährde. Wenn alle Regeln zur gleichen Zeit wackeln, kann die dadurch entstehende Verunsicherung der Menschen, die den Zusammenhang zwischen ihren Handlungen und deren Folgen nicht mehr durchschauen / überblicken können, so groß sein, daß sie den Sinn der Welt nicht mehr finden. Es herrscht dann Chaos. Sie werden in zwei Richtungen getrieben: in den Zynismus und in die Richtung des Fundamentalismus. Laut Ágnes Heller gehören beide Extremitäten zum Wesen der Modernität.

Diese These kann auf die Geschichte der totalitären Staaten angewendet werden. Sie legalisierten sich mit der dynamischen Gerechtigkeit. Sozialismus hielt sich für wirkliche Demokratie: In seinem Sinne wurden Gerechtigkeit, Freiheit ideologisch interpretiert, wie auch andere moralische Werte. Es wurde auch dafür gesorgt, mit Ideologie und Gewalt, daß die Menschen ausschließlich diese Regeln und Normen anerkannten.

Der Staatssozialismus in Ost-Mitteleuropa wurde von den eigenen Bewohnern nie als legitim anerkannt. Massenbewegungen versuchten seine Delegitimation, z.B. 1956 in Ungarn, 1980 in Polen. Die wirkliche Delegitimation geschieht jedoch nach 1989, also jetzt, von Tag zu Tag, in den politischen, wirtschaftlichen, gesellschaftlichen Bereichen.

Von dem Gesichtspunkt der Marktwirtschaft aus wird die gesellschaftliche Gerechtigkeit anders verstanden als im Sozialismus. Die einst tief eingepflanzten Normen wirken noch nach, es wird in der ungarischen Pressestatt Kapitalismus, ein Ausdruck, der lange ein Synonym für Ungerechtigkeit war, eher das Wort „Marktwirtschaft" – zwar selbst ein umgewerteter Begriff – gebraucht. Als Maß für die Gerechtigkeit gelten hier die Länder Westeuropas.

Neben den Illusionen einer neuen Zeit werden jetzt auch noch die unverwirklicht gebliebenen Versprechungen des Sozialismus verlangt, wie staatliche Subventionierung der hohen Kultur, gute soziale Versorgung. Die Menschen wollen einen starken und einen schwachen Staat zugleich, Freiheit, aber auch Sicherheit – da die Werte der Freiheit in den Köpfen der Menschen mit Lebensqualität und Wohlstand verbunden sind. Die Wende 1989 kam eben, als die Menschen sich im Sozialismus schon eingelebt, sich ihm angepaßt hatten. Jetzt, in möglichst kurzer Zeit, müssen sie sich neue Normen aneignen, müssen sie neue Verhaltensmuster erlernen.

Anmerkungen

[1] Elias Canetti, *Die Fackel im Ohr. Lebensgeschichte 1921-1931*, Frankfurt am Main 1991,S.52. Im weiterem zitiert unter FiO.

[2] Canetti, FiO, S. 144. Es ist sehr prägend für Canetti, daß er von Anfang an auf der Suche nach einem das ganze Leben erfüllenden Werk war. Seine Bewunderung galt immer großen Männern, welche ihr ganzes Leben einer zentralen, außergewöhnlichen Leistung gewidmet hatten. Siehe dazu: *Die gerettete Zunge. Geschichte einer Jugend,* Frankfurt am Main 1991, S. 303-308.

[3] *Die gerettete Zunge,* S. 304

[4] FiO, S. 142

[5] FiO, S. 143

[6] FiO, S. 143

[7] Elemér Hankiss moderiert eine Fernsehserie mit dem Titel „Wollen wir Ungarn gemeinsam erfinden". In der Sendung vom 29.08.1997 führte er das Interview mit Szabó.

[8] János Kornai, der Politologe und Ökonom, betont in seiner Studie (Kritika, 1997/8), daß der Prozeß der Transformation in Ungarn mit der Einführung des „neuen wirtschaftlichen Mechanismus" / „új gazdasági mechanizmus" 1968 angefangen hatte, weiterentwickelt durch eine Erosion der kommunistischen Macht, das alles hätte aber ausschließlich aus eigenen Kräften, ohne die entscheidenden Änderungen in der äußeren Umgebung (Sowjetunion), nicht zur politischen Wende 1989/90 führen können.

[9] János Kornai, „Was der Systemwechsel bedeutet und was er nicht bedeutet", in: *Kritika,* 1997/8 János Kis, *Das Ende des Systemwechsels,* Budapest 1996. Attila Ágh / Sándor Kurtán, *„Von der Euphorie zur Politikverdrossenheit"*, in: Die Neue Gesellschaft, Frankfurter Hefte 1, 1995/10

[10] Canetti: *Die Provinz des Menschen. Aufzeichnungen 1942-1972,* München, Hanser, 1973, S.244

[11] Brief an Frau Müller-Widmann in Basel, 14. Oktober 1940

[12] Siehe Attila Ágh / Sándor Kurtán, a.a.O.

DIE WELTLOSIGKEIT DER GLOBALISIERUNG

Martin Sattler

I

In den folgenden Gedanken geht es um die Voraussetzungen einer Deutung von bestimmten Phänomenen der Globalisierung, die ich hier nicht beschreiben will, weil sie bekannt sind. Die Logik politisch-wissenschaftlicher Reflexion entspricht der syllogistischen Argumentation des *Enthymems*, d.h., mehrere Voraussetzungen der Argumentation werden – weil sie selbstverständlich sind – nicht erwähnt. Zwischen der dichterischen Sprache in *Masse und Macht*, die alle Voraussetzungen prägnant ausdrückt, und meinen Ausführungen besteht also ein grundlegender Unterschied. Sie werden erst verständlich, wenn wenigstens die in diesem Zusammenhang wichtigsten Voraussetzungen offengelegt werden. Es handelt sich bei meinen Ausführungen um eine Deutung auf der Grundlage einer kritischen verfassungsrechtlichen und politisch-wissenschaftlichen Betrachtungsweise einiger Phänomene der Globalisierung.

Als ich im Jahre 1975 in London während eines Forschungsaufenthalts mit Elias Canetti über meine Studien zur Geschichte des Parlamentarismus sprach, wies er mich auf *Masse und Macht* hin. Ich kannte und schätzte bis dahin hauptsächlich die *Blendung*, die mir von einem meiner Lehrer, Eric Voegelin, als Antidot gegen das deutsche Wissenschaftsmilieu empfohlen worden war.

Vier Schwierigkeiten ganz allgemeiner Art wirft dieses mein Vorhaben auf:

1. Es ist in der literarischen und auch der akademischen Öffentlichkeit heute ganz unüblich, der Politischen Wissenschaft ein kritisches Potential zuzutrauen. Das Denken über Politik gilt überall selbst als Politik, ohne irgendeinen Erkenntnisanspruch. Der Leser sollte sich auf einen solchen Anspruch bei meinen Ausführungen einlassen. Neben einer Diagnose setzt eine politisch-wissenschaftliche Beschäftigung mit Unordnungsphänomenen voraus, daß auch eine Therapie oder zumindest die Bedingungen der Möglichkeit einer solchen aufgezeigt werden. Ich mache in diesem Sinne einen Vorschlag, die Beziehung von Repräsentanten zu den Repräsentierten betreffend, durch den die Globalisierung als politisches Problem bewältigt werden könnte.

2. Die Anknüpfungen an Canettis Symbolik in *Masse und Macht* sind für einen politischen Wissenschaftler ziemlich naheliegend. Es bedarf keiner Exegese von *Masse und Macht*, um die politischen Fragen, die die Globalisierung aufwirft, den Symbolen Canettis in *Masse und Macht* zuzuordnen. Es handelt sich dabei um folgende Anknüpfungen: a)Parlamentarismus ist ein kriegerisches Verhältnis einer Masse (der Regierungsmehrheit) zu einer Doppelmasse (der Opposition), in dem das Töten vermieden wird.[1] Alle nicht parlamentarischen Repräsentationsverhältnisse in der Gesellschaft sind ebenfalls Beziehungen zwischen

Massen und Doppelmassen. b) Machthaber (also in der Begriffssprache der Politischen Wissenschaft: alle gewählten Repräsentanten) sind Überlebende von (Wahl-) Schlachten, die im Verhältnis der „Verstellung" zu den Machtunterworfenen existieren.[2]

3. Canetti zwingt die Masse und die Macht in seinen Reflexionen in eine Sprache und symbolische Form, die ihm eine Distanz zum „Blödsinn der Zeit" (Karl Kraus) eröffnet. Er geht dabei von den Erfahrungen aus, die er selbst gemacht hat, und entwickelt seine kritische Anthropologie, seine Physik der Masse und Dynamik der Macht. Er will die Unordnungsphänomene der Massen und der Unterdrückten nicht kritisieren und Modelle zur Überwindung solcher Phänomene entwerfen, wie ich dies hier versuche. Das ist Aufgabe einer politisch-wissenschaftlichen Analyse. Seine Texte sind selbst die Gegenpositionen zu den „Verstellungen", die die Mächtigen den Machtunterworfenen gegenüber einnehmen.

Er ist nicht der kläffende Zyniker (cynos = Hund), der sich mit seinem Einspruch gegen den Skandal der Unterdrückung und die Blamage des Geistes der verschiedenen Machtansprüche wendet. Die Meute (die vielen Hunde) sind die Menschen, die sich unter die Symbole der Mächtigen gestellt haben. Canetti weist eine Position, wie sie etwa Julien Benda einnimmt, der vom *Verrat der Intellektuellen*[3] angesichts der Katastrophen des 1. Weltkriegs spricht, zurück. Er dreht das Verhältnis zwischen Geist und Macht um. Die Macht wird nicht kritisiert. Sie wird mit den Mitteln der dichterischen Symbole entkleidet. Die von der Macht ausgehende Mystifikation wird dadurch aufgehoben. Sein Werk selbst ist das Bollwerk, an dem der Skandal der verstellt auftretenden Macht zerschellt.

Als Politikwissenschaftler, der die Spannung zwischen Machtformationen und bewußter Unordnungserfahrung als die Kraftquelle für die eigenen Anstrengungen erfährt, erhebe ich dagegen Einspruch, und zwar hauptsächlich, indem ich an Canetti anknüpfend die Voraussetzungen einer Aufhebung der „Verstellung" diskutiere.

4. Eine Bemerkung zur Situation der Canettirezeption: Das ist zwar insider-talk, aber in diesem Zusammenhang nicht zu vermeiden. Der einmalige Kreis von Leuten auf den Canetti-Symposien, die sich mit dem Werk von Elias Canetti auseinandersetzen, ist kein hagiographisches Kränzchen, das Canetti beweihräuchert. Es gibt derlei so viele. Wenn Canetti mit seinen Mitteln das Jahrhundert bei der Gurgel packen wollte, dann tat er etwas, was uns allen deshalb so wichtig ist, weil wir uns sonst in keiner Weise von irgendeinem anderen Gattungswesen auf dieser Erde unterscheiden würden. Ob es ihm aber gelungen ist, ob wir seine Wege dabei gehen sollen, sind offene Fragen. Canettianer, denen das keine offenen Fragen sind, die sich also auf Canettis Themen und Methoden festgelegt haben, folgen ja in der Tat dem Meister nicht. Sie verfolgen paranoid seine Ziele, hätte er gesagt. Canettis Beziehung zu Karl Kraus ist für zu enge Gefolgschaft ein naheliegendes Beispiel.

In *Masse und Macht*, seinem kritisch-philosophisch-politischen Grundwerk mit dem Ziel der dichterischen Überwindung der Katastrophen des 20. Jahrhunderts, geht Canetti diesen Katastrophen zu Leibe, indem er sich die Sprache anschaut. Die Bewußtseinsformationen hinter der Sprache sind kein eigenes Thema. Das hat etwas mit Canettis Einschätzung der Psychoanalyse Freuds zu tun. Für Canetti liegt der Befund des Wahnsinns in der Sprache. In *Masse und Macht* zeigt er uns z.B., daß für die Einschätzung des Paranoikers Hitler die Texte des Dresdner Senatspräsidenten Schreber ausreichende und erklärende

Befunde darstellen. Mir genügt das nicht. Die Bewußtseinsformationen hinter der Sprache, deren Existenz Dichter notorisch bezweifeln, kommen erst zum Vorschein, wenn man so peinliche Fragen stellt wie etwa Max Picard in seinem tiefsinnigen Titel: *Hitler in uns selbst*[4]. Wie kommt es – so fragt man sich –, daß Leute, die keine Vernichtungs-Erlösungs-Zwangsvorstellungen haben, sich unter solche Vernichtungs-Erlösungs-Symboliken stellen und zu ihren Instrumenten werden? Welche Sicherungen der Humanität müssen durchgebrannt sein, damit die Schrebers durchkommen und dann Hitlers werden? Mir ist klar, daß die präzise Analyse der Sprache derer, die sich der Destruktion verschrieben haben, die Voraussetzung dafür ist, selbst Widerstand leisten zu können. Was aber muß geübt (nicht nur gewußt) werden, damit die Kraft erwächst, die den Widerstand dann trägt, z.B. heute gegen den alltäglichen Fremdenhaß? Die rein kognitive Erhabenheit, die anläßlich des Fremdenhasses unserer Tage vom projizierten Selbsthaß des Fremdenhassers spricht, verändert nach meiner Erfahrung die prekäre Lage unter Menschen verschiedener Herkunft noch nicht.

Der „reißende Wolf", dem wir auch noch am Ende dieses schlimmen Jahrhunderts „an die Gurgel" gehen müssen, erscheint uns angesichts des Religionswahns und des Rassenwahns in Südosteuropa als eine ganz bekannte, längst überwunden geglaubte menschliche Deformation. Es entsteht hier die Frage nach den durchgebrannten Sicherungen in verschärfter Weise. Die Frage, wie konnte das protestantische Pfarrhaus und die katholische Dorffrömmigkeit (diese wichtigen Grundlagen der deutschen und österreichischen Modernisierung) auf den Nationalsozialismus hereinfallen, erscheint mir wichtiger als die Frage nach der Kongruenz der Destruktivität des Rassenwahns in der Sprache der Paranoiker Schreber und Hitler. Ich gebe allerdings zu, daß die Analyse der Bedingungen, unter denen die Sicherungen durchbrennen, noch ein weites Feld der Sozialpsychologie ist. Neben viel Betriebsamkeit, Trauer- und Betroffenheitsgesinnung sind die Ergebnisse ohne tiefgehende Wirkung auf die Öffentlichkeit geblieben,[5] und der latente Rassenwahn in Mitteleuropa besteht unverändert fort. Ich weiß aber, daß die therapeutische Wirkung bei denen tiefgreifend ist, die die Sprachdeformationsanalyse Canettis in *Masse und Macht* durchgemacht haben. Wie kann man also – lautet meine Frage – die Wohlmeinenden im Lande radikaler ins Unternehmen einer Aufklärung hereinnehmen? In eine Aufklärung, die um die Gefahren der modernen politischen Gebilde (Staat und Gesellschaft) weiß, d.h. die um die Dynamik von Masse und Macht weiß? Leider wirken diejenigen Abschnitte, in denen Canetti von der Sprache her bis zur Destruktivität des Bewußtseinstypus seine Untersuchung der modernen Unordnung betreibt, nicht so explosiv wie z.B. die Briefe des Paulus oder die Texte Voltaires oder anderer „Gründer", obwohl die Destruktivität in unserer Zeit deutlicher auftritt als zu anderen Zeiten. Ich bin sehr neugierig, darüber zu hören, wie heute junge Leute mit *Masse und Macht* umgehen. Meine Erfahrungen sind so, daß immer nur jeder 27ste entflammt, dann aber sehr stark.

Die ambivalenten Ergebnisse der Moderne in diesem Jahrhundert führen bei jungen Leuten oft zu einer reaktionären Kritik der Aufklärung. Canettis Sprachkritik ist keine Einfallstür für diese vereinfachende Reaktion. Durch seine Symbolik zu Masse- und Machtphänomenen verändert er das Denken über diese Befunde der *Comédie humaine*. Die gängige Sprache wird zunächst beiseite geschoben, und dadurch werden die Erfahrungsanlässe wieder frei zugänglich. Man erfährt sich als Leser, wie man am Kampf des Autors teilnimmt, der sich über die spezifisch modernen Mystifikationen politischer Unordnungsphänomene mit seiner politischen Vernunft Klarheit zu verschaffen versucht. Ideologische Angebote oder spezifisch postmoderner Synkretismus aus allen möglichen Ideologien verfängt nicht, weil man bei Canetti merkt, wovon – von welchen Erfahrungen – die Rede ist.

II

Globalisierung ist ein Ausdruck, der in jüngster Zeit wegen der weltweiten Verfügbarkeit insbesondere geldwirtschaftlicher, aber auch anderer wirtschaftlicher Möglichkeiten eine neue Bedeutung bekommen hat und inflationär gebraucht wird. Globales Denken, globale künstlerische Symbolisierung, also Reflexionen, die davon ausgehen, daß man die *conditio humana* auf den Globus – den ganzen Erdkreis – beziehen kann, gibt es selbstverständlich schon seit langem. Kant formuliert die Bedingungen der Möglichkeit eines Ewigen Friedens für die ganze Menschheit.[6] Die französische Menschenrechtserklärung wendet sich an alle Menschen.[7]

Ich möchte die Katze gleich aus dem Sack lassen: Weltlos sind Begriffe und Symbole, die sich auf den ganzen Globus einlassen, dann, wenn ihnen das fehlt, woraus wir Menschen uns unsere Welt machen: aus Erfahrung und Erkenntnis und adäquater Symbolisierung dieser Erfahrung und Erkenntnis. Die gegenwärtige Rede von Globalisierung ist weltlos, weil ihre Symbole nicht erfahrungsgegründet und erkenntnisgeschwängert sind.

Weltlosigkeit als Ausdruck kommt bei Canetti nicht vor. Aber er gebraucht in der *Blendung* die Überschriften: „Ein Kopf ohne Welt", „Kopflose Welt", „Welt im Kopf".[8] Die Welt des Wissenschaftlers, als zweite Realität, schiebt die erste, die Welt der Erfahrung, beiseite. Weltlosigkeit wird aber von Hannah Arendt und Eric Voegelin[9] im Zusammenhang mit ihrer theoretischen Anknüpfung an das Thema der Apperzeptionsverweigerung, der Blendung als Lebensform, als theoretischer Begriff geprägt. Weltlosigkeit ist danach ein die menschliche Vernunft nicht aktualisierender Geisteszustand, der angesichts bestimmter Erfahrungen mit Masse und Macht im 20. Jahrhundert zu einem Typus geworden ist.

Was bedeutet Weltlosigkeit in Bezug auf die Globalisierung? Warum ist dem Menschen eine globale Perspektive versperrt? Bzw., warum kennen wir den Standpunkt nicht, von dem der Globus erfahrungs- und erkenntnismäßig bewältigt werden könnte?

Ich will Sie zunächst an ein Bild erinnern: Der große Diktator tanzt sein Weltherrschaftsballet mit dem Gummiball, einem großen Globus. Der Globus ist ungefähr so groß wie Chaplin selbst. In der Ekstase des Weltbeherrschungstanzes platzt der Globus, und der Traum von der Weltherrschaft endet damit, daß der große Diktator die Gummifetzen in der Hand hält.

Ein weiteres Bild aus einer ganz anderen Perspektive ist geeignet, die dünne Luft des Denkens in der Kategorie der Globalisierung zu verdeutlichen: Der Theologe Romano Guardini[10] äußert seine Bedenken gegenüber der modernen Vokabel „Weltanschauung" folgendermaßen: Wie soll man die Welt als Mensch anschauen können? Nur Gott hätte eine Perspektive, in der die Welt als Ganzes, als vollständiger Erdkreis oder Globus, erkennbar wäre. Weltanschauung verfällt nach Guardini deshalb immer dem Verdikt, hybride zu sein.

Die Welt, in der wir heute von Globalisierung sprechen, ist erfahrungsmäßig und erkenntnismäßig schwach. In fünf Punkten will ich diese meine Kritik an einem neuen Sprachphänomen vortragen. Diesem neuen Phänomen liegt ein sehr bedeutsamer

Erfahrungsanlaß zugrunde, nämlich die Auflösung der bipolaren Weltkonstellation und die ökonomische Orientierung der gesamten Staatenfamilie unter Wirtschaftskriterien, die zwar variieren, aber keinen prinzipiellen Gegensatz mehr aufweisen.

Canetti hat, wie Sie sicher alle wissen, diese Entwicklung bereits im Epilog zu *Masse und Macht* in der ersten Auflage als den weltweiten Sieg der auf Produktion fixierten Vermehrungsmeute vorausgesagt. Die entsprechende Passage klingt heute nicht besonders aufregend. Das war 1960, als sie geschrieben wurde, anders. Aus politikwissenschaftlicher Sicht handelt es sich bei der Tatsache, daß sich die Wirtschaftsprozesse aus der Einhegung in den Verfassungsstaat davongemacht haben, um ein Unordnungsphänomen, denn Ökonomie ist ein untergeordneter Teilbereich der politischen Ordnung. Die Verselbständigung und die Nichteingeordnetheit der Wirtschaft in die Politik – ganz gleich, wie die Ergebnisse dieses Prozesses der Globalisierung aussehen – sind bereits der Unordnungsbefund in der Perspektive der Politischen Wissenschaft.

Nach diesen Vorüberlegungen zu meiner politikwissenschaftlichen Perspektive und zur Wirkungsgeschichte von *Masse und Macht* jetzt zum Thema **Die Weltlosigkeit der Globalisierung:**

1. „Dis-embedding" oder „dis-embedded" ist der angelsächsische Ausdruck für den kritischen Zustand der Wirtschaft (und der anderen Ordnungsbereiche) in der neuen Globalisierungs- phase der Geschichte. Entgrenzungen finden in vielen Bereichen menschlicher Existenz statt. Der Ausdruck Globalisierung beschreibt sozusagen in physikalischer Perspektive eine Weltwirtschaft, in der Profitmargen über den ganzen Globus vergleichbar und wählbar geworden sind. Aus dem Flußbett abgeleitet, unverbunden mit dem Flußlauf der Wertschöpfungen, orientieren sich Wirtschaftsentscheidungen daran, wo auf dem Globus die günstigsten Produktions-, Absatz-, Finanzierungs-, Steuer- und sonstigen Bedingungen vorliegen. Die Bewertungen lösen sich von den sozialen Bereichen, in denen die Wertschöpfungen stattgefunden haben und kommen diesen sozialen Bereichen nicht mehr zugute. Solche Loslösungen sehen heute ungefähr folgendermaßen aus: Ein Erfinder in Pforzheim, ein Bankier in Kuala Lumpur, ein Unternehmen in Tschechien, ein USA-Absatzmarkt – Sie kennen das Szenario. Ich möchte daran erinnern, daß es diese Loslösung der Produktionsfaktoren vom Ort der Wertschöpfung schon immer gegeben hat,[11] allerdings eingehegt in rechtliche und politische Ordnung. Die Frage ist heute aber, ob aus der quantitativen Verstärkung und der globalen Streuung des Loslösungsprozesses der Wirtschaft von den Orten der Wertschöpfung ein qualitativ neuer Zustand entstanden ist? Kredit gab es meistens einfacher in der Nachbarstadt. Der Absatz kam erst in Gang, als man das Produkt auch in den entlegenen Kleinstädten anbot. Heute überschreitet diese Loslösung allerdings die Grenzen einer Volkswirtschaft und ihre relativ einheitlichen Besteuerungs- und Lenkungssysteme. *Der gebändigte Kapitalismus*[12] *wird unbändig.*

2. Gibt es ein „re-embedding"? Eine Wiedereinbettung der Wertschöpfungsvorgänge in die sozialen Bereiche, aus denen sie stammen? Gibt es eine Aufhebung der Globalisierung betitelten Kapitalentfremdung, die durch die Arbeitsteilung im Finanzbereich eines globalen Ausmaßes entstanden ist?

Die Wirtschaftsentscheidungen selbst fallen nicht nach den abstrakten Möglichkeiten, nach denen man global heute die optimalen Bedingungen heraussuchen kann, also losgelöst von allen Begrenzungen. Vielmehr gibt es die sogenannten Wirtschaftsbeziehungen[13] als Bindungen, und die entziehen sich – wie alle Beziehungen – dem rationalen Kalkül. So kaufen z.B. die Burgunder Weinbauern ihre Zusätze an Waldbeerensäften nicht aus Neuseeland, wo sie mit Transportkosten 10 mal billiger wären, sondern – wie seit Jahrhunderten – aus dem Massif Central. Der Terrazzobödenhersteller in Mannheim holt sich seinen Bruchkalkstein weiterhin aus Verona und nicht aus Arizona, obwohl er von dort mit Transportkosten billiger wäre. Wirtschaftsbeziehungen und Wirtschaftsbedingungen sind zweierlei. Trotz dieses retardierenden, sozusagen konservativen Moments, gibt es durch die Globalisierung Neuerungen: Die Daimler-Benz AG z.B. verkündet ihre Weltjahresabrechnung in London, weil dort die Buchhaltungsfirma sitzt, die es versteht, die roten und schwarzen Zahlen je nach den Steuersystemen so zu verteilen, daß die geringste Besteuerung des – allerdings sehr erheblichen – Gesamtprofits herauskommt. In der Bundesrepublik wird die Daimler-Benz AG in diesem Jahrtausend gar keine Steuer mehr zahlen, verkündet der Vorstand stolz seinen Aktionären. Die Wirtschaftsteile der Tageszeitungen sind voll von solchen Absurditäten, und da regt sich nun der Common sense: Hier ist was faul.

Re-embedding setzt eine politische Ökonomie voraus, die den ganzen Globus als den Bereich einbezieht, in dem Wirtschaftsordnung politisch zu gestalten wäre. Die Verselbständigung des Wirtschaftsbereichs aus dem Zusammenhang der öffentlichen Ordnung ist in den Kategorien der Politischen Wissenschaft – würde sie nicht kritisiert – ein Fehler, eine *ignoratio elenchi* [14]. Hier wird einfach ein Zusammenhang nicht erkannt. Wirtschaften affizieren nun einmal die öffentliche Ordnung und sind ein Teilbereich dieser Ordnung und nicht etwas ganz anderes. Weil man schlechte Erfahrungen mit staatlichen, planwirtschaftlichen Eingriffen in die Wirtschaft hat, kann man noch lange nicht das Eingegliedertsein der Wirtschaft in die öffentliche Ordnung negieren. Daß Wirtschaften ein Teilbereich menschlicher Aktivität und kein kategorial verschiedener eigener Bereich ist, ist übrigens ein Problem, das man den Ökonomen nicht überlassen darf. Vielmehr muß aus politisch-wissenschaftlicher Perspektive gefragt werden, ob die World Trade Organisation (WTO), die Nachfolgeorganisation des General Agreement on Tariffs and Trade (GATT) in Lausanne, überhaupt diesen globalen politischen Wirtschaftsordnungsanspruch hat? Soviel ich erkenne, ist das nicht der Fall.[15] Es herrscht hier ein arbiträrer Freiheitsbegriff, der Freiheit mit Ungeordnetheit gleichsetzt. Der Ökonomismus und Konsumismus verkennen die politische Relevanz des „unbändigen Kapitalismus". Ökonomen aller Wissenschaftssparten sind dagegen bezüglich dieses politisch ordnenden Anspruchs meist ganz bescheiden. Sie sagen: „Politische Verantwortlichkeit liegt jenseits unserer ökonomischen Kompetenz."

3. Die Probleme der Globalisierung sind nur durch eine neue politische Ökonomie von globaler Dimension zu meistern.[16] Aber hat die politische Ökonomie heute überhaupt den realen Status und die konzeptionelle Bedeutung, aufgrund der sie den Bereich der Wirtschaft global bändigen könnte? Verhalten sich die Wirtschaftsvorgänge auf globalem Niveau dergestalt, daß eine Politik, die sich auf Ökonomie bezieht, ordnend in sie eingreifen könnte?

Inwieweit hat sich im Ordnungsbewußtsein der Wirtschaftsbereich bereits so verselbständigt, daß Politik ihm ohnmächtig gegenübersteht? So lauten die Fragen, die bei dieser Bändigung der Wirtschaft am Ende des 20.Jahrhunderts zu stellen wären. Gelingt die Einhegung der Wirtschaft nicht, dann hat die „Vermehrungsmeute" über die Politik gesiegt.

„Weg von der Politik, hin zu dem wirtschaftlichen Zentrum oder Ursprung", heißt es in der Propaganda der KP Chinas. Welches Verständnis von Politik ist begrifflich notwendig, um eine aus den Fugen geratene globale Wirtschaft zu ordnen? Welches sind die Denkvoraussetzungen einer politischen Ökonomie im Zeitalter der wirtschaftlichen Globalisierung? Diese Denkvoraussetzungen haben mit den Einsichten, die wir in globale Wirtschaftsvorgänge oder in Wirtschaftsvorgänge überhaupt gewinnen können, gar nichts zu tun. Es genügt der Befund der Unordnung, wie er heute gesellschaftliche Formationen kennzeichnet (z.B. Massenarbeitslosigkeit, ökologische Katastrophen, Hungersnöte und Massenmigration), um den Einspruch der Politik und deshalb eben auch der Politischen Wissenschaft in die Wirtschaftsvorgänge zu begründen. Daß der planwirtschaftliche Eingriff erfolglos war, besagt keinesfalls, daß jeder Eingriff politischer Art in Wirtschaftsvorgänge zum Scheitern verurteilt wäre. Es muß eben ein nicht planwirtschaftlicher, aber entscheidender politischer Eingriff her, um die ökologischen und anderen Unordnungsphänomene des globalen Wirtschaftens zu ordnen. Die Bewußtseinswiderstände gegen eine solche Haltung, die die Ökonomie wieder als Unterfall politischer Ordnung begreift, sind heute groß. Wirtschaftliche Produktion wird von den „Vermehrungsmeuten" als Heilsprozeß verstanden, in den nicht eingegriffen werden darf.

Daß tatsächlich in den meisten Volkswirtschaften ein relativ gleichförmiges und äußerst einschneidendes Regelwerk in Form von Gesetzen und Verordnungen etc. den Wirtschaftsprozeß auf nationaler Ebene begleitet, ist jedem bekannt, der damit zu tun hat. Ein ungeordneter Markt oder eine regelfreie Produktion, ungehemmt agierende kreative Unternehmerpersönlichkeiten etc. – das sind alles Ideologeme in den Köpfen von Wirtschaftsjournalisten. Sie leben im Verhältnis zur Wirtschaft in einer „ zweiten Realität" (Musil) und ihre Äußerungen sind „Verstellungen". Jeder Bauherr – das Bauen ist immer noch eine weitverbreitete und genuin wirtschaftliche Tätigkeit von Bürgern – weiß in unserer Weltgegend, daß er auch Baurechtskenner sein muß, um sich sein Dach über dem Kopf herrichten zu können. Einerseits soll sich also die neue Wirtschaft dereguliert, frei und hauptsächlich ohne politische Eingriffe entwickeln. Andererseits herrschen Verhältnisse vor, in denen alle möglichen Behörden, und zwar mit gutem Grund, in den Wirtschaftsprozeß eingreifen: Eine double-bind-Situation, die zur Lähmung der politischen Vernunft geführt hat. Es wäre sehr viel vernünftiger, wenn man sagen würde, daß Wirtschaftsordnung nötig, unverständlicher Verordnungsdschungel aber unnötig ist.

Die Lähmung der politischen Vernunft bei der Bändigung der Turbo-Wirtschaft hat einen weiteren Grund, der sich als Verführungstatbestand erweist: Laßt die Reichen ungehindert reicher werden, dann werden auch die Armen reicher, hieß es bei Ronald Reagan und seinen Nachfolgern. Was daraus wurde, weiß man: die Reichen suchten sich mit ihrem Reichtum die Steueroasen und steigerten ihn weiter, ohne zu investieren, während die Armut zunahm. Die ungebremste Wirtschaft des Turbo-Kapitalismus und die alltägliche Erfahrung mit behördlichen Eingriffen in den Wirtschaftsprozeß erzeugen in ihrer Widersprüchlichkeit jene geistige Lähmung, die die politische Vernunft angesichts einer globalen

Ökonomie zur Strecke gebracht hat. Jeder könnte erkennen, daß die politische Ökonomie für den Globus, für die Weltwirtschaft notwendig ist. Etappensiege auf diesem Weg, wie die Gründung der Europäischen Union, sind aber allen möglichen Widerständen ausgesetzt, weil die ungebändigte Freiheit und die gleichzeitige Regulierung als unverstandene Charakteristikades Wirtschaftsvorgangs sich widersprüchlich in unser Bewußtsein drängen, so daß wir in Lähmung verharren. Die wohlstandsmehrenden Vorteile der globalisierten Wirtschaft werden von allen begrüßt; die sozialen Verwerfungen werden aber nicht als politische Probleme aufgenommen. „Weltlosigkeit ist die durchgängige Bewußtseinshaltung gegenüber der globalisierten Wirtschaft."

4.Was heißt Politik im Zusammenhang der geforderten politischen Ökonomie globaler Wirtschaft? Globale politische Ökonomie hat die besonderen Elemente der globalen Wirtschaft in eine politische Ordnung zu drängen, d.h., sie muß als das Wissen über die Unordnungstatbestände diejenigen Maßstäbe herausarbeiten, die globales Wirtschaften politisch ordnen können. Dabei ergeben sich folgende Probleme:

Die Politik ist heute immer noch Politik von ungefähr 180 „Staaten". Staaten sind dabei diejenigen menschlichen Zusammenschlüsse, die sich in Anlehnung an einen recht erfolgreichen Typus menschlicher Zusammenschlüsse seit ungefähr 400 Jahren herausgebildet haben.[17] Daneben gibt es bereits überstaatliche politische Zusammenschlüsse von Menschen, in denen sie versuchen, diejenigen Angelegenheiten zu regeln, die von den Staaten nicht mehr adäquat geregelt werden können. Diese überstaatlichen Zusammenschlüsse sind keine Staaten oder Staatenbünde oder gar Bundesstaaten: sie sind Zusammenschlüsse mit jeweils eigener Zielsetzung. In korporationsrechtlichen Begriffen sagt man, sie seien *universitates*, nicht *societates.*[18] D.h., es sind Zusammenschlüsse, die nicht auf alle möglichen Zielsetzungen gerichtet sind, sondern nur auf einige Zielsetzungen. Je mehr aber an Zielsetzungen von den überstaatlichen Zusammenschlüssen aufgegriffen werden, desto deutlicher geraten die Staaten in ihrer umfassenden Zielorientierung in die Abhängigkeit der überstaatlichen Zusammenschlüsse. Wie kann Österreich ein verantwortlicher Staat bleiben und doch an den Zusammenschlüssen, die insbesondere wegen der Probleme globalen Wirtschaftens entstanden sind, verantwortungsvoll und verbindlich teilnehmen? Das ist die Frage, die als Voraussetzung für eine politische Ökonomie globaler Wirtschaft gelöst werden müßte, um die Lähmung und das Unbehagen in der Öffentlichkeit zu überwinden. Daß es 180 Staaten sind, die die globale Wirtschaft zu regeln versuchen, ist dabei noch nicht das hinderlichste Faktum. Sondern die Beschränkung auf die Zuständigkeit der jeweiligen Gebietskörperschaft hat die politische Rede der Repräsentanten soweit zurückgeworfen, daß man ihnen einen politischen Eingriff in die globale Wirtschaft gar nicht mehr zutraut. So entsteht die Frage: Eignet sich die politische Kultur unserer Staaten, wie sie in der UNO vertreten sind, überhaupt für eine Weltwirtschaftspolitik?

5. Gibt es eine politische Mitwirkung an menschlichen Zusammenschlüssen oder Vereinigungen überstaatlicher Art, die die institutionell voll ausgebildete Verantwortlichkeit der staatlichen nicht untergräbt? Bleibt China chinesisch, wenn es der UNO beitritt? Verliert es nicht etwas von seiner Einmaligkeit, seiner kulturellen Authentizität? Wie sehen die Teilhabe- und Mitwirkungsformen an überstaatlichen Zusammenschlüssen aus, die keinen

Schwund der eigenen institutionellen Verantwortlichkeit nach sich ziehen? Das sind die drängenden Fragen unserer Zeit, die eine neue politische Kultur, oder präziser: einen neuen Typus von gewählten Repräsentanten erforderlich macht. Im militärischen System der Befehle, das alle anderen Bereiche des zivilisierten Lebens durchdrungen hat, wie Canetti feststellt,[19] haben die gewählten Repräsentanten an Profil verloren. Sie äußern sich nur noch zu den Angelegenheiten, in denen sie auch Zuständigkeiten innehaben. Das stoische und heute mißverstandene *tua res agitur* des Amtswalters ist ihr Grundsatz. Die Vertretenen trauen diesen bürokratisierten Repräsentanten nichts zu angesichts der globalen Schwierigkeiten. Sie erhalten von den Gewählten auf die Fragen, die das menschliche Drama heute aufwirft, keine Antwort. Oft wird die Reaktion auf die fehlende Antwort mit Vokabeln wie Staatsverdrossenheit oder Parteienverdrossenheit umschrieben.

Die „Verstellung" hat heute folgenden Charakter: Die Aufspaltung der parlamentarischen Debatten nach Zuständigkeitsbereichen auf der kommunalen, der regionalen oder Landesebene, der nationalen oder Bundesebene und schließlich auf der Ebene der EU nach den Zuständigkeiten der Körperschaften spaltet auch die politische Vernunft. In der Sprache Canettis entsteht ein Verhältnis zwischen zwei ungleichen Massen: den Wählern und ihrer „Doppelmasse". Die Gewählten treten einander in angstbeladener Beziehung gegenüber und verweigern die politische Vernunft. Wie aber ließe sich das fatale Verhältnis zwischen „Masse" und „Doppelmasse" verhindern?

Die Lösung liegt darin, daß sich die Debatte auf allen vier Ebenen voll artikuliert, ohne Rücksicht auf die beschränkten Zuständigkeiten auf den jeweiligen Ebenen. Nur so kann Öffentlichkeit entstehen. Zwingt man die gewählten Vertreter, nur zu den Problemen Stellung zu nehmen, für die sie auch nach der Rechtslage zuständig sind, dann zwingt man die politische Vernunft auf das Prokrustesbett verfassungsrechtlicher Kompetenzaufteilung. Der Vertretene will wissen: wer ist mein Repräsentant? Was für ein Mensch ist er im Horizont der gesamten Existenz auf dieser Erde?[20] Das kann er nur erkennen, wenn der Gewählte sich zu allem äußert, was den Vertretenen bewegt. So würde eine Beziehung entstehen. Die Gewählten sind heute „Überlebende" einer jeweils gewonnenen Wahlschlacht, die ihre Position bis zur nächsten Wahl verteidigen. Die „Überlebenden" haben Angst und bestätigen ihre Macht durch Destruktivität um sich herum, sagt Canetti im Epilog zu *Masse und Macht*. Der Gewählte hält sich an seine Zuständigkeiten und verweigert so die Artikulation repräsentativer Menschlichkeit. Seine Befehlsangst, die Angst, als Überlebender der Wahlschlacht demnächst seine Position zu verlieren, wirkt sich so aus, daß er nur innerhalb seiner Befugnisse und Zuständigkeiten agiert. Er will keine übertriebenen Erwartungen aufkommen lassen. Damit verweigert er aber von vornherein eine Beziehung zum Wähler, der wissen möchte, was für ein Mensch der Gewählte ist, d.h. im Sinne repräsentativer Menschlichkeit. Die verstellten Verhältnisse zwischen Gewählten und Wählern verschärfen sich im Zeitalter der Globalisierung auf unerträgliche Weise, da die Vorgänge ganz außerhalb der Eingriffsmöglichkeiten der Gewählten zu liegen scheinen.

Die Arbeitsteilung zwischen den vier Ebenen ist in der öffentlichen Ordnung des friedlichen Nachkriegseuropa historisch gewachsen und mehr oder weniger sinnvoll. Auf jeden Fall handelt es sich aber um eine kontingente Ordnung, die den Dimensionen eines durchartikulierten politischen Bewußtseins nicht entspricht. Ich fordere also, daß die gewählten Vertreter einer lebendigeren Demokratie auf allen Ebenen zusätzlich zu den Debatten, die sie im Bereich der jeweiligen Zuständigkeiten führen, auch eine Artikulationsmöglichkeit darüberhinaus erhalten, in der sie sich zum gesamten Drama öffentlicher und öffentlich vermittelter privater Existenz des Menschen in Gesellschaft und Geschichte äußern. Dadurch würden die Repräsentanten anerkennen, daß die Zuständigkeitsaufteilungen nur ein Versuch sind und daß andere Lösungen möglich wären. Sie würden jeweils in eine Konkurrenz zu den anderen Ebenen treten, weil ihre Repräsentativität alle Bereiche menschlicher Existenz aufnähme.

Die unbeschränkte Resolutionskompetenz für alle demokratisch gewählten Vertreter aller vier Ebenen ist keine Neuerung. Tocqueville, Bagehot und Jellinek gehen in ihren theoretischen Überlegungen zur Repräsentation ganz selbstverständlich davon aus, daß die Artikulation des Repräsentanten nur dann inhaltliche Vertretung ist, wenn die Zuständigkeitsbegrenzungen beim Resolutionsrecht aufgehoben sind. Wie so oft stellt man fest, daß Neuerungen schon früher vertreten wurden. Ein *liberum arbitrium* des Repräsentanten darf nicht durch das *tua res agitur* der Kompetenzfetischisten eingeschränkt werden.[21]

Selbstverständlich können Repräsentanten in diesen außer ihrer Zuständigkeit liegenden Bereichen keine Beschlüsse fassen. Die Debatte darf aber wegen der Arbeitsteilung inhaltlich nicht von vornherein verkrüppelt werden. Warum soll der Stadtrat von Wien nicht zur Migrationspolitik in Osteuropa, zum EURO, zur Dominanz amerikanischer Kultur Resolutionen verabschieden? Beschlüsse mit bindender Wirkung kann er nur in den verfassungsrechtlich zuständigen Bereichen treffen. Damit aber die Wähler unverstellt die Maßstäbe ihrer parlamentarischen Vertreter kennenlernen, ist eine unbeschränkte Resolutionskompetenz zu fordern. Die einzigen, die die ganze Dimension öffentlicher Ordnung thematisieren dürfen, sind die Ministerialbeamten auf Bundesebene. Daß ihnen mit der beschränkten Kompetenz des Bundesparlaments auch keine gesetzgeberische Veränderungsmöglichkeit zusteht, stört hierbei niemanden. Das derzeitige System der zuständigkeitsbeschränkten parlamentarischen Debatte führt zu einer *potestas indirecta* der Exekutive (des *sacrum profanum* unserer öffentlichen Ordnung). Sie darf alle Dimensionen der öffentlichen Ordnung (oder besser Unordnung) zum Gegenstand ihrer Reflexionen machen.

Die nach Zuständigkeiten zerspaltete Öffentlichkeit ist das Kreuz der demokratisch gewählten Repräsentanten auf den verschiedenen Ebenen: laßt sie zu allen Problemen öffentlicher Art Stellung nehmen, und die öffentliche Debatte gewinnt wieder an Statur. Selbstverständlich würde sich zunächst eine große Enttäuschung breitmachen, wenn man erkennt, wie erbärmlich, wie ohne Kleider unsere Repräsentanten oder die ganze politische Klasse dasteht.[22] Die Enttäuschung ist aber die einzige Aufklärung, die es hier gibt. Das staatstragende Getue und die gesteigerten Erwartungen würden wegfallen. Es würde erkennbar, daß die wildgewordene „Vermehrungsmeute" letztlich nur destruktiv ist. Sie kennt keine andere Denk- und Handlungsorientierung als die Vermehrung der Produktion. Falsche Erwartungen werden heute genug erzeugt. Es ist höchste Zeit, daß sie enttäuscht werden.

Die Unternehmer agieren heute bereits ganz ungebunden im lokalen, regionalen, nationalen und globalen Bereich. Aus Selbstversklavungslust haben die auf die verfassungsrechtliche Zuständigkeitsaufteilungen fixierten Politiker nicht gemerkt, wie sich der Kapitalismus aus der Einhegung des westlichen Verfassungsstaates davongemacht hat. Der global agierende Unternehmer ist der neue *rex legibus solutus*, der Machtträger, den keine

Gesetze binden. Die öffentliche Kritik leidet an selbstauferlegter Kompetenzbeschränkung, wenn sie nicht ein allgemeines Resolutionsrecht zurückfordert, das Verfassungsjuristen, die die *arcana imperii* der Exekutive ausweiten wollen, den Parlamenten entzogen haben.[23]

Öffentlichkeit, öffentliche Debatte, öffentliche Kritik sind nur dann förderlich für die Republik, wenn sie nicht eingesperrt werden in die Zuständigkeitsabkapselungen. Wie wirken sich EU-Richtlinien im lokalen Bereich aus? Warum soll das EU-Parlament nicht eine kommunale Perspektive annehmen? Was bedeutet es für die Stadt Wien, wenn es immer noch keine EU-Asylordnung gibt? Warum kann der Stadtrat nicht der Brüsseler Behörde mit Resolutionen Beine machen?

Ich fasse zusammen: Globalisierung erkennt man aus dieser Perspektive der parlamentarischen Praxis als ein Schlagwort von Ökonomen, mit dem den zuständigkeitsgebundenen Repräsentanten der Parlamente, aber auch allen anderen Repräsentanten von vornherein bedeutet werden soll, daß sie nicht mitreden können, weil ihnen die Weltläufigkeit fehlt. Sie haben ja nur ihren kleinen Zuständigkeitsbereich. Die Repräsentanten sind aber dann sehr wohl im vollen Wortsinne wieder Vertreter aller Belange der Bürger, wenn sie sich überall einmischen können. Sie bleiben Repräsentanten im deskriptiven Sinn, wenn sie wegen einer Kompetenzverteilung die existentiellen und spirituellen Belange aussparen.[24] Die Verselbständigung des wirtschaftlichen Bereichs mit ihrer Wirkung auf die öffentliche und private Existenzordnung des Menschen, die unserem politischen und moralischen Urteil entrückt ist, kann nur überwunden werden, wenn die Repräsentanten den Menschen in seiner vollständigen dramatischen Lage in Gesellschaft und Geschichte wahrnehmen. Die gesamte Diskussion über die politische Kultur führt in diese Richtung.

Pointiert müßte man die in Demokratien Verantwortlichen fragen, ob sie überhaupt eine allgemeine Verantwortlichkeit für den Zustand der öffentlichen Ordnung annehmen oder sich mit der Erledigung der ihnen zugewiesenen Amtsbefugnisse begnügen? Die Enttäuschung über die Schrumpfstatur unserer Repräsentanten könnte dann der Anfang vom Ende der „Verstellung“ werden, die die Beziehung zwischen Machthabern und Machtunterworfenen charakterisiert. Im Pomp der staatstragenden Attitüde verheimlicht der Repräsentant seine Ohnmacht gegenüber den neuen ungehemmt global agierenden Unternehmern. Die Irrationalität ihres Handelns, mit der sie allein der angeblichen ökonomischen Rationalität im globalen Maßstab folgen, muß offengelegt werden. Das wäre möglich, wenn in der Öffentlichkeit die Absichten und das Gesicht der Mächtigen unverstellt einzusehen wären. Nicht nur muß man wissen, wes Geistes Kind jemand ist, der andere vertreten will: Wer ist er als Mensch, was hält er umfassend von der menschlichen Existenz? Das wäre mehr als Kompassion. Es wäre die enttäuschende, Täuschungen aufhebende Einsicht in die Fragilität der Menschen, der mächtigen und der ohnmächtigen. Nur ein solch radikaler Sprung in der politischen Kultur könnte auch die Enthegung der globalen Wirtschaft wieder einer politischen Ordnung zuführen.

Anmerkungen

[1] Elias Canetti, *Masse und Macht*, Frankfurt 1975, S.208

[2] Elias Canetti, ebenda, S. 415

[3] Siehe Julien Benda, *Der Verrat der Intellektuellen*, München 1978, dessen Argumentation kaum bekannt ist, obwohl er die vernunftorientierte Veränderung der politischen Kultur einfordert.

[4] Max Picard, *Hitler in uns selbst*, Zürich 1946

[5] Siehe R. J. Lifton, E.Markusen, *Die Psychologie des Völkermordes*, Stuttgart 1990. Auch A. Mitscherlich, *Auf dem Weg zur vaterlosen Gesellschaft. Ideen zur Sozialpsychologie*, München 1973

[6] Immanuel Kant, Werke XI, Frankfurt 1964, S.195

[7] Z.B. in R.H. Tenbrock (Hrsg.), *Außerdeutsche Verfassungen I*, Paderborn, S.63

[8] Elias Canetti, *Die Blendung*, Wien 1935

[9] Eric Voegelin, *Anamnesis*, Müchen 1966, S.311

[10] Romano Guardini, *Welt und Person*, Würzburg 1952, S.74

[11] Max Weber, *Wirtschaft und Gesellschaft*, Tübingen 1976, S.31-121

[12] Manfred Weber (Hrsg.), „Der gebändigte Kapitalismus", in: *Taschenbücher der Wissenschaft. Geschichte des politischen Denkens*, München 1974, S.7 - 28

[13] Max Weber, a.a.O., S. 199 - 211

[14] Michael Oakeshott, Rationalism in Politics and other essays, 1991, S.384-406

[15] G.Dieckheuer, *Internationale Wirtschaftsbeziehungen*, 3. Aufl., München 1995

[16] Politische Ökonomie ist unter der Perspektive ökologischer Fragen heute wieder ein zentrales theoretisches Anliegen von Wirtschaftswissenschaftler. Die Analyse mit dem höchsten philosophischen Anspruch ist: Malte Faber, Reiner Manstetten, Thomas Petersen, *Homo politicus und homo oeconomicus. Die Grenzen der Politischen Ökonomie im Hinblick auf die Umweltpolitik*, Heidelberg 1996

[17] Martin Sattler (Hrsg.), *Staat und Recht. Die deutsche Staatslehre im 19. und 2o. Jahrhundert*, München 1972

[18] Michael Oakeshott, *On Human Conduct*, Oxford 1975, S. 197 ff.

[19] Masse und Macht, Epilog

[20] Peter Glotz, „Die politische Krise als Kommunikationskrise", in: *Politik und Zeitgeschehen*, Bonn 1997, B 36-37/97

[21] Dazu Ernst Cassirer, *Der Mythus des Staates. Philosophische Grundlagen politischen Verhaltens*, Frankfurt am Main 1985, S.342

[22] Robert Michels, *La sociologia del partito politico nella democrazia moderna*, Bologna 1966

[23] Siehe Hannah Arendt, *Fragwürdige Traditionsbestände im Politischen Denken der Gegenwart*, Frankfurt 1958

[24] Zur Repräsentationstheorie: E. Voegelin, *Die neue Wissenschaft der Politik*, München 1959, S. 49-119

DIE VIRTUELLE KLAGEMEUTE

Macht und Ohnmacht der Massen im Zeitalter der Globalisierung

Konrad Paul Liessmann

Die erste frühe Morgenstunde des 31. August 1997 bescherte den distanzierten Analytikern der sich selbst globalisierenden Zivilisation einen exemplarischen Glücksfall: den Unfalltod der englischen Kindergärtnerin Diana Spencer und ihres Liebhabers, des Millionärssohns Emad „Dodi" al Fayed. Paradigmatisch für eine Epoche war an diesem Tod nicht das Ereignis selbst, das, wer will, tragisch nennen kann, waren auch nicht die näheren oder weiteren Umstände, die zu diesem Unfall geführt hatten – wie die scheinheilige und widerwärtige Mediendebatte unmittelbar danach suggerierte –, sondern war die globale Reaktion darauf. Sowohl das österreichische Nachrichtenmagazin *Profil* als auch das deutsche Nachrichtenmagazin *Der Spiegel* sind sich darin einig, daß die weltweit bekundete Betroffenheit und Trauer nach dem Tod Dianas eine Kehrtwende im Gefühlshaushalt der Menschen bedeutet: Von der „Macht der Emotionen" spricht das eine Magazin und fragt, warum Gefühle wieder „in" sind; von der „Magie der Gefühle" schreibt das andere und erkennt im „Diana-Effekt" den Sieg der Emotion über die Vernunft, den Aufstand der Affekte gegen den kalten Rationalismus der globalen Zivilisation.

Wie immer es um diesen Aufstand bestellt sein mag: Die Mobilisierung von trauernden Massen legt es nahe, dieses Phänomen nicht nur mit den Mitteln der nachrichtenmagazinlichen Trivialpsychologie, sondern versuchsweise auch einmal mit den Kategorien von Elias Canettis *Masse und Macht* zu untersuchen. Das will nicht sagen, daß *Masse und Macht* das Instrumentarium bereitstellen könnte, um Phänomene der globalen Medienzivilisation adäquat zu beschreiben. Sehr wohl aber läßt sich die Methode, die Canetti selbst anwandte, auf die Benutzung von Masse und Macht übertragen. Denn Canetti – und das ist bis heute das Verstörende an seinem kulturphilosophischen Opus magnum – war überzeugt davon, daß sich in den Erscheinungsformen der modernen Gesellschaft, wenn auch nicht ungebrochen, aber letztlich doch sichtbar, die ursprünglichen und archaischen Aggregatzustände von Masse und Macht fortsetzen und für ein kritisches Auge ablesbar sind. Man muß sich vielleicht doch noch einmal vor Augen halten, daß, als *Masse und Macht* 1960 erschien, es sich um ein damals schon zutiefst unzeitgemäßes Buch gehandelt haben muß. Nichts schien das Werk gemein zu haben mit der zwei Jahre zuvor publizierten *Strukturalen Anthropologie* eines Claude Lévi-Strauss, nichts mit der in Deutschland langsam Fuß fassenden *Kritischen Theorie* und ihrer *Dialektik der Aufklärung*, nichts mit den Gesellschaftsmodellen einer marxistisch inspirierten Soziologie, die sich in jenen Jahren mit ihrer letztlich doch recht dürftigen Einheit von Faschismusanalyse und Kapitalismuskritik als Leitwissenschaft zu etablieren begann. Duktus und Vokabular von Canettis voluminösem Text verwiesen jenen eher in die große Wissenschaftsprosa der Jahrhundertwende, bei allen inhaltlichen Divergenzen schien *Masse und Macht* eine Lesart zu provozieren, die es in die Nähe von Gustave Le Bon,

Sigmund Freud, Ortega y Gasset rückte, und immer, wenn von *Masse und Macht* die Rede ist, fallen irgendwann einmal auch diese Namen – außer bei Canetti selbst.

Zur Erinnerung: Die ursprünglichste Form der Zusammenrottung von Menschen nach Canetti ist die Meute. Die Meute definiert sich durch ein gemeinsames Ziel: die Jagd, den Krieg, die Vermehrung und: die Klage. Keine Frage, daß Canettis Beschreibung der Klagemeute, wie er sie anhand der zentralaustralischen Warramunga demonstriert, mit dem, was sich nach dem Tode Dianas abspielte, auf den ersten Blick nur noch wenig zu tun hat. Die Klagemeute, Canetti betont es, beginnt mit ihren Klagen in dem Moment, in dem der Tod eines Clanmitgliedes sich ankündigt; sie erreicht ihren Höhepunkt im Augenblick des Todes selbst, in dem sich auch die Meute über den Sterbenden wirft, als wollte sie ihn am Leben halten; und die Meute zieht sich nach dem Tod vom Verstorbenen zurück, so, als wollte sie ihn abstoßen: „Der Umschlag vom rasenden Zurück- und Festhalten des Sterbenden zum angstvollen Fortstoßen und Isolieren des Toten macht die eigentliche Spannung der Klagemeute aus. Noch in der Nacht wird er eilig weggeschafft. Alle Spuren seines Daseins werden zerstört ...“[1] Vorher allerdings hatte sich die Klage dadurch ihren intensivsten Ausdruck verschafft, daß sich die Mitglieder der Klagemeute, „Männer und Weiber, wie rasend vor Kummer, hin und her stürzten und sich mit Messern und spitzen Stöcken Verletzungen zufügten“.[2]

Nichts scheint diese Szenerie mit der Trauergemeinde Dianas zu verbinden. Die urtümliche Meute klagt, weil sie einen der ihren zu verlieren droht, und sie geißelt sich dafür, weil ihre Mitschuld an dessen Tod nie auszuschließen ist; und erst die Schmerzensschreie derjenigen, die sich selbst verwunden, machen die Meute zu einer weithin hörbaren Klagemeute. Ihre höchste Dichte erreicht sie in dem Moment, in dem alle dem Körper des Sterbenden am nächsten sind. Schalten wir nun von den *Warramunga* zu den *Milliarden,* die um Diana trauerten. Niemand – außer den photographierenden Photographen – war der sterbenden Diana im leiblichen Sinne *nahe*; und trotzdem bekundeten alle, wie *nah* ihnen der Tod der Prinzessin gegangen wäre. Nähe selbst ist zu einem virtuellen Phänomen geworden. Niemand fügte sich *leibhaftige* Verwundungen zu – nicht einmal die photographierenden Photographen, aber alle betonten, wie sehr der *Schmerz* und die *Trauer* um die Verstorbene ihre Eingeweide zerfräßen. Schmerz selbst ist zu einem virtuellen Phänomen geworden. Niemand mußte Angst haben, einen für ihn *unersetzlichen Verlust* durch diesen Tod zu erleiden – nicht einmal die photographierenden Photographen; aber alle insistieren darauf, daß etwas *Unersetzliches* verlorengegangen sei. Die Menschengemeinschaft selbst und die Verluste, die sie erleiden kann, sind virtuell geworden.

Die Virtualität nicht des Ereignisses, sondern der Kommunikation dieses Ereignisses konfigurierte die Gefühle der Menschen. In dieser lassen sich die Spuren der archaischen Klagemeute erkennen – aber diese selbst ist verwandelt. Die ursprünglichen, an körperliche Nähe gebundenen Erscheinungs- und Erfahrungsformen der Klage werden transformiert in eine Nähe auf Distanz: So weit entfernt Tod und Begräbnis der Diana auch waren, fanden sie doch in der Intimzone eines jeden einzelnen statt, unmittelbar neben WC, Küche und Schlafzimmer: vor dem Fernseher. Damit allerdings hat die Klagemeute ihre Gestalt verändert, ohne deshalb ihr Wesen negiert zu haben. Möglich wurde dies durch einen medialen Regelkreis, durch den der von Günther Anders so genannte fernsehende „Masseneremit“[3] aus seiner beflimmerten Einsiedlerklause ausbrechen und zum Mitglied der wohl größten Trauergemeinschaft der Menschheitsgeschichte werden konnte. Denn was war geschehen? Am 6. September 1997 saßen schätzungsweise 1,4 Milliarden Menschen vor ihren Fernsehern und verfolgten Dianas Begräbnis. Am 7. September erfuhren diese Menschen aus überdimensionierten Schlagzeilen diverser Medien die überraschende Nachricht, daß sie am 6. September vor dem Fernseher gesessen hätten, um Dianas Begräbnis zu verfolgen. Was wie eine informationstheoretische Tautologie klingt, ist keine. Zwar hatten die Menschen etwas erfahren, was sie ohnehin schon wußten: daß sie am 6. September ferngesehen hatten, aber sie hatten auch erfahren, wer dies sonst noch getan hatte. Und das ist entscheidend. In diesem „wer sonst noch" liegt alle Größe und Tragik der Mediengesellschaft. In diesem „wer sonst noch" liegt aber auch der Kern, der virtuelle „Massenkristall" einer virtuellen Masse. Damit war der einzelne tatsächlich zu einem Mitglied der bisher größten Trauergemeinde der Geschichte geworden – er war nicht nur, wie noch Anders mutmaßte, durch den Konsum einer „Massenware" zu einem „Massenmenschen"[4] geworden. Die Klagemeute bedarf der Ansammlung von mehreren, um als Meute in Erscheinung zu treten. Der einsam und allein für sich Klagende ist für die Herausbildung einer Gemeinschaft bedeutungslos. Erst das Wissen und das Spüren der anderen Klagenden verleiht der Klage selbst ihren gemeinschaftsstiftenden Sinn. Was in der archaischen Meute die unmittelbare Sinneserfahrung zu leisten hatte – die Wahrnehmung des anderen –, leisten heute die mit sich selbst vermittelten Medien. Niemand sah den anderen weinen, aber alle wußten, am Tag danach, daß alle geweint hatten. Unmöglich also, am 8., 9. oder 10. September von einem der einschlägigen Magazine befragt, ob man am 6. September geweint hätte, mit Nein zu antworten. So wie es bei den *Warramunga* für den einzelnen undenkbar war, sich dem Klagen in der Klagemeute zu entziehen, ohne seine Mitgliedschaft in der Gemeinschaft zu gefährden, so war es für den einzelnen unmöglich, sich der virtuellen Trauer um Diana zu entziehen, ohne seine Mitgliedschaft in der fühlenden Menschengemeinde zu riskieren. Die Medien figurierten in diesem Kontext zumindest tatsächlich als verlängerter Körper und als Instrument der Selbstbeobachtung und Selbstkontrolle. Wer dennoch abseits stand, war ein Zyniker. Das könnte, nebenbei bemerkt, zu der These verführen, daß im Zeitalter der mediengenerierten Globalgefühle Zynismus die einzige und letzte Möglichkeit bleibt, Individualität zu behaupten.

Die weltweite Klagegemeinschaft um Diana war also keine Klagemeute im strengen Sinn. Aber sie trug deren Strukturen deutlich in sich. Als globales Phänomen allerdings ähnelte sie jedoch auch bis in so manches Detail jenen Konfigurationen der Masse, die Elias Canetti unter dem Stichwort „Klagereligionen" beschrieben hatte. Die Klagereligion verleiht nach Canetti der Klagemeute, die ansonsten nach Beendigung der Trauer sofort zerfällt, Konsistenz. In ihrem Zentrum steht ein Tod, der anders ist als alle anderen Tode und deshalb die rituelle Wiederholung und Permanenz der Klage erlaubt: „Die Legende, um die sich [Klagereligionen] bilden, ist die eines Menschen oder Gottes, der zu Unrecht umgekommen ist. Es ist immer die Geschichte einer Verfolgung, sei es einer Jagd oder einer Hetze. Auch ein ungerechter Prozeß kann damit verbunden sein. Wenn es eine Jagd ist, so ist der Unrichtige getroffen worden, der vornehmste Jäger statt des Tieres, auf das man aus war. Es kann auch, in einer Umkehrung, das gejagte Tier den Jäger angegangen und mit tödlichen Folgen verletzt haben, wie in der Überlieferung von *Adonis* und dem Eber. Eben dieser Tod hätte sich nie ereignen dürfen, und der Schmerz um ihn ist über alle Maßen groß."[5] Im Falle der walisischen Prinzessin treffen nahezu alle diese Bestimmungen zu: Diana, auf ihre Weise ja doch auch eine Göttin der Jagd, wurde zu Tode gejagt. Die Bedeutung, die plötzlich die photographierenden Photographen für diesen Tod und für den daran anschließenden selbstkritischen Moraldiskurs der Medien angenommen hatten, läßt sich nur aus dem halbbewußten Wunsch, der Sehnsucht erklären, daß Diana durch eine Hetze ums Leben gekommen sein muß, um ihre Glorifizierung zu legitimieren. Umgekehrt ergab erst die Möglichkeit, daß eine Hetze stattgefunden haben könnte, der virtuellen Klagereligion die Chance zu ihrer Bildung. „Die Jagd oder Verfolgung", heißt es bei Canetti weiter, „wird in allen Einzelheiten ausgemalt, es ist eine *genaue* Geschichte, sie wird ganz persönlich gehalten, immer fließt Blut ... Jede einzelne der Aktionen, aus denen die Passion sich zusammensetzt, wird als ungerecht empfunden ... Die Jagd oder Hetze aber wird immer vom Opfer aus empfunden. Um sein Ende bildet sich eine Klagemeute, aber ihre Klage hat eine besondere Note: der Tote ist den Menschen zuliebe gestorben, die um ihn klagen."[6]

Canettis Beschreibungen, in dieser Nähe zu den medialen Beschwörungen Dianas doch frappierend, verdeutlichen, warum die Bedeutung der Diana Spencer für den Rest der Welt so intensiv behauptet wurde. Ihr Tod mußte ein Verlust für die Menschheit sein. Deshalb die Betonung ihres sozialen Engagements, deshalb die durch und durch verqueren Theorien über Diana als Ikone einer wie auch immer definierten Frauenbewegung. Erst diese Attribute einer allgemeinen Bedeutsamkeit im Verein mit der supponierten tödlichen Hetze eröffneten die Möglichkeit einer allgemeinen Trauer. Die kritische Intelligenz allerdings, Massenphänomenen gegenüber immer unsicher, verfiel reihenweise dem Trugschluß, daß aus der Tatsache der massenhaften Trauer auf eine allgemein menschliche Bedeutsamkeit geschlossen werden müsse.

Nicht die Tote konstituierte die Klagemeute, sondern der Wille zur Klage konstituierte die Heiligkeit der Toten. Warum aber dieser Wille zur Klage? Warum das Bedürfnis, Gemeinschaft über kollektive Trauer zu organisieren – ein Bedürfnis, das sich nicht zuletzt in der von Intellektuellen einem Volk periodisch verordneten *Trauerarbeit* ausdrückt und das in dem mancherorts geäußerten Gedanken kulminierte, daß die Betroffenheitsbekundungen nach Dianas Tod ein Hinweis dafür wären, daß sogar die Deutschen die Fähigkeit zur Trauerarbeit nicht restlos verloren hätten? Auf die Frage, warum sich so viele der Klage anschließen, was deren Anziehung ausmacht, wozu sie den Menschen eigentlich verhilft, wußte Canetti eine Antwort: „In allen [Menschen], die sich [der Klage] anschließen, geschieht dasselbe: die Jagd- oder Hetzmeute *entsühnt* sich als Klagemeute. Als Verfolger haben die Menschen gelebt, und als Verfolger leben sie auf ihre Weise immer weiter. Sie suchen nach fremden Fleische, und sie schneiden hinein, und sie nähren sich von der Qual der schwachen Geschöpfe. In ihrem Auge spiegelt sich das brechende Auge des Opfers, und der letzte Schrei, an dem sie sich ergötzen, gräbt sich unauslöschlich in ihre Seele. Vielleicht ahnen die meisten von ihnen nicht, daß sie mit ihrem Leibe auch das Dunkel in sich nähren. Aber Schuld und Angst in ihnen nehmen unaufhaltsam zu, und so sehnen sie sich ahnungslos nach Erlösung. So schließen sie sich einem an, der für sie stirbt, und in der Klage um ihn fühlen sie sich selber als Verfolgte."[7]

Wie kaum ein Ereignis der letzten Jahrzehnte stellt das Klageritual nach Dianas Tod solch eine kollektive Entsühnung dar. Ihr mußte deshalb notwendigerweise die kollektive Selbstbezichtigung vorausgehen. Wir alle sind schuld an ihrem Tode, wir alle haben durch unser Verhalten – durch das Betrachten von Diana-Photos etwa – zu ihrem Tod beigetragen: so tönte es aus aller Munde. Die Massen entsühnten sich ihrer Medien und lasen, hörten und sahen ekstatisch davon in eben diesen. Nachdem sich jeder ein wenig als Mörder fühlen durfte, ohne daß es ihn einen Tropfen fremden Blutes gekostet hätte, durften alle auf den Augenblick der Erlösung warten: das Begräbnis. Für einen Moment versammelte sich damit nicht nur eine unüberschaubare, reell nicht vorhandene, nur durch Einschaltziffern wahrnehmbare Klagemeute, sondern entstand auch ein virtuelles Gebilde, das alle Züge einer weltumspannenden Klagereligion aufwies. Deshalb auch die euphorische Meldung nach dem Begräbnis, daß diese globalisierte Trauer ein Indiz für die letztlich doch mögliche Humanisierung des Menschengeschlechts sei.

Wie alles in der virtuellen Welt krankt aber auch der Diana-Kult an einem Mangel: daß es keine Dauer mehr gibt. Das bedeutet nicht nur, daß alles, was die institutionalisierten Klagereligionen an Ritualen zu entwickeln imstande waren, in kürzester Zeit zur Explosion gebracht werden muß, das bedeutet auch, daß dort, wo es zwar Informationsspeicher, aber kein kulturelles Gedächtnis mehr gibt, alle Erregung nahezu im selben Moment, in dem sie entsteht, auch wieder verschwindet. Daß es sich überhaupt um ein Phänomen handelt, das noch den Anspruch auf Ausdehnung in der Zeit erheben kann, erkennt man nur noch am Devotionalienhandel, über den sich die Klagemeute noch einige Wochen nach dem Begräbnis ihrer selbst vergewissern konnte. Aber auch hier drängte die Zeit. Deshalb mußte das Diana gewidmete Lied von Elton John sofort gekauft werden, und seine Bedeutung als materieller Ausweis, Mitglied der Klagemeute zu sein, war so groß, daß die Paradoxie, daß dieses Lied auf eine angeblich einzigartige Person selbst ein Remake war, keine Irritation mehr hervorrufen konnte. In dem Maße allerdings, in dem sich die letzten Warteschlangen vor den CD-Geschäften auflösten, löste sich auch Dianas Klagemeute auf.

An dieser Form der kollektiven Trauer läßt sich die Macht und Ohnmacht der Massen im Zeitalter der medialen Globalisierung ablesen. Für Elias Canetti war Macht ohnehin nie eine Eigenschaft der Massen gewesen. Zwar kannte und analysierte er die Gefahr, die Drohung, die Gewalttätigkeit, die von Menschenansammlungen, von Massen ausgehen konnte, zwar beschrieb er den Krieg als eine Doppelmasse, bei der es nur darum geht, daß die Masse der Toten auf der anderen Seite größer ist als auf der eigenen, aber die Macht, die geheimnisvolle, ihn ein Leben lang irritierende Macht, suchte er immer bei den Einzelnen. Deshalb konnte ein römischer Kaiser, Domitian, zum Urbild dieser Macht werden und der Dirigent zu ihrem modernen Paradigma.[8] Das Bedrohliche der Massen liegt nicht in ihnen, sondern in ihrem Verhältnis zur Macht. Im Zeitalter der Globalisierung hat sich nicht dieser Befund, wohl aber seine Erscheinungsform verändert.

Keine Frage, daß sich auch unter avancierten Kommunikationsverhältnissen die Urformen der Massenbildung allenthalben einfinden können, weder initiiert, noch überholt, wohl aber verstärkt durch die modernen Medien. Die Klagemeute, die sich etwa nach der Ermordung eines baskischen Politikers durch ETA-Terroristen in Madrid gebildet hatte und rasch zu einer Masse im originär Canettischen Sinne angewachsen war, war auch eine politische Manifestation, die nicht zuletzt durch die große Anzahl real existierender Leiber und ihre Richtung gegeben war. Die real existierenden Menschen, die dem Sarg der Lady Di folgten, gehorchten hingegen von allen Anfang an der Regie der Medien. Sie *spielten* eine archaische Klagemeute, um der eigentlichen, der wahrhaften, der weltweiten, der virtuellen

Klagemeute die Möglichkeit zu ihrer Entfaltung zu geben. Diese virtuelle Masse wurde aber überhaupt nur sichtbar als abstrakte Zahl. Es war eine vollkommen entsinnlichte, vorhandene und zugleich nicht vorhandene Masse. Von keinem Punkt der Erde wäre sie zu sehen gewesen. Nur als nackte Zahl in den Schlagzeilen der Zeitungen entwickelte sie ihre Macht. Was Günther Anders einstens vom Fernsehbild sagte, hat sich auf die Masse der Fernsehenden selbst übertragen: Sie ist zu einem *Phantom* geworden, zugleich anwesend und abwesend.

Ihre Macht entfaltet die virtuelle Masse, die man vielleicht ohnehin besser *Phantommasse* nennen sollte, allein über die Magie der Zahl. Zahlen aber besagen an und für sich nichts. Die Macht liegt in den Händen derer, die den Zahlen Bedeutung verleihen. In dem Moment jedoch, in dem dies geschieht, werden die Mächtigen ohnmächtig, denn nun unterliegen sie dem Diktat der von ihnen beschworenen Zahl. Darin besteht die Paradoxie und der Terror jeder Quote. Nur wer bereit ist, 1,4 Milliarden fernsehende Menschen für ein Ereignis zu halten, muß vor diesem Ereignis sein Knie beugen. Das aber bedeutet, daß die Macht der virtuellen Masse zugleich ihre Ohnmacht ist. Und dies gilt für all ihre Erscheinungsformen: Ob es sich um Einschaltziffern, um die Zahl der Internetanschlüsse oder die Zahl der abgegebenen Stimmen handelt, die Macht der Sechs-, Sieben- oder Achtstelligkeit ist eine trügerische. Denn wohl korrespondieren diese Zahlen mit einer Wirklichkeit, aber keiner weiß, mit welcher. Deshalb wurde die Interpretation von großen Zahlen zum eigentlichen Geschäft der Weltdeutung im Zeitalter der digitalen Rechner. Hermeneutik betreiben heißt heute, sich folgende Fragen zu stellen: Was bedeuten eine Milliarde Fernsehende, was bedeuten hundert Millionen Internetsurfer, was bedeuten eine Million Haiderwähler? Was wir erleben, ist ein neuer Pythagoreismus: das wahre Sein ist die Zahl. Sie entscheidet nicht nur über Sein und Nichtsein, Wahrnehmen und Wahrgenommenwerden, sondern auch über das, was an Gefühlen und letztlich auch Handlungen mobilisiert werden kann. In der Zu- und Abnahme von Zahlen verbergen sich jene Bewegungen, die Canetti originär den realen Massen zusprechen wollte.

Canetti läßt keine Zweifel daran, daß die Vermehrungsmeute sich heute in der Hybris einer industriellen Wachstumsgesellschaft fortsetzt. Nur: statt Meuten tanzen heute riesige Massen um die Mutter-Imago der Vermehrung, der Produktions- und Produktivitätssteigerung: „Es sind ungeheure Massen geworden, die in allen Zentren der Zivilisation noch täglich wachsen. Wenn man aber bedenkt, daß von diesem Wachstum kein Ende abzusehen ist, daß immer mehr Menschen immer mehr Güter erzeugen, daß unter diesen Gütern auch lebende Tiere und Gewächse sind, daß sich die Methoden für die Erzeugung von lebenden und leblosen Gütern kaum mehr unterscheiden, so wird man zugeben müssen, daß die Vermehrungsmeute das folgen- und erfolgreichste Gebilde war, das die Menschheit je hervorgebracht hat. Die Zeremonien, die es auf Vermehrung abgesehen hatten, sind zu Maschinen und technischen Prozessen geworden. Jede Fabrik ist eine Einheit, die demselben Kulte dient. Das Neue liegt in der Beschleunigung des Vorgangs. Was früher eine Erzeugung und Steigerung von *Erwartung* war, auf Regen, auf Korn, auf die Annäherung von Tierherden, die man jagte, und das Heranwachsen solcher, die man gezähmt hielt, das ist heute zur unmittelbaren Erzeugung selbst geworden. Man drückt auf ein paar Knöpfe, man schaltet an einigen Hebeln, und was man will, in jeder Gestalt, kommt in wenigen Stunden oder noch schneller fertig heraus."[9]

Was Canetti hier andeutet, ließe sich auch für die sogenannte Informationsgesellschaft fortschreiben. Nun drückt man nicht mehr ein paar Knöpfe, sondern klickt ein paarmal mit der Mouse, und was man will, kommt in Echtzeit heraus. Daß sich die Masse selbst in Massenproduktion verwandelt, setzt sich fort in der Masse von Daten, die weltweit täglich gespeichert und hin- und hergeschaufelt werden. Die Massensymbole, die sich einstens noch an einem gegenständlich Vielen ablesen ließen – dem Wald, den wogenden Ähren eines Feldes –, sind selbst abstrakt, zur reinen Zahl geworden. Nur als reine Zahl aber wirkt ihre Magie. Die Macht der virtuellen Trauermeute lag eben nicht in der Tatsache, daß Milliarden Menschen wie authentisch auch immer getrauert haben, sondern darin, daß diese Trauer in einer großen Zahl zum Ausbruch kommen konnte. Daß Zahlen selbst die Bedeutung von Massen zumindest verändern, wenn nicht schon substituieren können, ahnte allerdings schon Canetti – wenn auch in einem verkehrten Sinn.

Die zahlenmäßige Vermehrung in der modernen Produktionsgesellschaft kennt bei Canetti nämlich eine Inversion, die mehr ist als eine bloße Umkehrung: die Inflation. Inflation ist Vermehrung bei gleichzeitiger Entwertung. Es mag sogar in der Dialektik der Vermehrung selbst liegen, daß das Vermehrte sich durch die Vermehrung entwertet, und das gilt für Geldscheine wie für Menschenleben. Zwischen beiden Entwertungen besteht nach Canetti ein Zusammenhang, der wahrlich einer Reflexion bedürfte: „Was aber geschieht nun in einer *Inflation*? Die Geldeinheit verliert ganz plötzlich ihre Persönlichkeit. Sie verwandelt sich in eine wachsende Masse von Einheiten; diese sind immer wertloser, je größer die Masse wird. Die Millionen, die man immer so gern gehabt hätte, hält man plötzlich in der Hand, aber es *sind* keine mehr, sie *heißen* nur so."[10] Die Lust am rapiden Wachstum, an der Vermehrung ist ins Gegenteil gewendet: „Was früher eine Mark war, heißt jetzt 10 000, dann 100 000, dann eine Million. Die Gleichsetzung des einzelnen Menschen mit seiner Mark ist dadurch unterbunden. (...) Der Mensch, der ihr früher vertraut hat, kann nicht umhin, ihre Erniedrigung als seine eigene zu empfinden. ... durch die Inflation wird er selber, der Mann, *geringer*. Er selbst oder was er immer war, ist nichts, die Million, die er sich immer gewünscht hat, ist nichts. *Jeder* hat sie. Aber jeder ist nichts."[11] Die Vermehrungsmeute ist am Nullpunkt ihrer Existenz angelangt. Was sich rastlos vermehrt – die Geldscheine –, ist gleichzeitig die absolute Entmehrung: „Man kann die Inflation als einen Hexensabbat der Entwertung bezeichnen, in dem Menschen und Geldeinheit auf das sonderbarste ineinanderfließen."[12] Das bedeutet aber nicht nur, daß der einzelne entwertet ist, sondern auch die Masse muß sich entwertet fühlen, weil *die Million*, die magische Zahl der Moderne, entwertet ist: „Wenn die Millionen in die Höhe klettern, wird ein ganzes Volk, das aus Millionen besteht, zu nichts."[13] Diesem Prozeß ihrer Entwertung hatte die unter der Inflation leidende Masse, also die invertierte Vermehrungsmeute, nur eines entgegenzusetzen: den dynamischen Vorgang einer anderen *Erniedrigung*: „Es muß etwas so behandelt werden, daß es weniger und weniger gilt, wie die Geldeinheit während der Inflation, und dieser Prozeß muß sich fortsetzen, bis das Objekt in einem Zustand kompletter Wertlosigkeit angelangt ist. Dann kann man es wegwerfen wie Papier oder einstampfen lassen. Als Objekt für diese Tendenz fand Hitler während der deutschen Inflation die Juden. Sie waren dafür wie geschaffen ... In der Behandlung der Juden hat der Nationalsozialismus den Prozeß der Inflation auf das genaueste wiederholt."[14]

Canettis Inflationstheorie der nationalsozialistischen Judenvernichtung, die ja weit über den banalen Zusammenhang zwischen Wirtschaftskrise und Hitlers Aufstieg hinausgreift, stellt eines der wenigen Beispiele für die Anwendung eines Theorems von *Masse und Macht* auf ein zeitgeschichtliches Phänomen dar – und zwar auf das schwerwiegendste. Was sich schon bei Canettis Beschreibung der Produktionsgesellschaften andeutete, wird hier vielleicht deutlicher: die Formierungsgesetze der Masse, gewonnen aus literarischen Urszenen, sollen noch hinter den vertracktesten Strukturen der modernen Ökonomie und Gesellschaft wirksam sein. Es ist bei Canetti die Gewalt der phänomenalen Erscheinungen selber – die vielen, wertlosen Geldscheine –, die eine Dynamik freisetzt, die in einen puren und archaischen Vernichtungswillen umschlagen konnte.

Andererseits, und man darf dies nicht vergessen, stellt die allgemeine Möglichkeit der Inflation – also daß sich die Größe einer Zahl verkehrt proportional zu den durch sie repräsentierten Werten verhält – eine der geheimen Hoffnungen fast jeder Kulturkritik dar. Bücher, die von vielen gekauft, Sendungen, die von vielen gesehen werden, geraten schnell in den Verdacht, eben nur die Masse zu bedienen. Die Inflation erweist sich so als Umschreibung einer spezifischen, hoffnungsvoll beschworenen Ohnmacht der Massen, die durchdrängt ist von der Angst vor eben diesen. 2,5 Millionen Kronen-Zeitungs-Leser: das kann mit Qualität nichts zu tun haben – sonst wären es nicht 2,5 Millionen. Anderseits: Wenn 2,5 Millionen nichts mit Qualität zu tun haben, dann ist das eine echte Bedrohung. Die virtuelle Klagemeute der englischen Prinzessin, und das machte ihre unwiderstehliche Attraktivität aus, konnte es sich erlauben, diese Frage nicht zu stellen. Hier schien es so, als ob die große nackte Zahl die Qualität der Gefühle angemessen symbolisierte – wenn auch nur für einen Moment, der in der Geschichte keine Spuren hinterlassen wird.

Alles kommt also darauf an, und dies sprengt auch den Rahmen von Elias Canettis „Masse und Macht", den Punkt zu finden, an dem die Verheißungen und die Drohungen der großen Zahlen, die selbst zum entscheidenden Massensymbol unserer Epoche geworden sind, mit der Wirklichkeit in Berührung treten, in diese umschlagen. Gibt es, so ließe sich fragen, einen Punkt, an dem die nackten Zahlen der virtuellen Welten sich zu einer physischen Masse verdichten. Dies ist der Archimedische Punkt jeder Theorie der medienvermittelten globalen Zivilisation. Er ist, wie jeder Archimedische Punkt, unerreichbar.

Anmerkungen

1 Elias Canetti, *Masse und Macht*, Frankfurt am Main 1980, S.117. Im weiteren zitiert unter MuM.
2 MuM, S. 114
3 Günther Anders, *Die Antiquiertheit des Menschen I*, München 1980, S. 102
4 Ebd., S. 103
5 MuM, S. 158
6 MuM, S. 159 f.
7 MuM, S. 161 f.
8 Vgl. dazu Konrad Paul Liessmann, „Auf fremden Pfaden", in: *Einladung zur Verwandlung. Essays zu Elias Canettis Masse und Macht*, hrsgg. v. Michael Krüger, München Wien 1995, S. 286-311
9 MuM, S. 212
10 MuM, S. 205
11 Ebd.
12 MuM, S. 205 f.
13 MuM, S. 206
14 MuM, S. 207

DER HYSTERISCHE GLOBUS

Karl Markus Michel

Wieder einmal geht ein Gespenst um in Europa und stiftet, was diese Wesen zu stiften pflegen: Unruhe und Wirrnis. Gleich früheren Gespenstern, vom Kommunismus bis zur Chaostheorie, hat auch das jetzige, „Globalisierung" genannte, einen realen Kern. Der soll keineswegs geringgeschätzt, aber hier nicht nochmals erörtert werden. Was bedeutet er schon, gemessen an seinem Halo, diesem magischen Schimmer in der Nacht unserer Jahrhundertwende. Wo immer von kommenden Dingen die Rede ist, wird auch von Globalisierung gesprochen, von den Hoffnungen und vor allem Befürchtungen, die ihre Ankündigung zeitigt; von den Vernetzungen und Verstrickungen, mit denen sie uns umfangen wird. Vor wenigen Wochen wurde nun das, was uns bisher als dumpfe Zukunftsmusik erschien, plötzlich zum schrillen Justament. Zweieinhalb Milliarden Menschen, so hörten wir, nahmen televisionär an der Pompa und Glorificatio einer gewissen Prinzessin teil, und ein Frankfurter Soziologe, der das Londoner Trauer-Festival kommentierte, sprach prompt von der „Globalisierung der Emotionen". Der Globus weinte.

Ich will nicht vorgeben, ich hätte eine Erklärung für dieses neue Phänomen oder Phantom. Ich kann nur versuchen, es von verschiedenen Seiten her flüchtig abzubilden – auf die Gefahr hin, daß meine Bilder an Geisterfotografien erinnern. Warum auch nicht? Es geht ja um ein Gespenst.

ERSTES BILD: DIE KUGEL

Das einzig Verläßliche an der Globalisierung ist der Globus, dem sie ihren Namen verdankt. Unsere Erdkugel. Sie ist eine runde Sache. Aber ganz rund ist sie nicht. Schon in der Mitte des 19. Jahrhunderts löste das ästhetisches Mißfallen aus. Der Hegelschüler Karl Rosenkranz schrieb in seiner „Ästhetik des Häßlichen" (1853): „Nehmen wir z.B. unsere Erde, so würde sie, um als Masse schön zu sein, eine vollkommene Kugel sein müssen. Das ist sie aber nicht. Sie ist abgeplattet an den Polen und geschwellt am Äquator, außerdem auf ihrer Oberfläche von der größten Ungleichheit der Erhebung."

Das scheint für unser Thema gleichgültig zu sein, vermag aber doch schon die schlimmsten Befürchtungen zu dämpfen: Da unsere Erde der vollkommenen Kugelgestalt ermangelt, wird auch die Globalisierung nie eine totale, gleichsam geometrische sein. Im übrigen räumt Rosenkranz ein, daß streng geometrische Formen nur als ideelle, im Geiste, schön seien. *In concreto* hingegen gelte für jede Gestalt, ob geometrisch oder organisch, „daß alles Gefühl und Bewußtsein der Freiheit verschönt und alle Unfreiheit verhäßlicht": Und schon ist sie wieder da, die Angst vor den Bescherungen der Globalisierung. Wir ahnen, daß sie uns weniger Freiheit bringen wird als Tyrannei, die Tyrannei der Mehrheit, der Masse, vor der es auf einer Kugel kein Entrinnen gibt.

ZWEITES BILD: IM AMPHITHEATER

Die Kugelgestalt der Erde ist es auch, die einer der ersten philosophischen Erörterungen unseres Themas als Basis dient: Kants Schrift „Zum Ewigen Frieden" von 1795. Kant fordert das Weltbürgerrecht der allgemeinen Hospitalität, das aber kein Gastrecht sein soll, das wäre zuviel, nur ein *Besuchsrecht* – „vermöge des Rechts des gemeinschaftlichen Besitzes der Oberfläche der Erde, auf der, als Kugelfläche, sie [die Menschen] sich nicht ins Unendliche zerstreuen können, sondern endlich sich doch nebeneinander dulden müssen". Was Kant hier anspricht, ist die zu seinen Zeiten noch keineswegs sinnfällige, inzwischen aber beängstigend gewordene Unausweichlichkeit des Daseins auf der endlichen Erde. Schon lange nicht mehr gibt es auf den Landkarten die weißen Flecken mit der Aufschrift „Hic sunt leones", was bedeutete: Von hier ist noch kein Weißer zurückgekehrt. Und wenn heute wirklich einmal ein Ethnologe im Regenwald auf einen noch unentdeckten Stamm stößt, kann es ihm passieren, daß er mit der Rüge empfangen wird: „Jetzt endlich kommt ihr! Wir warten seit Jahren darauf, von euch entdeckt zu werden!" Denn *sie* hatten *uns*, die Weißen, schon lange entdeckt.

Stellen wir uns für ein Moment vor, wir würden der Hohlwelttheorie anhängen, lebten also, nach unserer festen Überzeugung, nicht auf der Oberfläche einer Kugel, sondern auf der Innenfläche eines Ballons, so daß wir unseren Antipoden förmlich ins Auge blicken könnten. Wir wollen dieses Modell nun drastisch verkleinern und halbieren, so daß wir ein Amphitheater erhalten. Es entspricht zwar höchstens einer Halbkugel, aber dafür gibt es keine Meere und Wüsten; die Innenwände können lückenlos von Menschen besetzt, bewohnt sein.

Auf seiner Reise nach Italien kommt Goethe am 16. September 1786 nach Verona und sieht dort, als erstes antikes Monument, das gut erhaltene Amphitheater. Es ist ganz leer und will doch, meint Goethe, „ganz voll von Menschen" gesehen sein, wie man es für Joseph II. arrangiert hatte. Das war 15 Jahre zuvor, die Stadt gab dem durchreisenden Kaiser zu Ehren ein Fest, mit Stierkämpfen und Feuerwerk, und als er in das Amphitheater eintrat, erblickte er den Krater mit seinen 22 000 Plätzen von oben bis unten mit Menschen angefüllt, „die sich sogleich erhoben und ihn mit Händeklatschen empfingen; ein Anblick, der den Kaiser ganz außer sich setzte", wie es ein Zeuge beschrieb. Doch Goethe erkennt, wer da in Wahrheit bejubelt wurde. „Denn eigentlich", sagt er, „ist so ein Amphitheater recht gemacht, dem Volk mit sich selbst zu imponieren, das Volk mit sich selbst zum besten zu haben" – jedenfalls früher, „da das Volk noch mehr Volk war, als es jetzt ist". Meint Goethe damit, das Volk des späten 18. Jahrhunderts sei zu bürgerlich, zu individualistisch, um derart sich selbst zu feiern? Gleichviel. Er fährt fort: „Wenn es sich so beisammen sah, mußte es über sich selbst erstaunen, denn da es sonst nur gewohnt, sich durcheinander laufen zu sehen, sich in einem Gewühl ohne Ordnung und sonderliche Zucht zu finden, so sieht das vielköpfige, vielsinnige, schwankende, hin und her irrende Tier sich [im Amphitheater] zu einem edlen Körper vereinigt, zu einer Einheit bestimmt, in eine Masse verbunden und befestigt, als eine Gestalt, von einem Geiste belebt."

Das ist eine bemerkenswerte Imagination. Sie gilt der Vergangenheit und trifft die Zukunft.

Goethes Bild vom Volk entspricht weitgehend dem, das hundert Jahre später Le Bon von der Masse zeichnet (und das sowohl Freud als auch Hitler fast unbesehen übernehmen). Nur daß „Masse“ bei Goethe noch nicht der Rohstoff ist, das „zu bearbeitende Menschenmaterial“, wie Hitler sagen wird, vielmehr das Ergebnis solcher Bearbeitung: ein edler Körper, eine Gestalt, vom Geist belebt – fast eine Plastik in Winckelmanns Sinn. Und dies allein dank der Architektur.

Das ist der entscheidende Punkt. Denn daß das Volk sich selbst zum Schauspiel werde, und zwar unter freiem Himmel (anstatt in den Höhlen der damaligen Theater), das hatte Rousseau schon ein Vierteljahrhundert vorher gefordert: „Stellt die Zuschauer zur Schau, macht sie selbst zu Darstellern, sorgt dafür, daß ein jeder sich im anderen erkennt und liebt, damit alle besser miteinander verbunden sind.“ Fast könnte man meinen, Rousseau beschriebe hier eine Love Parade. Robespierre las ihn anders, als er 1794, auf diesen Text gestützt, den Kult des Höchsten Wesens begründete. Auch Jacques-Louis David, der Designer der meisten großen Revolutionsfeste, folgte Rousseau; das Volk sollte nicht in geschlossenen Räumen, sondern unter freiem Himmel versammelt werden, auf dem riesigen Marsfeld. Aber da fiel es schon auseinander. Denn David ignorierte Rousseaus Rat: Keine Repräsentation, kein Programm, nur noch Selbstdarstellung des Volkes. Davids Feste waren voller Symbolisierungen und Bedeutungen, voll erhabener Propaganda, die man nicht einmal akustisch verstand. Nach dem 9. Thermidor wurden deshalb auf dem Marsfeld nur noch Pferderennen und Feuerwerke veranstaltet, das Volk kehrte zurück zu seinem angestammten Selbstausdruck des „Ah!“ und „Oh!“ jenseits aller Ideologie.

Hätten die grandiosen Architektur-Entwürfe von Boullée, wenn sie frühzeitig realisiert worden wären, den Lauf der Dinge geändert? 1793 pries Boullée sein Stadionprojekt, eine Art Super-Colosseum, mit diesen Worten an: „Man stelle sich 300 000 Menschen vor, vereint in einem Amphitheater, wo niemand den Blicken der Menge entgehen könnte. Das würde einen einzigartigen Eindruck machen: die Schönheit dieses erstaunlichen Schauspiels nämlich käme durch die Zuschauer selbst und entstünde allein durch sie...“ Und die Moral dieses Schauspiels: „Vor den Augen aller erhebt und läutert sich die Seele des Bürgers.“ Das ist bester Rousseau, nur aus der ländlichen Idylle in die Dimension einer Weltstadt befördert; jeder Einwohner von Paris sollte in dieses Erweckungsschauspiel einbezogen werden. Das war nicht denkbar ohne den Zangengriff der Architektur, der diese Masse – wie in Goethes Veroneser Vision – zu einem Corpus vereinigt. Nicht nur 20 000 wie in Verona, auch nicht 50 000 wie einst im Colosseum, sondern 300 000 – in Vertretung der ganzen Welt!

Es fällt uns heute schwer, Boullées megalomane Entwürfe unschuldig zu sehen, nicht so, als stammten sie aus dem Planungsbüro Hitler & Speer. Hitler wußte: „Wir müssen immer ans Volk denken und Stadien bauen, die 150 000 bis 200 000 Menschen aufnehmen können.“ Albert Speer entwarf dann diese Kessel, vor allem die „Große Halle“ als Zielort von Hitlers Lieblingsprojekt, der großen „Prachtstraße“ in Berlin. Wie bei Boullée diente das Colosseum als Maßeinheit, aber auch das Moskauer Projekt des Sowjetpalasts, der höher zu werden drohte als die Berliner Kuppelhalle. Ihre Maße: 290 Meter Höhe, 250 Meter Innenweite mit Platz für 150 000 bis 180 000 Personen. Gegenüber dem Eingang, auf den die Prachtstraße zulief, sollte in einer Nische ein riesiger Reichsadler stehen, ein Hakenkreuz in den Fängen, und irgendwo unter ihm, so erzählte später der Architekt, „befand sich der Platz des Führers der Nation, der von dort seine Botschaften an die

Völkerschaften des Zukunftsreiches richten sollte. Ich versuchte , diesen Platz architektonisch herauszuheben; aber hier zeigte sich der Nachteil maßstablos gewordener Architektur: Hitler verschwand in ihr zu einem optischen Nichts." Und dieses Nichts war sicher auch nicht akustisch zu kompensieren, es sei denn durch Lautsprechergetöse ohne verständliche Botschaft.

Das Problem ist klar. Goebbels hatte schon 1933 in seinem Tagebuch gelobt: „Wir werden... zum ersten Mal das ganze deutsche Volk in einer einzigen Demonstration zusammenfassen." Aber wie macht man das? Wie modelliert man eine Masse zu einem nationalen oder sogar globalen Subjekt? Wir können jetzt das Amphitheater-Modell und mit ihm die Hohlwelttheorie aufgeben und die Erde wieder umstülpen zur Kugelform. Was sehen wir? Das Problem ist gelöst, wenn noch nicht praktisch, so doch virtuell, nämlich dank der Entwicklung der elektronischen Medien, die den Globus zu einer Art Amphitheater machen; in diesem Krater kann, wenn die Signale einfach sind, auch eine Botschaft empfangen werden, ein Programm ablaufen; vor allem kann das „Ah!" und „Oh!" der Gefühle epidemisch werden und weltweit herrschen, sei's bei einem Ballspiel oder einer schönen Leich'. Wie Boullée sagte: Die Schönheit dieses Schauspiels kommt allein durch die Zuschauer zustande; vor aller Augen erhebt und läutert sich die Seele der Weltbürger ... Kurz, es wäre die Hölle. Und es gäbe keinen Ausschlupf.

DRITTES BILD: WIR MASSENMENSCHEN

Die Angst vor der Globalisierung gleicht der Angst vor der Masse – vor dem Gleichwerden mit zahllosen anderen. Dabei geht es nicht um den konkreten Widerwillen gegen die Tuchfühlung mit anderen im Gedränge der Straße oder der Untergrundbahn – Magnus Hirschfeld nannte dieses Gequetscht- und Geriebenwerden, das bei vielen seiner Patienten Scham- oder Ekelgefühle weckte, „Friktionismus". Doch diese Reaktion wird immer seltener, den meisten bereitet das Gedränge ein Lustgefühl, es zieht sie förmlich in den Zustand der *dichten Masse*, „in der Körper an Körper drängt", wie Canetti es beschreibt; seine Präzisierung, diese Masse sei „dicht auch in ihrer seelischen Verfassung, nämlich so , daß man nicht darauf achtet, wer es ist, der einen ‚bedrängt' ", betrifft heute freilich nicht erst die Folge, sondern schon die Voraussetzung des Gedränges: man *sucht* die Friktion! Wenn dem so ist, dann gibt es heute weniger ein Verschwinden der Masse als eine Habitualisierung des Massensogs, und dieses verallgemeinerte Verlangen befriedigt sich von Fall zu Fall in wahrhaft ekstatischen – oder, da oft Ecstasy im Spiel ist, ecstasischen – Massenveranstaltungen, z.B. einer Love Parade wie unlängst in Berlin oder einem Papstbesuch wie kürzlich in Paris oder einem Leichenbegängnis wie jüngst in London.

Aber hier soll von einer anderen Verallgemeinerung die Rede sein. Die ursprüngliche *konkrete* Massenerfahrung transzendierend, verbreitete sich das, was ich das *Massenphantasma* nennen möchte. Es tauchte Ende des 19. Jahrhunderts auf als eine Obsession von Intellektuellen angesichts der rapiden Zunahme der Bevölkerung. Dabei war es gar nicht so sehr das *Elend* dieser Massen, was die Idiosynkrasie auslöste; die „Verdammten dieser Erde" ließen sich ja heroisieren und ins „letzte Gefecht" schicken. Die Abwehr, der Ekel, der Haß galten vielmehr dem *Glück* der Massen, ihrem Behagen in den neuen Siedlungen bei Dosenfleisch und Massenblättern bzw. deren Nachfolgern im populären Geschmack. Dieser *massa damnata*, wie Augustin einst die selbstzufriedene, nicht erlösbare Mehrheit nannte, galt der böse Blick der Intellektuellen.

Aber es gab Unterschiede in der Bewertung. Während die Literaten in Wien und Paris, die sich in ihrer Dekadenz oder Neurasthenie gefielen, in der Masse gern das Wilde, Barbarische sahen, bestanden die englischen Literaten in elitärem Stolz darauf, daß die Massen körperlich und geistig degeneriert seien. H.G. Wells, Huxley und Orwell, D.H. Lawrence und Graham Greene schwelgten geradezu in eugenischen Phantasien, die auch vor Zwangsmaßnahmen nicht zurückschreckten. Wells z.B. prophezeite 1933, in der Mitte der fünfziger Jahre würden nach einem Weltkrieg Hunger und Seuchen die halbe Erdbevölkerung auslöschen, so daß es 1960 gottlob wieder weniger als eine Milliarde Menschen gebe. Tatsächlich gab es 1960 drei Milliarden, 1975 vier und 1990 5,3. Im Jahr 2000 sollen es 6,2 Milliarden sein. Mit den Augen von Wells gesehen, war Aids also ein Flop. Aber wer weiß, welche andere Viren schon auf uns lauern!

Es mag absurd erscheinen, daß ausgerechnet Bakterien und Bazillen, die schon früh als Metapher für die sich unabsehbar vermehrenden Massen dienten, zugleich als Massen-Killer eingesetzt werden sollten. Aber das folgt aus dem alten Schema „Teufel mit Beelzebub", das insbesondere dann funktioniert, wenn Teufel und Beelzebub, beide als Millionenheer gedacht, unsichtbar sind. Da die Phantom-Masse tatsächlich nicht faßbar ist, lag es nahe, sie nicht nur in der Anhäufung, sondern auch in der Vereinzelung wahrzunehmen – im „Massenmenschen" mit seinem „Masseninstinkt" und seiner „Massenseele". Die Heraufkunft der Massen, die Nietzsche, Le Bon, Spengler, Ortega y Gasset beklagten, war im Grunde die rapide Vermehrung dieses modernen Typus „Massenmensch". Sie führte schließlich zum „Aufstand des existentiellen Plebejertums in jedem von uns" und damit zur „universellen Nivellierung", wie Karl Jaspers es 1931 in „Die geistige Situation der Zeit" ausdrückte. So schlug der Massenhaß der Intelligenzija in Selbsthaß um.

Nach der schrecklichen Katastrophe lernten dann auch die Intellektuellen allmählich, in der „Massengesellschaft", die man fast schon als Zweisilber aussprach, relativ haßfrei zu leben, sofern sie sich demokratisch legitimieren konnte. Aber vor kurzem erreichte uns die Frohbotschaft, daß wir gar keine Massengesellschaft bilden, vielmehr eine „Gesellschaft der Individuen", d.h. der aus ihren traditionellen Bindungen und Prägungen entlassenen, gewissermaßen souverän gewordenen Einzelnen. Mit Hermann Lübbe (FAZ, 6.6.97) zu reden: „Die sogenannte Massengesellschaft ist in Wahrheit die Gesellschaft der massenhaft freigesetzten Individuen." Das war ein neuer Salto: vom Selbsthaß zur Selbstliebe. Doch die Freude währte nicht lange. Die allgemeine Individualisierung, sagte man uns unlängst, führe nicht nur zu mancherlei Anpassungsleistungen angesichts so vieler neuer Optionen und Risiken, sie laufe auf eine „Kollektivisierung" hinaus. Dahinter lauert offenbar schon die Globalisierung. Karl Otto Hondrich, der diese These vortrug (Merkur, April 1997), prägte auch, als unser Globus jüngst in Tränen schwamm, das schon zitierte Wort von der Globalisierung der Gefühle.

VIERTES BILD: DIE BARBAREN KOMMEN

Je weiter sie zurücksinkt in die Vergangenheit, desto glücklicher erscheint sie uns, die gute alte Zeit des Kalten Krieges, der die Menschheit zur riesigen Doppelmasse formte und dann erstarren ließ. Man hatte den Gegner fest im Auge, aber man tat ihm nichts, denn man war ja human – auf beiden Seiten. Und zu Hause, bei uns im Westen, gab es keine nennenswerten Antagonismen: keinen Klassenkampf, höchstens die eine oder andere Jugendrevolte, die dann alle sehr erschreckte.

Der Mensch ist so geartet, daß er nicht nur in Oppositionen denkt, sondern auch in Oppositionen leben möchte, falls sich das in geordneten Bahnen abspielt: die Götter / die Menschen; die Frauen / die Männer; die Jungen / die Alten; die Reichen / die Armen. Und so fort. Uralt und springlebendig ist vor allem der Gegensatz zwischen der eigenen Gruppe und den Anderen: Nachbarn, Fremde, Barbaren. Es ist ein Gegensatz, der wohl immer latent empfunden, aber nur von Fall zu Fall ausgelebt wird, dann allerdings oft hysterisch. Um 1900 brach die Barbarenangst wieder einmal aus. Auch sie war eine Massenangst, die sich jedoch, statt auf die „niederen" *Klassen* im eigenen Land, auf die „niederen" *Rassen* in fremden Ländern bezog: auf die Farbigen.

Aber wie, wenn die beiden Massen sich verbündeten, „wenn sich eines Tages Klassenkampf und Rassenkampf *zusammenschließen*, um mit der weißen Rasse ein Ende zu machen"? Das fürchtete Oswald Spengler 1933 – die Nazis hatten bereits die Macht ergriffen und ihn nicht hofiert –, darin sah er „die größte Gefahr". Sie ist offenbar abgewendet worden. In der Zeit des Kalten Krieges wurden beide Massen stillgestellt; wenn der alte Horkheimer in den sechziger Jahren den Teufel als „gelbe Gefahr" an die Wand malte, so hielt man das für einen Altherrenwitz: Die Chinesen am Rhein? Haha!

Doch dann kam Bari – Sie erinnern sich? Es war am 8. August 1991, der albanische Frachter Vlora verlangte vergeblich Einlaß in den Hafen von Bari. An Bord drängten sich unter katastrophalen Bedingungen 11000 Menschen. Der Kapitän, der wegen eines Motorschadens sein Schiff nicht rückwärts steuern konnte, durchbrach die Blockade, die Flüchtlinge schwammen an Land. Dort erwarteten sie schon Polizisten, Krankenwagen und – Fernsehteams. Die Bilder von den niedergeknüppelten und abgeführten Albanern wurden in vielen Ländern, vor allem aber in Albanien selbst gesehen: genau dafür war die Inszenierung gedacht. Die europäischen Politiker dankten Italien für diese wirksame Abwehr einer drohenden Invasion. Wären die Albaner nicht eingesperrt und zurücktransportiert worden, so hätten sie eine Bresche in die „Festung Europa" geschlagen. Man verglich das damals mit der Bresche, die ein Heerzug von Trabis 1989 in die ungarisch-österreichische Grenze geschlagen hatte, aber das war im Grunde eine deutsch-deutsche Angelegenheit. Allerdings mit Signalfunktion. Durch die Beseitigung des Eisernen Vorhangs erwachte in Westeuropa eine Heidenangst vor der „slawischen Invasion". Auch der Druck auf die Südflanke der EG wurde jetzt immer stärker. Es drohte eine Völkerwanderung. Geschichten aus alten Zeiten wurden neu erzählt, die Limes-Idee fand Anhänger, von anderen wurde die Befriedung der Langobarden nicht durch römische Legionen, sondern durch römische Priester als Muster empfohlen: man muß diese nach Europa drängenden Menschen aufnehmen und zum Kapitalismus bekehren! Aber es wurde auch gewarnt: zwölf Prozent! Das gilt unter Soziologen als magische Grenze, durch Tierexperimente erhärtet. Wenn in einer Population mehr als zwölf Prozent Fremde leben (Farbige, Barbaren, Moslems, was auch immer), ist die Toleranzgrenze erreicht, dann wird es ungemütlich.

Die Lehre von Bari ist deutlich: Die Menschen sind gleich, doch das hat seine Grenzen. Man kann zwar Gefühle teilen, z.B. die Trauer um eine Prinzessin, aber nicht den Wohlstand.

Deshalb dürfen nur aus politischen, religiösen oder ethnischen Gründen Verfolgte, wenn sie uns um Asyl bitten, mit einem gewissen Wohlwollen rechnen; die sogenannten Wirtschaftsflüchtlinge wehren wir ab. Genau hier liegt das Problem der Globalisierung. Die Ängste, die sie bei den privilegierten Westlern weckt, rühren von der ihnen eigenen Prämisse der Gleichheit aller Menschen.

Kant hat in seinem Entwurf „Zum Ewigen Frieden" die Folgen dieser Prämisse ausgesprochen. Wie bereits zitiert, wollte er das Weltbürgerrecht auf ein allgemeines Besuchsrecht eingeschränkt sehen: „das Recht eines Fremdlings, seiner Ankunft auf dem Boden eines andern wegen, von diesem nicht feindselig behandelt zu werden. Dieser [andere] kann ihn abweisen, wenn es ohne seinen Untergang geschehen kann; solange er aber auf seinem Platz sich friedlich verhält, [darf er] ihm nicht feindlich begegnen." Daß Kant dabei nicht in erster Linie an individuelle Besucher dachte, erhellt aus dem folgenden Absatz, wo es heißt: „Vergleicht man hiemit das *inhospitale* Betragen der gesitteten, vornehmlich handeltreibenden Staaten unseres Weltteils, so geht die Ungerechtigkeit, die sie in dem *Besuche* fremder Länder und Völker (welches ihnen mit dem *Erobern* derselben für einerlei gilt) beweisen, bis zum Erschrecken weit. Amerika, die Negerländer, die Gewürzinseln, das Kap etc. waren, bei ihrer Entdeckung, für sie Länder, die keinem angehörten; denn die Einwohner rechneten sie für nichts." Die umgekehrten Besuche, die Invasionen von „Barbaren", wie in der Völkerwanderungszeit, erwähnt Kant nicht. Aber wir haben keinen Anlaß anzunehmen, daß er nicht auch von den Vandalen gesittetes Verhalten verlangt hätte. So stellt sich die Frage: War das, was die Albaner in Bari machten, ein friedlicher Besuch? Oder war es Nötigung, gar Gewalt? Daß eine globale Politik, die diesen Namen verdient, entsprechende Probleme nicht immer so wird lösen können, wie die Italiener es taten, liegt auf der Hand. Aber wie sind sie zu lösen?

FÜNFTES BILD: DER KONFLIKT DER ZIVILISATIONEN

Seit dem 16. Jahrhundert, das heißt, seit die von Kant gerügten feindlichen Landnahmen der Europäer begannen, vollzog sich noch etwas, das Ortega y Gasset zwischen den beiden Weltkriegen so ausdrückte: „Die Menschheit [ist] von einem gewaltigen Prozeß der Vereinheitlichung ergriffen worden, der in unseren Tagen sein nicht mehr zu überbietendes Ziel erreicht hat", nämlich die Vollendung und (vermutliche) Erschöpfung der europäischen Herrschaft über die Welt. Man könnte diese Vereinheitlichung – politisch korrekt – als mentale Kolonialisierung der Nicht-Europäer bezeichnen. Man kann aber auch nüchtern sagen: Der Computer funktioniert auf der ganzen Erdkugel gleich. Die abendländische Rationalität hat sich weltweit durchgesetzt, freilich in halbierter Form, reduziert auf die naturwissenschaftliche und mehr noch die technisch-instrumentelle Vernunft.

Vermutlich ist es die Verbindung dieser verstümmelten Vernunft mit ganz anderen kulturellen Überlieferungen und Werten, die im Westen heute zu Irritationen führt. Japan! Die Tigerstaaten! Die Mullahs! Gaddafi! Aus solchen Irritationen nährt sich wohl Samuel P. Huntingtons Theorem vom notwendigen Zusammenprall der Zivilisationen, deren er, neben der westlichen, die Europa und ganz Amerika umfassen soll, sechs namhaft macht: die sinische, die japanische, die islamische, die Hindu- , die slawisch-orthodoxe und „möglicherweise" die afrikanische Zivilisation. Die Hauptgefahr für den Westen komme heute jedoch von Asien – nicht allein von der asiatischen Wirtschaftsmacht, mehr noch von ihrer Verbindung mit „asiatischen Werten". Ein zentraler Brennpunkt des Konflikts „in unmittelbarer Zukunft" werde die Konfrontation des Westens mit „mehreren islamisch-konfuzianischen Staaten" sein.

Die Sorgen und Prognosen Huntingtons sind uns vertraut. Wir denken an Gobineau, Chamberlain, Spengler. Der letztere antwortete 1936 auf eine amerikanische Umfrage „Ist Weltfriede möglich?" ganz im Sinne seiner früheren Thesen über die „farbige Gesamtrevolution" und den „Selbstmord der weißen Rasse" folgendes: „Solange es menschliche Entwicklung gibt, wird es Kriege geben. Wenn aber die weißen Völker des Krieges so müde werden sollten, daß die Regierungen sie unter keinen Umständen mehr dazu bringen könnten, dann würde die Welt das Opfer der Farbigen sein, wie das römische Reich den Germanen zufiel." Spengler fügte fast drohend hinzu: „Wenn heute in Asien eine große Erhebung gegen die Weißen stattfände, würden sich unzählige Weiße ihr anschließen, weil sie des friedlichen Lebens müde sind."

Huntington geht nicht so weit. Aber auch er argumentiert kulturalistisch, um nicht zu sagen: rassistisch. Er „verlagert die Verantwortung" für die von ihm angekündigten Zivilisationskriege „aus dem Bereich des menschlichen Willens und der politischen Entscheidung auf die der kulturellen Vorherbestimmtheit", wie William Pfaff es in seiner Polemik *Lettre*, Sommer 97 formulierte. Wenn die Konflikte der Zukunft kultureller Natur sind, gibt es für sie keine politische Lösung, sondern nur Krieg. Das suggeriert Huntingtons Buch. „Zum Glück", meint Pfaff, „ist seine Theorie falsch."

SECHSTES BILD: FRIEDENSREICH UND STERNENKRIEG

Huntingtons Theorie mag falsch sein; richtig aber ist sein Einspruch gegen den Multi-Kulti-Kult, wie er – politisch korrekt verbohrt – vor allem an amerikanischen Universitäten gepflegt wird. Auch wenn man Huntington nicht darin folgt, daß dieser Multikulturalismus als Nährboden für einen Zusammenstoß der Zivilisationen innerhalb der Vereinigten Staaten diene: Naive Träume vom Friedensreich haben schon oft in der Geschichte reale Aggressionen begleitet, sogar befördert. In der Mitte des 19. Jahrhunderts zog Edward Hicks, ein malender Wanderprediger, durch Amerika und schuf immer neue Varianten seines Bildes vom Friedensreich: Vorne lagern friedlich Löwen und Rinder, Schafe und Wölfe usw., umspielt von Kindern, die wie Putti aussehen und sich mit Tauben und Falken vergnügen; im Hintergrund sieht man Weiße und Rothäute in würdiger Haltung miteinander verhandeln. Die Frauen, nota bene, fehlen auf diesem Bild, man muß sie sich hinter den Kulissen vorstellen, an den Kochtöpfen. Ob Fleisch darin ist? Die vierbeinigen Kanivoren vorn haben jedenfalls schon entsetzlich runde, hungrige Augen.

Die amerikanischen Bürger, die sich die Gemälde von Hicks übers Sofa hängten, mögen es ernst gemeint haben mit ihrem Wunsch nach friedlichem Zusammenleben der Religionen und Rassen in der neuen Welt, die sich ja als Modell für die ganze Welt verstand. Es mag auch sein, daß nach diesem Modell unter den Bedingungen der Globalisierung eine befriedete Weltgesellschaft entsteht, in der ethnische und kulturelle Konflikte ebenso einschlafen, wie nach dem Zweiten Weltkrieg in Europa jahrhundertealte Erbfeindschaften erloschen sind. (Ich ignoriere hier, mit einiger Anstrengung, Gegenbeispiele aus jüngster Zeit, vor allem das bosnische Desaster; das heißt, ich rede mir ein, hier seien mit politisch bedingter Verspätung alte Aggressionsschulden beglichen worden, mit Zinseszinsen.) Es mag also sein, daß sich im nächsten Jahrtausend ein Friedensreich auf Erden ausbreitet. Was wird die Folge sein? Ich sehe schwarz. Die (wie auch immer) hergestellte *Gleichartigkeit* der Menschen wird ihre (wo auch immer) hergebrachte *Andersartigkeit* einebnen; es wird im globalen Maßstab eintreten, was Tocqueville 1840 (Edward Hicks malte gerade seine Paradiese) der amerikanischen Demokratie vorhersagte: Die Gleichheit und Gleichartigkeit der Bürger wird zur Tyrannei der Mehrheit führen. Denn es wird – ich erinnere an Goethes Vision vom gefüllten Amphitheater und verfüge, daß alle Ausgänge versperrt seien –, es wird kein Entrinnen geben. Nicht auf unserer Erdkugel, diesem nach außen gestülpten, vollbesetzten *theatrum mundi*. Es gibt nur den Ausweg ins All. Die Außerirdischen werden das Ziel aller irdischen Aggressionen werden, wir sind ja durch Science-fiction und Fantasy schon entsprechend programmiert. Und wenn keine realen Kontakte zustande kommen, werden eben imaginäre, virtuelle erschaffen werden, Wahnfeinde für den Sternenkrieg, nach dem es unsere Gattung verlangt.

Schwarze Aussichten. Aber man sollte hier nicht nur schwarz sehen; nicht nur „das Ewig-Kriegerische im Typus des Raubtieres Mensch", das Spengler 1933 pries. Ich schlage vor, den Antagonismus von Herdentrieb und Aggressionstrieb mit Kant als „ungesellige Geselligkeit" zu verstehen. In seinem Aufsatz „Idee zu einer allgemeinen Geschichte in weltbürgerlicher Absicht" schrieb Kant 1784: „Der Mensch hat eine Neigung, sich zu *vergesellschaften*: weil er in einem solchen Zustande sich mehr als Mensch, d.i. die Entwicklung seiner Naturanlagen, fühlt." Ich füge ein: das wäre, über alle kulturellen Unterschiede hinweg, die Basis für eine Globalisierung der Gefühle, freilich auch der Depression, die solche Anpassung bewirken mag. Kant fährt fort: „Er [der Mensch] hat aber auch einen großen Hang, sich zu *vereinzelnen* (isolieren); weil er in sich zugleich die ungesellige Eigenschaft antrifft, alles bloß nach seinem Sinne richten zu wollen, und daher allerwärts Widerstand erwartet, so wie er von sich selbst weiß, daß er seinerseits zum Widerstande gegen andere geneigt ist."

Die beiden widersprüchlichen Neigungen des Menschen, die Kant benennt, haben gewissermaßen ihre Kehrseite in den beiden von mir erörterten Ängsten: der Angst vor der Gleichartigkeit (ausgelöst von der Globalisierungsthese) und der Angst vor der Ungleichartigkeit (geschürt von der Huntingtonthese). So können wir, im Lichte der Kantischen Formel „ungesellige Geselligkeit", die von der europäischen Aufklärung erörterte Frage, wie gleich die Menschen einander sein müßten, um der Idee der Menschheit zu genügen, für das Zeitalter der Globalisierung neu stellen: Wie gleichartig *dürfen* und wie ungleichartig *müssen* die Menschen auf Erden sein, um miteinander auszukommen?

Im Fortgang seiner Argumentation führt Kant aus, daß durch Ehrsucht, Herrschsucht und Habsucht die Talente des Menschen entwickelt werden und somit letztlich *Kultur* entsteht – immer wieder neu und überall anders. Und dann seine Schlußfolgerung, mit der er den Träumen so mancher Aufklärer quasi eine Nase dreht, z.B. dem im Jahr zuvor erschienenen Werk Volneys „Die Ruinen oder Betrachtungen über die Revolutionen der Reiche", eine wahrlich globale Phantasie über die Herstellung von Frieden und Eintracht unter den Völkern, den Rassen, den Religionen, nämlich durch die Reduzierung aller kulturellen Unterschiede auf die *Natur* des Menschen, letztlich seine *Organe*, womit auch die Hautfarbe gleichgültig würde. Kant also sagt: „Der Mensch will Eintracht; aber die Natur weiß besser, was für seine Gattung gut ist: sie will Zwietracht ..." Nur Zwietracht führt zur Kultur, und Kultur ist kein Händchenhalten, sondern Kontroverse und Konkurrenz.

SIEBTES BILD: EIN SONG FÜR DIE WELT

Vor den drei königlichen Palästen in London verfaulten Mitte September 60 Millionen Blumen. Die CD mit Elton Johns Madonna-Diana-Lied war schon am ersten Verkaufstag vergriffen. Angesichts von acht Millionen Vorbestellungen erwartete man, daß die Single zum meistverkauften Song aller Zeiten werden wird: „ein Geschäft im Weltmaßstab", so jubelten die trauernden Gazetten.

Die globale Kultur ist im Vormarsch. Noch scheint sie an besondere Ereignisse und die Chance ihrer weltweiten Verbreitung gebunden zu sein. Doch solche „Events" lassen sich ja herstellen, z.B. ein Oktoberfest oder ein Auftritt der drei Tenöre oder eine Olympiade mit Folklore-Rahmen. Daß es sich dabei immer noch um eine *westliche* Massenkultur handelt, hat Panajotis Kondylis kürzlich hervorgehoben (*Faz*, 10.9.97). Aber er behauptet, daß diese Massenkultur dank ihrer „prinzipiell unbegrenzten Assimilations- und Kombinationsfähigkeit" zur Globalisierung tendiere. Voraussetzung für ihre Heraufkunft sei einerseits die Selbstzerstörung des europäischen Bildungs- und Kulturbegriffs, andererseits der Verfall der traditionellen Volkskulturen. Beide Voraussetzungen sind nicht – noch nicht – erfüllt.

Die europäische Hochkultur hat bisher, trotz aller Nivellierungen, überlebt – gerade wegen ihrer massenhaften Rezeption. Eingebüßt hat sie jedoch ihren Anspruch auf Allgemeingültigkeit. Ich möchte die heutige Situation indirekt illustrieren, durch zwei Zeugnisse aus dem späteren 19. Jahrhundert, also vor dem Ausbruch der Moderne.

Im ersten seiner Vorträge „Über die Zukunft unserer Bildungsanstalten" (1872) läßt Nietzsche einen Schüler das Bildungskonzept des Philosophen so wiedergeben: „Sie pflegten zu sagen, es würde kein Mensch nach Bildung streben, wenn er wüßte, wie unglaublich klein die Zahl der wirklich Gebildeten zuletzt ist und überhaupt sein kann. Und trotzdem sei auch diese kleine Anzahl von wahrhaft Gebildeten nicht einmal möglich, wenn nicht eine große Masse, im Grunde gegen ihre Natur, und nur durch eine verlockende Täuschung bestimmt, sich mit der Bildung einließe: Man dürfe deshalb von jener lächerlichen Improportionalität zwischen der Zahl der wahrhaft Gebildeten und dem ungeheuer großen Bildungsapparat nichts öffentlich verraten; hier stecke das eigentliche Bildungsgeheimnis: daß nämlich zahllose Menschen scheinbar für sich, im Grunde nur, um einige wenige Menschen möglich zu machen, nach Bildung ringen, für die Bildung arbeiten." So steht es da: „um einige wenige Menschen möglich zu machen". Nicht „gebildete Menschen" oder „Philosophen" oder „Genies", nein: einfach *Menschen*. Das könnte ein Versehen sein – oder elitäre Arroganz.

Elf Jahre später, in einem Brief Sigmund Freuds an seine Braut (29.8.1883), ist die Arroganz verschwunden, aber das Elitebewußtsein besteht fort – als eine Last. Freud schreibt anläßlich einer Carmen-Aufführung: „Du hast ganz recht, es ist nicht schön und erhebend anzuschauen, wie sich das Volk vergnügt ... Das Gesindel lebt sich aus, und wir entbehren. Wir entbehren, um unsere Integrität zu erhalten ... , wir heben uns für etwas auf, wissen selbst nicht, für was – und diese Gewohnheit der ständigen Unterdrückung natürlicher

Triebe gibt uns den Charakter der Verfeinerung. Wir empfinden auch tiefer und dürfen uns darum nur wenig zumuten ... So geht unser Bestreben mehr dahin, Leid von uns abzuhalten, als uns Genuß zu verschaffen ... Wenn ich das Volk sich vergnügen sehe, denke ich immer, das ist ihre Abfindung dafür, daß alle Steuern, Epidemien, Krankheiten, Übelstände der sozialen Einrichtungen sie so schutzlos treffen." (47 Jahre später wird Freud dieses sein „Unbehagen in der Kultur" objektivierend deuten.)

Im Rückblick erscheint es uns, daß die Entwicklung der Kultur in Richtung des „Gesindels" ging: man lebt sich aus. Sie ging zugleich in Richtung einer ungeheuren Vergrößerung des Bildungs- und Kulturapparats, die für Nietzsche unvorstellbar gewesen wäre. Noch nie in der Geschichte wurde soviel Kultur gemacht und vor allem verbraucht wie heute in der westlichen Welt – rein quantitativ gesehen. Freuds „Volk", das sich vergnügt, und Nietzsches „große Masse", die nach Bildung strebt, sie scheinen zusammengewachsen zu sein. Der Vorrat der abendländischen Kultur, insbesondere Musik, Literatur, bildende Kunst, wird hemmungslos konsumiert, sogar in fernen Ländern, zumal in Japan. Doch die Kultur*produktion* ist, von etlichen Popsongs, Filmen, Fernsehserien abgesehen, immer noch eurozentrisch und nicht auf dem Globus-Trip.

Das entscheidende Argument gegen die Globalisierungsthese von Kondylis liefert jedoch die Entwicklung in den anderen Zivilisationen. In diesem Punkt behält Huntington recht: „Wenn Länder [der Dritten Welt] sich modernisieren, verstärkt sich ihr Wille, sich abzugrenzen." Speziell in Asien führt die technische und ökonomische Anpassung an den Westen oft zur kulturellen und politischen Abgrenzung gegen ihn und damit zur Wiederbelebung eigener Traditionen, die eher trotzig als nostalgisch wirkt. So überschneiden sich offenbar zwei Tendenzen: die zur globalen Massenkultur und die zur kulturellen Heterogenität, d.h. zur Vielfalt regionaler Kulturen, deren Produkte freilich auch für den Tourismus oder den Export zubereitet werden. Am besten eignen sich dafür immer noch (nach alteuropäischem Muster) glorifizierte weibliche Leichen: die hl. Teresa, die hl. Diana, die hl. Evita, die hl. Indira usw. Die Sowjetunion aber ging unter, weil sie der Welt keine solchen Ikonen zu bieten hatte.

SCHLUSSBILD: GLOBUS HYSTERICUS

Die zweite Hälfte des Titels, unter dem dieses Symposium steht, wurde in seinem Verlauf schon mehrmals interpretiert. Trotzdem erscheint mir die Formulierung „wie man das Jahrhundert an der Gurgel packt" sehr rätselhaft. Soll unser Säkulum, das ohnehin in den letzten Zügen liegt, noch gewürgt, gar gemeuchelt werden? Doch *wer* ist das derart personifizierte Jahrhundert, wenn nicht wir alle, die in ihm leben? Oder sind wir das würgende „Man" – wen aber würgen wir? Ich schlage vor: Wir sind beides, die Würgenden und die Gewürgten – ich bin das Man, das mich würgt.

Tatsächlich kennt die abendländische Kultur das Würgen nicht nur als reales Tun und Erleiden, sondern auch als imaginäre Empfindung, die schon früh „hysterisch" genannt wurde. „Es würgt mich im Hals", das ist, als säße mir eine Kugel im Hals, an der ich zu ersticken drohe. Dieser *Globus hystericus* ist ein Symptom, das nicht nur in der Hysterie auftritt, es grassiert auch bei anderen Abweichungen vom sogenannten normalen Verhalten: bei Melancholie oder Hypochondrie und bei Besessenheit. Über die letztere, die längst von banalen Allergien und Bulimien verdrängt wurde, wußten unsere Vorfahren gut Bescheid. „Die sogenannte hysterische Kugel ist gleichfalls ein bei der Besessenheit oft bemerktes Phänomen. Ein Mädchen aus dem Tale von Calepino hatte ... das Gefühl einer Kugel im Magenmunde, die bald zur Kehle aufstieg, bald wieder zum Magen niederstieg ...“ So beschreibt Josef Görres einen Fall von Besessenheit im vierten Band seiner „Christlichen Mystik“ von 1842. Er kann mit einer Fülle von Beispielen aus der ganzen dämonologischen und exorzistischen Überlieferung der Christenheit aufwarten. Leider erfahren wir nicht, was die Besessenheit jeweils auslöste, denn die Verursacher stehen in dieser Überlieferung von vornherein fest: die Dämonen, deren Zahl bekanntlich Legion ist. In einem der Fälle, die Görres anführt, wurden 12 652 Teufel gezählt (das entspricht etwa der Zahl der Albaner auf der Vlora), in einem anderen Fall 400 000 (so viele Deutsche gingen in das Große Stadion in Nürnberg). Bei der Befreiung von der Besessenheit wird nun oft die Kugel – was ist sie anderes als die Dämonenmasse? – unter Würgen ausgekotzt. Im Hinblick auf einen entsprechenden Fall sagt Görres: „Daß die Genesende eine Viertelstunde lang Teufel *ausgespien*, muß, wie sich von selbst versteht, symbolisch genommen werden. Denn die Befreiung ist in einem anderen Reiche, dem geistigen, vor sich gegangen, und der Körper hat nur die leibliche Gebärde zu dem unsichtbaren Vorgange gemacht. Das oftmalige Ansetzen dieser Pantomime soll zur Bestätigung der Angabe von der Vielheit der unmittelbar anwesenden Geister dienen“ (an deren Existenz Görres keineswegs zweifelt). Soviel zur Besessenheit.

Die Kugel, die in der Kehle sitzt, das Gefühl, an der Gurgel gepackt und gewürgt zu werden – ist es nicht das, was wir oft bei dem Gedanken an die Globalisierung verspüren? Wir fühlen uns einer ungeheuren, unheimlichen Masse ausgeliefert – Menschen oder Dämonen, Geister von Toten oder Geister von Ungeborenen, jedenfalls eine Masse, die den Erdkreis demnächst füllen wird. Und diese Masse – diese Kugel, dieser Globus – sitzt uns gleichsam im Hals. Dagegen ist kein Kraut gewachsen, da hilft auch kein Exorzist. Vielleicht aber der Eigensinn, der Trotz, der da sagt: Ich werde überleben.

DIE AUTOREN

Elmar ALTVATER, geb. 1938, Professor am Fachbereich Politische Wissenschaft der Freien Universität Berlin und Redaktionsmitglied der Zeitschrift „Prokla". Zahlreiche Publikationen, u.a. : *Der Preis des Wohlstands*, 1992; *Grenzen der Globalisierung* (zus. mit Bahnkopf, 2.Aufl.), 1997.

Rita BISCHOF, geb. 1948 in Fulda. Studium der Psychologie, Soziologie und Literaturwissenschaften in Frankfurt, Marburg und Berlin, Dr. phil. Derzeit Professorin für Literaturwissenschaft an der Universität Hannover. Publikationen u.a.: *Souveränität und Subversion. George Batailles Theorie der Moderne*, 1988.

Erika GARICS, geb. in Budapest. Studium der Sprachwissenschaften und Literaturgeschichte in Budapest und Berlin. Derzeit unterrichtet sie neue deutschsprachige Literaturgeschichte an der Pädagogischen Fakultät der Universität Budapest. Zahlreiche Publikationen.

Konrad Paul LIESSMANN, geb. 1953 in Villach. Studium der Philosophie in Wien, Dr. phil. Er ist Professor für Philosophie an der Universität Wien, Essayist und Kritiker. Publikationen u.a.: *Ohne Mitleid*, 1991; *Karl Marx. Man stirbt nur zweimal*, 1992.

Christoph MENKE, geb. 1958. Studium der Philosophie und Literaturwissenschaft in Heidelberg und Konstanz, Dr. phil. Derzeit unterrichtet er Philosophie an der Graduate Faculty of Political and Social Science, New York. Publikationen u.a.: *Die Souveränität der Kunst*, 1991; *Tragödie im Sittlichen*, 1996.

Karl Markus MICHEL, geb. 1929 in Hongkong. Lebt als freier Schriftsteller in Berlin. Herausgeber der Zeitschrift „Kursbuch". Publikationen u.a.: *Von Eulen, Engeln und Sirenen*, 1988.

Doron RABINOVICI, geb. 1961 in Tel-Aviv, 1964 nach Wien gezogen. Schriftsteller und Historiker. Arbeitet derzeit an seiner Dissertation „Instanzen der Ohnmacht. Die Reaktion der Israelitischen Kultusgemeinde Wien auf die nationalsozialistische Verfolgung 1938-1945". Publikationen u.a.: *Papinik Stories*, 1994; *Suche nach M*, 1997.

Martin SATTLER, geb. 1942 in Grendach. Studium der Jura, Philosophie und Politischen Wissenschaft in Bonn, Freiburg und München. Derzeit Professor für Staatsrecht, Politische Wissenschaft und Rechtsgeschichte an der Fachhochschule des Bundes, Mannheim. Publikationen u.a.: *Staat und Recht*, 1972; *Rechtsextremismus in der Bundesrepublik*, 1978.

Franz SCHUH, geb. 1947 in Wien. Studium der Philosophie, Geschichte und Germanistik in Wien, Dr. phil. Zahlreiche Essays für Zeitschriften und Zeitungen. Beiträge für den Rundfunk. Publikationen u.a.: *Das phantasierte Exil*, 1991; *Der Stadtrat. Eine Idylle*, 1995.

Klaus THEWELEIT, geb. 1942 in Ebenrode. Studium der Germanistik, Anglistik und Musikwissenschaften in Kiel und Freiburg, Dr. phil. Lebt als freier Schriftsteller in Freiburg. Publikationen u.a.: *Männerphantasien,* 1977; *Buch der Könige* (zwei Bände), 1988-1996.

Rüdiger VAAS, geb. 1966 in Stuttgart. Studium der Philosophie, Germanistik und Biologie in Tübingen, Stuttgart und Hohenheim. Lebt als Publizist in Bietigheim-Bissingen. Zahlreiche Publikationen, u.a.: *Der Tod kam aus dem All,* 1995.

DIE HERAUSGEBER

John PATTILLO-HESS, geboren 1943 in Santiago de Chile, Studium der Philosophie in Santiago und Wien, Dr, phil.

Mario R. SMOLE, geboren 1954 in Villach. Studium der Informatik in Wien. Seit 1987 Mitarbeiter des Canetti Symposions.